王立新講《論語》

王立新 著

岳麓書社·长沙

序言

献给读者的这部作品，是我给本科学生讲授经典精读课《论语》的讲稿。因为课程时数的限制，不可能对《论语》进行逐字逐句的阐释，所以我就选择了以思想为纲领，在《论语》中选取相关言论加以论证和说明的做法。这样，《论语》的细枝末节，就没有必要一一出现在文稿当中，这是首先要向读者说明的。

孔子是中国文化的徽号，是中华民族的文化族徽，两千五百多年以来，孔子的思想一直是中国人生身立世的内在准则，也是中国社会生活的价值标尺。没有孔子，中国就很难被称为文化中国。在中国的历史上，确实有许多相对暗淡的时期，是孔子的思想，使中国历史一次又一次地走出灰暗，走向光明。孔子的恩荫，伴随中国人走过了无数艰困的岁月，激励中国人多为他人着想，多为社会着想，多为民族国家着想，多为人类的幸福和前途着想。“天不生仲尼，万古如长夜”，孔子的思想是中国人的精神支柱，是中国人的价值向导，是中国人道德力量的真正源泉。

本书主要介绍孔子的实际人生和孔子的教育思想、政治思想、伦理思想，至于孔子的历史思想、文学思想和艺术思想等，并没有全面涉及。有关孔子的思想的具体内容，读者们可以通过阅读，获得较为详尽的了解。

当此中国社会走向现代化，走向全球化的历史时期，重温孔子的思想，非但不觉得过时，反倒使人感到格外亲切，这也正是孔子和孔子的思想，具有恒久价值的最好说明。

是为序。

2009 年 9 月

目录

第五讲：道之以德，齐之以礼——孔子政治思想对现代的启示

第六讲：生生之德——领悟孔子的生活智慧

第一讲：中华文化的原初经典——《论语》

一、《论语》是中国人的圣经

南宋大儒朱熹有一首很有名的诗，叫做《观书》：“半亩方塘一鉴开，天光云影共徘徊。问渠哪得清如许，为有源头活水来。”朱子的这首诗，跟观书似乎没有多少直接的关系，但用来解说中国文化的源流，倒是很合适。中华文明源远流长，但是源头活水在哪里？我讲《论语》，就是希望能帮助大家更加自觉地了解中国文化的真正源头所在。

《论语》是中国人的圣经，也是中国文化的活水源头。但是这部圣经与基督教的《圣经》是有很大差别的，至少可以说，《圣经》是严格的宗教祖规，是宗门法典，而《论语》却是对于政治与伦理的“个人”体会和主张。《圣经》是天条铁律，《论语》却具有明显的现世性和生活性特征，人味很足，旨在劝善，并无强迫的执行的意味。所以，我说《论语》是中国人的圣经的意思，不是讲它是中国人的宗教规约，而是讲它在中国历史发展的整个过程中的价值地位，它是中国文化中价位最高的一部典籍。我想我这样的话语，即便是站在道家、道教和佛学、佛教或者其他学派的立场上的学者，都不会提出反对的意见，因为这不是我的观点，而是中国历史的事实。

《论语》是中国文化的祖典，并不单指儒家，孔子以后历史上各家各派的典籍都与《论语》有密切的关联。或者注释《论语》，或者借助《论语》，或者援引《论语》，当然也包括批评《论语》的。《论语》是后世效法的一个楷模，是中华文化最原初的经典，是中华文明的源头，朱子不是说“问渠哪得清如许，为有源头活水来”么？《论语》植根于中国人的日常生活，哪里有中国人，哪里就有《论语》。实际上，在今天的世界生活中，我们同样看到了西方人对于《论语》的重视。《论语》在未来人类世界生活中的地位和重要意义，一定不亚于《圣经》在宗教领域的地位和意义。

《论语》中充满了政治智慧和人生智慧

宋代的开国宰相赵普说他靠半部《论语》佐助宋君治天下，朱子说，只是“道千乘之国，敬事而信，节用而爱人，使民以时”一句就足够了，“何用半部”？这句话的主要目标不在批评赵普没有学好，浪费思想资源，主要在于强调《论语》对于治理国家的重要意义。这句话看似有点夸张，不过《论语》确实是一部增长政治智慧的书。各位，这一点在历史上几乎没有异议。《论语》在历史上被不断传递、诠释、重新解说，各种政治人物和关心政治生活的人们都不能不关注《论语》，《论语》对于治道确实有很大的裨益。没有人不知道《论语》是一部政治的典籍，里面充满了政治智慧，你要是读了《论语》，肯定能够增长政治智慧和管理智慧。所以《论语》也是一部增长政治智慧，提高管理能力的书。

《论语》不崇尚高深玄奥的哲学推理，也不是专为哲学学科所设，这是常识，大家都认同。它是对普通、平常的生活的提炼，这种提炼并不是抽象的，而是真切的，不是干瘪的形式的，而是充实而又具体的，实实在在地面向生活，这是《论语》的最显著的特征。

当然，《论语》中自然包含了哲学的、伦理的、政治的、文学的还有艺术的成分，我们可以从不同的角度向《论语》索取必要的思想资源，但是《论语》并不是为任何一门现代意义上的专门的学科而设，孔子和自己的学生们都没有这种愿望，也没有这种可能性。因此，学习《论语》，甚至不必要任何专门的专业训练，只要有生活的体会就足够了。

读《论语》，很多人感受不同，这是因为《论语》是一部百科全书，但是根据我的感觉，教人成德，是孔子的最终目标，所以从根本意义上说，《论语》是提高道德水平的书，你读了《论语》就会提高自己的道德水平，就算你成不了一个道德君子，至少你也会在人格上有所进步，或者至少你会比原来好。

《论语》可用于提升人生的品质，增强人生自觉性

我们平常的生活比较世俗，比较普通平常，普通平常不是不好，但往往琐碎凡庸，看不见它的意义，瞧不见它的闪光点在哪里。你来读一读《论语》，你就会发现你的生活中有很多闪光点，你的琐琐碎碎的心肠会不断提升，你的人生品质也会不断提升。根据一些读过《论语》的人的一些综合经验，依我个人学习《论语》的感受，《论语》确实是可以用来提高人生品质的。**读过《论语》的人和没读过《论语》的人的一个重要差别，就表现在生活是否具有自觉性，尤其是道德的生活或者道德的行为。高尚的生活原本就是自觉地生活，而不是被动地生活，更不是盲目地生活。**有了生活的自觉，人生的品质就会得到大幅度的提升，这是不用说的道理。

《论语》有利于维护社会稳定，对于建立和谐社会大有裨益

中国的历史，若干年以来，整个社会都在努力依照《论语》的指引，朝向和谐、稳定的方向努力，这是人心所向，不是哪个统治者个人的愿望所导致。中国以农业立国，中国的文化建立在农业文明的基础上，农业社会需要稳定，否则就会耽误生产，妨害生活。《论语》这部书对社会稳定有着异乎寻常的重要意义，我们可以设想，如果没有儒家，中国历史几千年来的稳定是不可想象的。当然了，这里面也有它维护君主纲常和统治秩序的内容，还有一些自

“五四”以来被认为压抑人性的东西，这一点另待别论。我只想在这里给大家强调一点，《论语》和传统儒家对于社会稳定和和谐人际关系的要求，是有其前提的，这个前提就是个体生存的基本保障，个体尊严的受到尊重，还有就是对社会的公平与正义的持守。民众生存和安全缺乏必要的保障，社会的公平与正义得不到伸张，这样的社会再安宁，也不是和谐社会，和谐社会是人的社会，人类社会不是俑者的社会，更不是石林。这里的俑者的俑，是兵马俑的俑，就是死人和假人的意思。石林在云南，大家知道，它是风景，但那是没有活性的景观。人类社会不能像石林一样，她的活性一定要在对个体人的尊重和社会公平正义的保障的基础上来展现，否则，整个社会就会成为一潭死水。

《论语》可以满足文艺追求者的心灵

有很多学中文、艺术的人，从中得到很多启示，乃至于形成艺术理论，因为《论语》中有很多谈论艺术的内容，现在也有人写苏格拉底与孔子诗学的比较，这是从《论语》中发现的新问题和新意义。可见，《论语》是中国文化的百科全书。

以上是从义理上讲《论语》是怎样的一部书，而从《论语》所记载的实际情况上讲，《论语》就是孔子与他的学生们的对话集。当然其中也包括他弟子们对别人或再传弟子所说的话语，比如说“曾子曰”之类的话，而这类的话又不少，所以一般认为《论语》是出自曾子这一系孔门弟子或再传弟子之手。《论语》一共二十篇，依次为《学而》、《为政》、《八佾》、《里仁》、《公冶长》、《雍也》、《述而》、《泰伯》、《子罕》、《乡党》、《先进》、《颜渊》、《子路》、《宪问》、《卫灵公》、《季氏》、《阳货》、《微子》、《子张》、《尧曰》。每篇以开头两字或三字为篇名，内容各篇不独立，有相互重叠或语义相同、相通的情况。《论语》在历史上有时也被叫做《鲁论》，《论语》就是这样的一部书，当然，这也只是一般的一个大略的说法。

二、什么样的人读《论语》

或许大家会问我：这是问题吗？原来这不是问题，现在却是问题。应该说在五四新文化运动之前没有这个问题，那个时候大家都学《论语》，中国人都学《论语》，每个人都学，这是常规、规矩。“人之初，性本善，性相近，习相远，苟不教，性乃迁。”从开始就学儒家经典，就受儒家教育，所谓“人之初，性本善”，是孟子的主张，而“性相近，习相远”，则是《论语》里的话语，搬到《三字经》里了。《三字经》是宋代以后的蒙书，就是用来给小孩儿开蒙的最简单的通俗课本，流传广泛，影响深远，学过《三字经》的人都知道《论语》，学完《三字经》以后，还要学《论语》，私塾的塾师都要教《论语》，这是传统社会的规矩，所有受过教育的人都学过《论语》，不读书的人也要学《论语》，这是传统社会的要求。所有的人都学习《论语》，这是传统社会的事实。鲁迅的《一件小事》，大家可能在中学都学过，其中有这样一段话语：“几年来的文治武力，在我早如幼小时候所读过的‘子曰诗云’一般，背不上半句了。独有这一件小事，却总是浮在我眼前，有时反更分明，叫我惭愧，催我自新，并且增长我的勇气和希望。”我不说这件小事，只说“在我早如幼小时候所读过的‘子曰诗云’一般，背不上半句了”这句话语，意思就是他在很小的时候就整天学习“子曰诗云”，“子曰”就是孔子说，“诗云”就是《诗经》上讲。记得不记得是一回事，学没学过是另一回事。鲁迅的同龄人都还在学《论语》，当然这是清朝末期的时候。在传统社会里，你要成为一个合格的中国社会成员，就必须从小接受洒扫应对的“小学”教育，知书达理，尊老爱幼，这些都是《论语》最基本的、最平常的，也是最主要、最关键的内容。所以过去不存在“什么人读《论语》”的问题。

南宋有一儒者叫蔡元定，是著名理学家，也是艺术家，音乐大师，写过一本音乐理论的专著叫《律吕新书》。他是朱熹最得意的弟子之一，也是朱熹最知己的朋友。这个人字季通，是福建人。蔡季通说：“天不生仲尼，万古如长夜。”这话的意思就是：如果这世界没有生出孔子，那么中华民族和中华民族的历史就将永远在黑夜里前行，中国人根本就看不到人文的光明。这话是否对呢？应该说在过去没有人提出过怀疑。但在今天有必要向大家提出。因为大家生活在这个经济时代、信息时代、网络时代，在这样一个生活氛围里，不学《论语》一样活，而且活得不错，该吃就吃，该喝就喝，该睡就睡，该玩就玩，什么都不耽误。怎么能说这是“万古如长夜”呢？据说北京有位教授在课堂上大批此语之非，说难道没有孔子以前，天上就没有出现过太阳和月亮吗？没孔子我们不照样活么？其实大可不必这样哗众取宠，博取无知青年的浅薄一笑。人家蔡元定这句话是从价值上讲的。人，是要活出一个价值的，是价值使人生产生光明，有了价值，人生才有亮点，没有价值的人生就缺少人文的光明，人生就如同在黑暗中一样。孔子给中华民族提供了价值，所以说“天不生仲尼，万古如长夜”。人的一生啊，如果一点光明都见不到，只是活着、死去，原来的人死了，现在的人还活着，将来又会死掉，如此暗昧地来，暗昧地去，这还不是如同在长夜中一样吗？这样的人生有美好和幸福可言吗？如果大家都这样如法炮制下去，那人类社会可不就是“万古如长夜”吗？

其实蔡元定这句话我在小学时就知道，那时我根本不知道什么是《论语》，也不知道谁是孔子，只知道孔丘，是在“批林批孔”的时候知道的。但是蔡元定的这句话语是我从我父亲和他的一个老朋友的对话中听到并记住的，那时我父亲已经快七十岁了，他生在1907年，就是光绪三十三年。我父亲因家贫而没有请过私塾先生，只上过一年国民高等小学，当时叫做“国高”。像上面蔡元定的话语，肯定是从国民高等小学的老师那里听到的。看来在五四运动以后，乡下并没有很快跟上城市的步伐，依然在学习《论语》。所以说在传统的时代里，大家都学《论语》，“什么样的人学《论语》”的问题，根本就不会产生。

这个原本在传统社会不成问题的问题，五四新文化运动以后，随着传统儒家被逐渐排挤出中国社会生活的主流，于是成了问题。很多人不再看《论语》，跟《论语》没关系了，不学照样活，一样过富裕美满的生活。到了今天，情况更加普遍，现在不只普通人不读《论语》照样生活，就是大学的教授，不学《论语》也一样当教授，不只理工科的教授，文科的教授，包括管理的法律的甚至是政治学的和中文、历史、哲学的。我想，如果以过去的时代标准来看，中国现在的很多教授是不配在这讲台上坐着的，只此不读《论语》一条就足够了。现在中国的教授，很多没读过《论语》的，但他们一样当教授，为什么？因为现在是价值多元化的时代，他们可以从《论语》以外的其他途径获得价值的支撑，当然，他们所获得的价值也可以是与《论语》不完全一致的，或者根本就是不一致的。我的专业是中国哲学，所以我一直在读《论语》，一直在不断地读《论语》。如果我是其他专业的，也可能不读。所以现在什么人读《论语》确实已经成了问题。

必须声明，我在这里讲说什么样的人读《论语》，问题来源是台湾著名的中国思想史专家韦政通教授的《孔子》一书，这个问题是韦政通先生提出来的，我觉得有意义，所以借用过来，加以进一步演绎。韦先生为台湾东大图书公司的“世界哲学家丛书”写了一部《孔子》，在这本书的开篇就提出了“什么人读《论语》”这个问题。他说有三种人读《论语》，是哪三种人？

第一种人，是有成德愿望的人

就是说我想成为一个有道德的人，我想在道德上有进步，从普通人成为一个君子，我内在有这样的愿望，并被这样的愿望所驱使去读《论语》。要想增强内在之美，过价值人生，有所树立，活得高贵些，活得高尚些，就一定会去读《论语》。北宋有位大儒者，名叫周敦颐，学者称为“濂溪先生”，周濂溪提出过“士希贤，贤希圣，圣希天”的说法，读书人向往贤达，贤达向往圣人，圣人企慕与天合一。一个向往一个，一层向往一层，从普通人到士到贤再到圣，最后与天合一。整个就是由“希”导引出的伦理品质增长或道德水平提高的这样一个顺序。这不仅是周濂溪的主张，也是宋代知识界的实际情况。但是现在的情况不一样了，有成德愿望的，说实在的在今天已经相当不多了，这是我们的遗憾。如果一个社会，有成德愿望的人不多，那么社会就不会有更强的可信性甚至可靠性，让人留恋的地方会越来越少。大家看谁都不是那么一回事，这个社会就没意思了，不值得留恋了。我们不是怨恨也不必怨恨这个社会，今天的社会相对传统社会而言，社会的发展就使得它成了这个样子，谁也扭转不了。但是，在今天这样的社会里，有成德愿望的人确实越来越少了。成德的教育，在传统社会里是一个基本的课业，每个人都必须修德。今天没有必要要求所有人都成为君子，即使有这样的要求也会因为不合时宜而流于空谈，收不到实际的效果，也不可能收到实际的效果。心里真正有成德愿望的人少了，这是个事实。但是无论如何这是一个重大的遗憾！

其实有成德愿望的人，似乎还可以划分出两种。一种是相信人和社会会朝向好的方向发展的人；既然相信社会会向好的方向发展，就不会放弃自己的努力，不愿被社会落下。另一种是自己想学好的人。这两种人就算是有成德愿望或者容易产生成德愿望的人。自己学好，发现哪里不好，这件事做得不好，对不起人家，心里有这种道德自觉的能力，就会努力改进，这样的人就是有成德愿望的人了，这样的过程也就是成德的过程。尽管这样的人越来越少，但是仍然有，甚至可以说无论到什么样的时候，都不可能没有，因为这是人类社会，而不是动物种群，所以就会有价值的追求，就会有为理想而作的努力。

韦政通先生认为，要阐明孔子学说的人，是读《论语》的第二种人

其实还可稍作扩展，研究儒学的学者和研究中国思想文化的学者。这种人读《论语》，是为了阐明孔子的学说以及孔子的思想和中国思想史、中国文化史的关系。他们为了理清中国思想的源流，找寻中国文化的源头，不得不去读《论语》。比如你要讲《论语》，或者要写一篇儒学的文章，涉及《论语》或孔子的思想，如果没读过《论语》，那是蒙人，那是蒙世，自己也说不过去。

读《论语》的第三种人，是有主观体认的自得者

他们通过人生实践，走了三四十年、五六十年甚至七八十年，走到中壮年，走到老暮年，走到日薄西山，只要一息尚存，就可能因为自己的遭遇或者经历，回过头来翻一翻《论语》，发现自己走过的一生怎么很多都被圣人揭示过了，发现《论语》中的某句话说得跟自己的人生体会不谋而合。比如在《论语》的《为政》篇中，孔子讲了自己在不同人生时段上的心理和做法，他说："吾十有五而志于学，三十而立，四十而不惑，五十而知天命，六十而耳顺，七十而从心所欲，不逾矩。"孔子这种对于人生的体会，点醒了很多人，使很多人觉得与自己甚至不谋而合，由此后悔自己怎么不早一些研读《论语》，亲近圣人。实际这不是妄自尊大，因为圣人也是人，圣人也如我们一样，实实在在在这个世界上走过一遭，所以我们完全可能和圣人有相同或者相类似的人生感受。

当然，很多人，甚至很多自以为与孔老夫子的人生体会不谋而合的人的自我感觉，未必就是准确的和正确的。比如有人以为"十有五而志于学"就是少年时要好好学习，"三十而立"就是三十左右就当了很大的官，有名望、有地位、有钱有势，别人没有办法不重视。我们要相信，这可能真是他的人生体会，他真以为孔子的话语就是这样的意思。但是“志于学”与“好好学习”有本质上的大差别。“志于学”是因立志而向学，并以学来养志。“志于学”，是君子之学，只有君子才会志于学，也只有志于学才会成为君子。志于学是有价值目标的学、有用力方向的学、是有志者之学，也只有有志者，才能真正地致力于学，不懈怠、不间断、不偷懒、不做给别人看。儒学为什么叫做“为己之学”，而不叫“为人之学”或者“为他之学”？这就是秘密所在，其要义在于学习首先一定是为了自己的进步、自己的成长和自己道德人格的不断完善，而不是做给别人看，以示自己好学或者学得不错。有无志，是衡量是否会学、是否善学，甚至是否能学和其学是否有意义的最原则的分判。志于学和随便学学或者为了哪怕是直接的生存目的的学习，比如技能培训、职业培训之类，是有异常重大的差别的。我觉得，根本没有必要为了迎合社会的低俗心理需求而故意曲解经典，不要为了世俗的好恶，而转移经典的价值指向。我们自然不应当为了满足圣人的好恶，而使现代人放弃对于感性生活的追求，但也完全没有必要为了迎合世俗，削圣人之足，以适现代生活之履。其实上面关于“三十而立”的说法，更有明显的理解错误。“三十而立”，不是说三十岁就当了大官，发了大财，或者学会了圆滑的处世方略。“立”，自然包含有所成就的意思和内涵，但是关键是在为人的有坚守和处世方面的守信义，是人已成熟的意思。有主张而不随顺世俗，有见解而不矮人看戏，有信守、有尊严，而不是学会了趋炎附势，讨好权贵，卑躬屈膝以谋衣食。无所立，就不会有真自我，这样的人，是没有办法获得别人真正意义上的尊重的。

至于对“不惑”、“知天命”、“耳顺”等的解释就更是五花八门，千奇百怪。当然这是后话，现在我只是在这里告诉大家，有了一定的人生体会，猛然间感到与圣人的说法不谋而合，于是返回头来读一读或者开始品读《论语》，总会有所收获。这是第三种读《论语》的人。

以上就是韦政通先生所讲的读《论语》的三种人。当然这并不是绝对的，也有上述三种以外的人读《论语》，有的还很明显成为固定的一类，比如总是试图想着找点儒家的缺点或者毛病的一些读书人。这些人中，有的是受五四新文化运动的影响或者为其流波所及，他们未必完全来自自觉，但也不是完全没有目的，这里自然包括修正传统的不足，改造民族性的社会目标，当然也有的只是为了标新立异，显示自己有见识，或者更有甚者仅仅就是为了自己的自由化的感性欲求能够不被指责等等，不一而足。

对中国和中国的历史文化有热情的外国友人也读《论语》

除了上述三种人之外，还有一些外国友人，他们有了解中国文化的愿望，希望通过学习《论语》来了解中国社会、中国文化和中国人。他们也希望在《论语》中找寻未来人类和平发展的福音，而《论语》中确实有导引人类走向和平幸福的重要精神资源。

在中国，以前因为20世纪70年代的“批林批孔”运动，除了挑刺和批判，已经没有人因为喜欢和需要去读《论语》。今天的情况有了很大的变化，很多人喜欢读了，而且不一定全是凑热闹。为什么呢？因为现在《论语》热啊，这么高的热度里面能没有一定的内涵吗？于是有些本不知《论语》为何物或者从前对《论语》了无兴趣的人，也会顺势来翻一翻《论语》，看看孔子到底说了些什么，看得懂看不懂却是另外一回事。不排除一部分人借此机会附庸风雅，但是更多的人真的是想了解一下《论语》到底讲了一些什么样的话语，表达了什么样的感受和想法。所以现在读《论语》的人，实际上已经包容了各个层面和各个阶层。实际上，各个不同职业和不同阶层的人，都应该来读一读《论语》，肯定都会有收获。

三、在经典中感受人生的真实——怎样读《论语》

《论语》是一部提升人生品质、增长智慧、增强人生自觉性的书，它能扩充你的学养，这样的一部书你要有读的方法。不能像读数学或其他自然科学一样读，这个大家似乎都懂，也不能像读文学、史学或者哲学之类的著作来读，这个大家就未必懂。《论语》不是文学作品、史学专著，也不是哲学专论，但是《论语》却囊括伦理、政治、哲学、史学、文学、艺术甚至宗教、法律社会生活等方面，如果把它当做一种学科划分以后的单独某种东西来读，就读不出《论语》的全部，这样读肯定会产生缺失感，很多有价值的东西会读丢。

我一直有一种感觉，就是《论语》不是今天意义上的学术著作，它是用生活化的话语来讲说生活的道理，所以尽管你可以从《论语》中抽绎出符合各个专业需求的内容，但是《论语》的总体目标确实是指向人生的，所以如果把它放在生活的境况中，用生活化的方式，结合人生的实际体会来阅读、理解、领会，也许会更有利于对《论语》的领会。这是读《论语》应该注意的第一点。这一点实际上在宋明理学家那里就已经有所偏失了，但是理学家们虽然把《论语》当学问，可人家当的是生活的学问和生命的学问，不是跟生活不相关的甚至是与生命全不相涉的学问。今天有些人只是把《论语》当学问来研读，与自己的生活既不相关，与自己的生命更不相涉。这样的读法，是读不出《论语》的真实味道的。同时，《论语》不是一部休闲或者消磨时光的杂书，它有很强的伦理意向，也有很深的文化品位，不要以太俗气的眼光去看待和解读《论语》，不然的话，也体会不到它精湛的内涵。

怎样读好呢？曾经有人问过我，怎么样读《论语》效果会更好。我不知道怎样回答对方才好，但我知道对方要问的只是技术性的问题。说实在话，读《论语》不能仰仗任何先进的或传统的阅读技巧，《论语》是一部述说人生体会的书，要接住它，也应该用体会，而不应当寻求所谓技巧。中国的学问本来就是体会出来的，在这方面《论语》更有代表性。《论语》不是孔子闲着没事，在那编写出来的，而是他直接或间接地感受出来的，所以要结合自己的人生体会来读。

读《论语》应该注意的第二点，就是要结合历史实际和社会需要去理解。

《论语》不是圣人冥思苦想的结果，它是特定的历史环境下产生出来的，同时又曾在两千多年的历史中，实际发生过重大的作用。因此，要结合历史读《论语》，离开了历史的场景和境遇，就不容易理解《论语》，不然的话，就会出错。同时又要联系社会实际，根据社会的需求来理解《论语》。这个话，不是我在讲实用主义。大家知道美国杜威讲实用主义，“五四”时期的思想家胡適，是杜威的学生，传播杜威的学问叫：“有用的就是真理。”我们一向反对这种庸俗化的真理观，但我们中国人绝对不像西方哲学家那样单纯为了研究真理而研究真理，我们认为有用的不一定是真理，但是，真理一定是有用的。真理如果不能发挥作用，那就是玄理、空理、偏颇之理，甚至是歪理。所以中国人的真理都是能对人生发挥作用的。我过去给大家讲宋明理学的时候讲过一个实例：台湾当代新儒家学者牟宗三先生，老人家已经过世，他真正把学问当生命，演绎中国传统儒家。当年他在教书的时候有学生说他：“老师您说的都对，可就是没用。”牟先生是一个大智者，当即还给那个学生一句话：“你说的都有用，可就是不对！”实际上并不是这样，中国的真理，既是对的，也是有用的，只要是对的，它就一定同时也是有用的，完全不会永远处在要么有用而不对，要么虽对而无用的两极对立之中。当然，牟宗三先生回答学生的话语的主要意图，显然在于消解他的功利心态。

如果怀着觊觎名利、贪慕权势的想法来听《论语》，显然是不会有任何收获的，因为《论语》的重要特征之一就是反对功利。反对功利不是反对应用，这个问题虽不复杂，但要说明白却不很容易。南宋时期有一个思想家叫陈亮，他曾经跟朱子因为有用和功利的问题产生过轰动一时的争论。陈亮没说明白，被朱子误解为功利。朱子也没说明白，被陈亮误解为无用。有用不即是功利，功利反而有害于功用。功利正是害有用之大者。有用是事物本身自然发生效力，功利是企图超越自然的本性，牟取更多的利益。以牟利为目标的是功利，以产生必要的效用为客观结果的是功用。功用是自然而然的发生效用的结果，功利则由人为的夸张利欲所导致。无功用的不是学问，有利欲的难称学术。功用导人务实，功利驱人玄虚。功用所以养人以生，功利则诱人以欲。功利性强的社会人欲横流，功用感强的社会不乏生资。人欲横流的社会缺乏正义，不乏生资的社会和谐健康。在唯利是图的功利性社会里，人们缺乏廉耻之心，不能引导社会成员懂得礼让，进而无视人间的是非。功用是自然的，功利是人为的。功用所以养人，功利所以害人。功用是社会存在和发展的必要条件，功利则是导引社会走向深渊的恶魔。功用是自然的，必须的，功利是人为的，有害的。比如我们在评价某些历史人物时，经常说他功不可没，这个意思就是承认他的功用，而不是肯定他的功利。功利是危害社会、危害人类最可怕的敌人，因为大家不容易发现在自己反对功利的时候，往往已经陷入功利了。为什么孟子一听到梁惠王问他能给自己的国家带来什么好处的时候，马上就纠正他说：“王何必曰利？亦有仁义而已矣。”孟子不是反对利益，而是反对将利益当成目的。先问有什么好处，就已经陷入功利。追求功利，但问好处的社会是无廉耻、无是非的社会，无廉耻、无是非的社会，怎么可能拥有美好的前景？做什么事都问有什么好处，这是功利社会最显著的标志。世界上的事情，不是因为能够带来好处才值得去做，做事先只问应不应该，只要应该，自然会有功效，如果不应该，即便收到了利益，那也只是短近的，这种短近的利益虽然很可观，但这只是当下的可怜的快慰，不久之后，这种因为谋求短近利益的收获就会毁掉，而且会伤及长远之大利。大利就是仁义，有仁义则无不利。无仁义之利不是利，只是祸。塞翁得马，焉知非祸？图谋一时功利，导引社会丧失公正、廉耻和是非，动乱之源已经埋下，正是枕于积薪之下，不知火之将燃。其不智，孰甚焉！

《论语》不导引功利，但却强调功用。怎么用法？对社会生活有用，尊重人的尊严，教人行善，教人坚守社会正义，教人明辨是非善恶，教人懂得廉耻，移风易俗，铸造文化良心，创建和谐向上的人际关系等等。在这些方面，《论语》确实能够发挥相当有效的作用。还有亲身受用的问题，读《论语》的人，内心一定会有相应的感动或者感通，内在的品质一定会多少发生一些变化。《论语》对人生境界的提升，人的气质的改造，甚至于让人外貌、表情都会发生变化。《论语》的目标虽然不追求功利，但却会给社会和人生带来长远之大利。就个体而论，气质变化巨大的可以表现出来，理学家叫做“有气象”。宋儒讲，“学能以变化气质为功”。你学了半天，气质一点没变，原来是个社会闲杂人，现在一看，眼神更贼了，更俗了，一看就不是好人，一看就不是善类，这怎能算学呢？庄子讲过一则“呆若木鸡”的故事，学《论语》，同样有这种功效。当然，这里的木鸡之呆，并不是学傻了的意思，而是学得越加憨实可爱，越加坚定自信，越加沉稳成熟，越加凛然难犯的意思。不仅气质，而且行为也会发生变化，而且应该是先于气质首先发生变化。如果依然不懂得尊老爱幼，依然不会做出文雅的合礼的行动来，依然粗野、鄙俗，那就是不会学，不善学，或者根本就没往心里去，也等于没学。《论语》的《学而》篇中有这样一段话：“贤贤易色；事父母，能竭其力；事君，能致其身；与朋友交，言而有信。虽曰未学，吾必谓之学矣。”虽然是子夏所说，也是完全符合孔子一贯的主张。真正善学的人，至少首先应该要在行动上有所变化，如果一个人虽然没有读过《论语》、《孟子》或者其他儒家经典，但是他在生活中却能做到像上面子夏说的那样，那么我们有什么理由和根据说人家不曾学习，讲人家不善学习呢？反之，就算整天抱着经典，自己的人生却始终如前，不曾发生任何变化，经典对于他来讲，不就等同没读吗？学《论语》一定要有变化才行，才算是学了，真学了，就会有收获。

三是要结合古今学者的注解去学习，要不然可能看不懂。因为我们已经远离了历史，不只是在自然的时间意义上，更主要的是在心理的意义上。现代人在心理上跟历史已经有了难以贴合的疏隔，觉得古人好像不是自己的祖先似的。加上长期以来，教育没有给历史和人文以足够的重视，所以很多人连基本的古文字都读不懂，如何能够轻易理解先贤们的真正用心？读古文功夫那么差，体会古人表达那么难，怎么办？那就得先借助学者们的注释，读懂文字，有了一定的鉴别水平之后，再加以权衡、裁量。

一百个人读《论语》会有一百种体会，你问不同的读过《论语》的人，体会肯定有所不同。北宋大儒家程颐说读《论语》，“有读了全然无事者”，虽然你会背诵几句“学而时习之”，但《论语》对你没有发生效用，跟没读一样，那是复读机，放完就完了。可是有的人就不同了，读过以后，“不知手之舞之，足之蹈之”，手舞足蹈，乐不可支啊！为什么会有这样的效果呢？有人可能会问：这不是神经有问题吧？不是的。有一学生在黑龙江某地工作，他和朋友们一起喝酒，酒劲上来，把我当年给他们讲《论语》时记住的几句话搬出来了，大家“哎呀”吓了一跳，刮目相看了！说他太有学问、太有才了。他告诉我说：“老师，在您课上学的一句话，使我受到了莫大的尊重。”在中国这个历史悠久的国家里，大家都有意无意地重视历史文化，你历史文化内涵越深，历史见识越丰富，你受到尊重的可能性越大，程度越高。但是，单凭会记诵几句还是远远不够的，要对自己发生作用，要使自己的行为和气质都有所改变，不能像小程子批评的那种人一样，“读《论语》前是此等人，读了后又是此等人”，那不跟没读一样，那你何必浪费宝贵的时间呢？

韦政通先生说，《论语》是既鲜活又感人的典籍。我特别有同感。我读《论语》感觉特别亲切。这个亲切感可真是不寻常，就像如果你跟这个老师有亲切感，你就很可能跟他学，如果没有亲近感，不管他有多大学问，你跟他都很难在心里相通。《论语》真的给人以异常的亲切感。你们看我的这本《论语》书，1982年底买的，都翻烂了。是这书不结实吗？不是。因为《论语》使人感觉亲切，所以有事没事都经常拿过来翻看翻看，年头多了，它就烂了，书是烂了，思想却永远是鲜活的、震撼的。

另外，大家读《论语》不要太心急，今天理解不了还有明天，尽管《论语》亲切，但毕竟说的是人生至真至切的道理，一下子明白不了很正常，我读了这么多年，也还有很多读不懂、读不透的地方。只要你经历多了，人生体会深了，就会不断理解其中深含的道理。

第二讲：圣者的平凡生命——走近孔子的实际人生

讲完了《论语》其书，现在我们再来讲孔子其人。

一、商汤王后代孔子的家世

孔子是商代贵族的后裔，不是商纣王的后代，而是商汤王的后代。这个是真的。商纣王有个庶兄叫微子。微子当商末之时，见纣王暴虐，谏之不听，于是离国而去，后来周武王灭商，按照“兴灭国，继绝世”的原则，把微子封到了宋。微子死后葬在了今天山东省微山县微山湖上的湖心岛上。大概这个湖心岛因为有微子之墓而得名微山，微山湖则因有微山岛而得名，微山县又是因为微山湖而得名。我在1986年三四月间去过微山，拜谒过微子的墓庐。春秋时期的宋国，就是微子的血嗣，而不是商纣王的血嗣。所以司马迁在《史记·孔子世家》中说孔子“其先宋人也”。到了春秋各国争霸的时代，这个宋国还出了一位霸主，叫宋襄公，历史上有“宋襄公的仁义之师”的故事，说宋襄公与敌人作战，敌人渡河而来，有人劝他乘敌人渡到河中间时出击，他不同意，敌人上岸以后，又劝他乘敌人阵形混乱时出击，他又没有同意，说这样乘人之危不仁义。等到敌人整顿队伍之后，宋襄公却被打败了。一般都认为他只图仁义虚名而不实际，也可能他就是这样一个敦实的人。宋襄公的长子叫弗父何，本来可以继承王位，但却出于同胞情谊把君位让给了弟弟厉公，看来是个有情谊的人。弗父何生宋父周，周生世子胜，胜生正考父，考父生孔父嘉。到了这个时候，按照当时的规矩，五世以后，改姓“孔”了。接下去是木金父、睪夷、孔防叔。到了孔防叔这一代，畏惧宋国贵族华氏之逼外逃，跑到鲁国来，成了鲁国人，这是孔子先世。孔防叔生伯夏，伯夏生叔梁纥，叔梁纥就是孔子的父亲。叔梁纥是个大力士，以勇力闻名于诸侯。叔梁纥先娶鲁国施氏，生了九个女儿，没生男孩，又纳了一个妾，生了一个男孩叫孟皮，他是孔子的大哥，是个跛足，就是瘸子。因为孟皮有残疾，所以叔梁纥出于对后代健康的考虑，又向颜氏求婚。

叔梁纥求婚的这个颜氏，当时有三女，小女名字叫做征在，和叔梁纥成婚，她就是孔子的母亲。《史记·孔子世家》说：“（孔子父叔梁）纥与（其母）颜氏女野合而生孔子。”孔子出生前，父母曾往家门前的尼丘山祷告，因名为丘，字仲尼。丘，就是小山包儿的意思。

请大家看这幅画像，这就是孔圣人。

孔子的形象史书记载不一，司马迁引用《公羊春秋》说孔子头像屋顶，所以叫丘。为什么叫仲尼？古人以伯仲叔季为兄弟排序，孟皮是长兄，孔子排行第二，故曰仲。“尼”是取孔子家门前的尼丘山的尼字，与名中用丘字相呼应。有关孔子的出生时间，司马迁说他生在鲁襄公二十二年，后人考证为误。《春秋公羊传》认为迟后一年，说是生在襄公二十一年十有一月庚子日，后人考证十一月没有庚子，庚子是十月二十一日，推算回去就是公元前 551 年的 9 月 28 日。这一日期基本已被大家承认，所以现在有人想把教师节改定为这一天，因为这一天是中国历史上第一位伟大的私人教师，也是中国历史上最伟大的教师的诞生日。

孔子的出生日似乎已经不成问题，但是孔子的出生方式却又出了问题。有一次我在昆明开一个儒学的会议，一位哲学教授对我说，孔子是私生子。我听了以后感到很震惊，问他证据，他说司马迁不是说孔子是“野合”而生的吗?

看来他不懂得什么叫“野合”，以为跟野地有什么关系。这人大概看过张艺谋拍的电影《红高粱》，不懂“野合”，单会胡乱猜测。周代礼法规定，男子超过一定年龄与没达到一定年龄的女子结婚，叫做“野合”。野有不拘的意思，《论语》中就有证据，孔子说：“野哉，由也。”孔子说子路率性而不拘礼节。野是相对礼而言的，不是野蛮的意思，更与野地没有什么关系。《周礼》上说：男子八月生齿，八岁换齿，二八一十六而阳开，八八六十四而阳绝。女子七月生齿，七岁换齿，二七一十四而阴开，七七四十九而阴闭。男子在超过六十四岁以后，女子在十四岁以前结合不合周礼，故称野合。这是唐代司马贞为《史记》所作《索隐》中的解释。还有解释说孔子父亲是在聘礼不周的情况下而成婚的。宋代大儒胡五峰在所作《皇王大纪》中解释说：“叔梁纥老矣，颜氏贫，不能备礼，遂野合焉。”就是说孔子的父亲年纪大了，而母亲这一方又很贫困，不能按照正常的礼数办理，只是简单走了个过场。这个解释似乎还比较贴切。孔子的父亲娶颜氏女时，年龄已经超过六十四岁，而他母亲可能刚过十四岁。司马迁的所谓“野合”，原本可能就是指这层意思。这可能是当时对这种情况的习惯性说法，不过司马迁这一句话，却惹来了后世很多麻烦。那位教授还说私生子都聪明，所以孔子才能成为圣人，就像小仲马就是大仲马的私生子。私生子可能是聪明，但是聪明的不一定都是私生子。而且圣人没有必要一定是私生子才成，孟子也不是私生子嘛。

现在让我们继续看孔子的人生经历。叔梁纥娶颜征在时，年纪已经很大，怕不能生育，于是去尼丘山祷告，祈求神灵保佑。所以孔子才名丘字仲尼。这是有纪念意义的名字。就像孔子的儿子孔鲤，字伯鱼，是因为在他出生的时候，鲁国的国君前往祝贺，送来鲤鱼下奶，为了纪念这个事情，就取名鲤，字叫伯鱼了。

二、在贫弊的生活中历练成长

据《孔子世家》说，孔子三岁，父亲就死了，家境贫困，叔梁纥元配施氏女，是个妒妇，很厉害，不讲理，首先迫害生孟皮的妾，等孔子父亲死了，又把孔子母子逼迫得走投无路，所以孔子母亲带着孔子搬迁到现在的孔庙那一带。这时孔子虽然还是贵族的后裔，社会也承认他贵族的血统，但实际的生活地位微末，生活资源也已经很成问题了。所以《论语》里有这么一段话："太宰问于子贡曰：夫子圣者与？何其多能也？子贡曰：固天纵之将圣，又多能也。子闻之，曰：太宰知我乎！吾少也贱，故多能鄙事。君子多乎哉？不多也。"子贡是孔子很有名的学生，复姓端木，单名赐。现代女作家萧红有一任丈夫叫端木蕻良，也是作家，应该就是子贡的后代吧。上面这段话是什么意思？鲁国太宰问子贡说：你老师该不是圣人吧？他怎么懂得并且会做这么多的事情？子贡说：老天就是想推动他、驱使他，一定要把他造就成圣人，老天撵着他做圣人，不当都不行。有趣的是德国大哲学家康德的老师沃尔夫也说："孔子到这人间来，承载着上天特殊的使命。"这就叫做"天纵之将圣"，天既"纵之将圣”，就要给他各种各样的能力，使他多才多艺。孔子听了以后说：“太宰不了解我呀！我从小贫贱，为了生活，学会了很多贵族们不屑一顾，也用不着学的生活技能。”孔子接着说：“贵族出身的人需要这么多谋生的本领吗？不需要哇！”“君子多乎哉？不多也。”这是大家都熟悉的话语，是鲁迅授予孔乙己的口吻。大家在中学的时候都学过鲁迅的《孔乙己》这篇文字。不过鲁迅是借此以糟践儒生，用来表现儒生的穷酸相。但是我必须告诉大家，鲁迅借孔乙己之口说出的这句话，与《论语》原文的意思不一致，是故意曲解这句话，以为达到贬低儒家的目的服务。孔子十七岁母亲过世，母亲大概活了三十岁多一点。过去的时代女性寿命不长，男人可以出门交朋友喝喝酒消消愁、解解闷，女人只能待在家里，过去叫“难养”，因为是在男权社会里，要靠别人养，可能有怨言。“近之则不孙，远之则怨。”你对她亲近一点，她就不拘礼数，失去了恭敬，轻慢你，不把你当回事了。你要是疏远她，她就会产生怨恨的情绪，说你薄情寡义。现在无所谓难不难养，因为靠自己养。如果有一天，男人由女人来养，那么这句话也可以倒过来说成是：“惟男子与小人为难养也。”孔子的时代只能这么说，一点都不奇怪，也不用为此给孔子辩护，更不必为了不得罪女同胞，替孔子向巾帼赔罪。孔子说这样的话语，本来也没有罪。

孔子成年后，给鲁国当权贵族季氏当过家臣，“及长，尝为季氏史”，“会计升斗，看视牛羊”。季氏是鲁国的大贵族，土地牛羊很多，农夫借粮种和交粮租时，孔子负责帮他称一称，还要帮着数一数送回来的牛羊有没有少。孔子做事很认真，很负责任。

尽管孔子小时候家境已经很贫弊了，但孔子毕竟是贵族出身，所以从小接触学习贵族的礼仪。三十五岁前后，孔子以鲁国使臣身份出使齐国，齐景公问他治理国家要坚守怎样的原则，孔子答以“君君、臣臣、父父、子子”。意思就是君主就得像个君主，大臣就要安守大臣的本分，父亲就要慈爱，儿子就应孝顺。齐景公很高兴，以为孔子这个说法，正可以用来巩固自己的地位，维护自己的利益。其实孔子讲的是伦理政治的秩序，齐景公却把孔子的话语，转变成保障君主权力和维护君主利益的单纯的政治等级秩序了。齐景公想把孔子留在齐国任职，却被当时齐国的宰相晏婴设计阻止了。于是孔子又回到鲁国。孔子五十多岁时，再度被鲁国起用，位至司寇，摄过三个月相事。其间诛杀了一个乱政的大夫叫做少正卯。谁知这个人不好杀，杀出事来了。当时没出事，二千四五百年以后出事了。“文革”后期，中国掀起了一场全民性的“批孔”运动，有人就把孔子杀少正卯这件事重新搬出来，说孔子倒退复古，把一个改革家给杀害了。1949年以后，中国的历史教育曾形成了一个定式，凡是在历史上有些新举措的人物，都被写进历史教科书中称为改革家，如李悝、商鞅、杨炎、王安石、张居正等。而凡是被称为改革家的人，又都不必分析他和他的改革措施的负面效应，只说好的，只能说好的。少正卯既被当成改革家，那就完全成了正面的人物，而诛杀少正卯的孔子就只能是开历史倒车的人，就是阻碍历史车轮前进的挡车螳螂。孔子成了坏蛋，成了小丑。其实这些根本就是胡扯，司马迁在《孔子世家》中原本说得再清楚不过了：“于是，诛鲁大夫乱政者少正卯。”那么是不是还有另外的历史材料表明不是这样一回事呢？其实完全没有必要做这种设想，因为“文革”期间一切历史的价值原则，还有相关的历史事实全被颠覆了，人妖颠倒，是非混淆，是“文化大革命”时期的最基本的社会现实。篡改历史已经成了家常便饭，是非既可以随便颠倒，史实的篡改又算得了什么呢？只要能够满足当时的政治斗争需要，人们就可以随意篡改历史，颠倒是非。“文革”期间的做法在人类历史上都是绝无仅有的，没有任何一个民族曾经以这样的虚无主义态度，残酷对待自己的历史文化。但是身居海外的学者不懂，以为是祖国大陆的学者们搞错了，还引经据典试图与他们争辩。乱政者少正卯，本来就是破坏正常政治秩序，扰乱社会安定，违法乱纪并且惑乱人心的人，这还有什么需要争辩的！又有什么争辩的必要！1974年以后的"批林批孔"运动，硬说孔子杀掉的少正卯是个改革家，为了这件事把孔子批得狗血淋头。就算司马迁没写这段话，他们还会编造出孔子杀了一个老正卯！当时新儒家学者唐君毅先生，在香港拼命写文章为孔子鸣冤。"文革"刚刚结束不久的1978年，学术刊物《历史研究》上登了一篇文章，为孔子平反，唐先生在香港看到这个消息后，高兴得不得了，马上打电话给自己的好友，约晚上一起喝酒，没想到一高兴，没到晚上癌症病急发，住进了医院，第二天就去世了。书生可爱，书生可怜呐！

不过我们把话说回来，孔子摄相期间，确实把鲁国在短期内治理得夜不闭户，路不拾遗，《史记》就是这样记载的。

孔子大约从五十四岁开始"周游列国"，直至六十八岁回到鲁国，大约前后共有十四五年的时间。

孔子"周游列国"的直接导因，是因为鲁国任命孔子摄相事被齐国人知道了，齐国怕鲁国强大起来威胁到齐国，赶紧送美女给鲁君，鲁君就把美女享用了，从此疏于朝政，孔子被冷落了。孔子看不下去，就离开了鲁国。大家容易在这里产生一种误解，好像孔子厌憎女色，以为红颜都是祸水。孔子没有这种意思，他只是觉得鲁君因此荒疏了国政，而且又和众美女在城门演艺，弄得人心惶惶，耽误了国家大事。孔子确实说过"吾未见好德如好色者也"的话语，这个话语不能被理解为轻视或蔑视女子。这个话语的意思很明显，就是他只见到好色的，但却没有见到像好色一样好德的人。好色是人的天性，不好色的人可能有病。但是你光好色不行，更要好德，要像好色一样好德，那就不得了了，那是多大的君子啊！齐国和鲁国的分界，大约是济南以东是齐国，泰安往南是鲁国。

孔子一生好学不倦，即便在周游列国的途中，也从没有停止学习。《论语》有这样的话语："生而知之者,上也；学而知之者,次也；困而学之,又其次也；困而不学,民斯为下矣。"人分数等，高贵与低贱就看你是否努力学习。一等人生下来就什么都懂的；第二等是通过学习不断获取知识；第三等是已经因不学而沦落，但能忽然警醒，不甘低贱，而用心努力学习，在这种困境下也会学有所成；最后一等是自知身处低贱，备受困顿却仍然不思学习，自甘堕落。孔子说不努力自我拯救，这是最普通的民众所以永远不能摆脱低贱、愚昧的根本原因。那么孔子是天生就什么都知道的吗？孔子不断地说“圣则丘何敢”、“若圣与仁，则吾岂敢”之类的话语，还说“我非生而知之者，好古，敏以求之者也”。前面大家看到的孔子画像上的那些小篆，就是这句话。孔子说他自己不是圣人，只是喜欢古代文化和古代典籍，舍得花费时间和精力去不断地努力学习。这段自我剖白，表明孔子将自己定位在上述四等人中的第二等，也就是“学而知之者”。“批孔”运动中，人们谩骂孔子，说他自吹自擂，说他宣扬反动的“天才论”。理由就是上面那段话语中有“生而知之者，上也”的设定。实际上这只是逻辑的设定，不是事实的设定，在逻辑上完全可以这样设定，也必须不省略这样的设定。否则话语在逻辑上就不全面，用逻辑的话语说，叫做不周延。既是纯粹的逻辑设定，便不具有实际的所指。把这句话语当成事实的设定去批判，既是无知的，又是无聊的。当然，当时人们借此来攻击孔子，却不是真正的出于无知和无聊，而真正就是他们经常强加给别人的话语，叫做“别有用心”。

孔子明白地自称自己是学而知之者，他将自己整个的学习过程和学习所带来的人生感受都写在了《为政》篇如下的一段话语中：“吾十有五而志于学,三十而立,四十而不惑,五十而知天命,六十而耳顺,七十而从心所欲,不逾矩。”所谓“十有五而志于学”和“三十而立”，我在前面已经给大家作过详细的分析说明。“志于学”不是立志学习，而是立志了，为实现抱负而学习。就像过去我们学过的周恩来总理的一句话：“为中华之崛起而读书。”“为中华之崛起”是其志，有此志而后学习才有目标，才有动力。若无此志，则只知学习，那就完全错了，不知为何而学，就会乱学，就会浪费生命。庄子说："吾生也有涯，而知也无涯。以有涯随无涯，殆已。"无目的地学，不仅会浪费生命，而且会疲于奔命，自己迷失在茫茫无际的宇宙时空和广阔无垠的历史发展的长河之中。为学不易，立志更难。无志之学不是学，无志之人不会学。无学之人不能保志，无学之人不配言志。孔子不只有志，而且始终不渝地为志而学，因为志高志坚，所以养成了好学和善学的习惯。孔子的学习既有固定的目标，又有极大的灵活性。他随机而学，随处问学，跟谁都学，跟师襄学琴，向老聃问礼，走到哪学到哪，活到老学到老。天下无人不师，人生无处不学。大到为人、为政，小到虫鱼花鸟，比如他在教育学生们学习《诗经》的"兴"、"观"、"群"、"怨"的同时，还认为他们可以多认识一些"鸟兽草木之名"。《八佾》篇说："子入太庙，每事问。"这段话正可以表明孔子的好学和善学。孔子每事必问，人家说那是邹人之子么？叔梁纥是鲁国邹邑人，所以说是邹人之子。不是说他懂得礼吗，他到太庙来怎么什么都得问？有人将这话告诉孔子，孔子说对啊，这不就是礼么？不这样能懂得礼吗？一个真心向学的人，是不会顾及自己的身份和名声的，学知识不是摆架子，学知识也不要怕跌份丢面子，要能不耻下问，不耻下问，方有学问。这是圣人对于为学的态度，他是我们永远都要努力学习的榜样。

三、周游列国的苦辣酸甜

下面让我们来看看孔子周游列国的一些情况，我这里主要采录司马迁在《史记·孔子世家》中的说法。

有一次孔子从卫国到陈国去，路过一个地方叫匡，"去卫适陈过匡”。孔子长得像鲁国的阳虎，这个阳虎暴虐过匡人，匡人很恨他，误以为孔子是阳虎，就把他围困起来，困了五天，孔门大弟子颜渊跟上来了，孔子看他才来，很生气，就说了一句话：“吾以女为死矣。”“哦，你还来呀？我以为你死了呢！”这句话过去一直被正统理学家认为是很严肃的话题，我以为应该像我刚才那样说的语气去理解才是。颜渊回了一句：“子在，回何敢死。”“老师您还没死，我敢死么？”实际上这是孔子和他弟子生活中很平易的对话，没那么严肃，孔子和弟子的对话很人性化，颜渊的话也不是很慷慨的表决心，而像在逗笑话。不过很遗憾，这个颜渊后来真的死在了孔子的前面，孔子七十岁的时候他就死了，孔子很伤心，不过这是后话。颜渊来了以后，匡人把孔子越逼越急，越围越紧，孔子师徒们都是读书人啊，秀才遇到兵，有理说不清。弄不好，轻则被人打得鼻肿脸青，重则会有生命危险。但是孔子面对这样的局面，却说出了如下一段话语：“文王既没，文不在兹乎？天之将丧斯文也，后死者不得与于斯文也！天之未丧斯文也，匡人其如予何?!”“周文王死了，周朝的文化，中华文明的精神传统不正在我老人家身上蕴藏着么！如果天真的要毁弃这份文化遗产，后于我而死的人，就再也没有机会接触到这份精神遗产了。要是天不想毁弃这份精神传统，匡人能把我怎么样呢?”大家看看，孔子真是了不得啊，一般读书人，早都吓晕了，那些匡人才不管你斯文不斯文，先给你两棒槌再说。孔子以天自任，信念坚定，临难不苟。老师既然这样勇敢坚定，学生们还有什么可怕的呢？这叫临危不惧。

又一次，孔子从曹国到宋国去，和弟子们在大树下演习礼仪，宋国司马桓魋恨孔子，找人把树砍掉了，弟子们很慌，不得了了，危险啊，老师快走吧！孔子说：“为什么要快走，慢走有妨害吗?”“天生德于予，桓魋其如予何?!”天把美德生在我身上，就他桓魋，能把我怎样？这又是临危不惧。这两条性质差不多，都表明了孔子“威武不能屈”的品格。

还有一次，孔子要到东夷那边去住，东夷生活贫弊落后，居住简陋，弟子就说这地方这么简陋，怎么住啊！“陋，如之何?”孔子说：“君子居之，何陋之有?”我们这些君子，居住在这，它还会鄙陋吗？大家好好体会体会，看看圣人的人生境界与情怀。这段故事中的主题话语，后来被唐代的刘禹锡写成一篇短小的《陋室铭》，千古传诵不绝了。

孔子一次在陈、蔡之间受困，陈国想用他，蔡国也想用他，这时楚国人知道了，就派人礼聘孔子，陈、蔡一听，坏了，因为孔子太有才了，要是让楚国请了去，给他们出个主意什么的，咱们就完了，于是就派人围困孔子，阻止他到楚国去。《史记》的说法是：“围孔子于野，不得行，绝粮。”把孔子困在野地里，前不着村后不着店，断粮了。弟子们躺在那儿直哼哼，起不来了，孔子干什么呢？仿若无事一般，“讲诵弦歌不衰”。子路受不了了，平时听老师讲君子多么厉害，多么有发展前景，“学也，禄在其中矣”。这下可倒好，快饿昏了，于是就说：“君子亦有穷乎?”调侃老师一下，您不说君子多风光，多受人敬重吗？君子也有没饭吃而且又无计可施的时候呀？这次孔子可是真是严正地教训子路说：“君子固穷，小人穷斯滥矣!”君子自然有受困厄的时候，但是君子能坚守得住，不像小人，一旦困穷就什么手段都用，什么事情都干，胡作乱来了。我感觉这段话语有前提，那就是子路为人莽撞，当此之时可能至少已经表现出要乱来的神情，所以孔子才这样教训他。师生当时对话时的表情和心理，似乎都被这简单的几个字表达得如在目前一样。

各位是不是觉得这段话很耳熟呀？孔乙己说的。我上中学的时候，语文老师教我们说，“君子固穷”就是君子本来就是贫困的。教错了，不是这样的啊，君子怎么本来就是穷困的呢？没有道理嘛！这句话的意思是说，君子一定会遇到困厄的时候，在这样的情况下，君子能够守住信念，不乱来。小人就不一样了，放辟邪侈，无所不为了。鲁迅借孔乙己说话，让他自道穷酸，这是批评世间的读书人没有生存的本领，弄得穷困潦倒，狼狈不堪。但是鲁迅这种使用经典的方式显然是断章取义，有故意歪曲经典的明显用意。

孔子后来到郑国去，“孔子适郑，与弟子相失”，学生和老师失散了。孔子独自站在东门外，被人看见了。弟子子贡找不到他，就问路上的人说，你看到一位先生没有？郑国人告诉他：哎呀，东门那儿有个人站着哪，你看他那样子，头像尧一样，脖子像皋陶，肩膀像子产，从腰往下就不行了，“不及禹者三寸”，狼狈不堪，那状态啊，“累累若丧家之狗”。上边挺漂亮，像尧、皋陶、子产一样，下面就不行了，像丧家狗一样。子贡找到孔子以后，把原话转告孔子。大家可以试试随便找某个人，对别人说他像条丧家狗，然后别人把这话转告他，看他什么反应？他不恨死你，也会很生气！我们来看看孔子的胸怀吧，孔子一听还乐了，欣然笑曰：“形状末也。”形象算不了什么，可说我像条丧家狗，“然哉！然哉！”你看我无家可归，今天到陈国，明天到蔡国，无地安身的样子，这不就像丧家狗一样吗？大家看看孔老夫子的胸怀，看看他达观幽默的态度。

还有一次与此相类似的遭遇，孔子和子路失散，子路向前寻找，遇到了一位荷蓧丈人，就是肩扛农具的农夫。子路上前问道：你看到我老师了么？“子见夫子乎？”这老人家说什么？“四体不勤，五谷不分，孰为夫子！”“像你这样一个人，生逢如此乱世，不专心于生产，不勤动肢体，甚至连五谷都分不清，还找什么老师呀。”这句话中的“四体不勤，五谷不分”本来是荷蓧丈人指责子路的话语，几乎古代所有关于《论语》的注释，都是这样解释的。“文革”时，人们把这句话故意歪曲为荷蓧丈人对孔子的指责，说像这样一个四体不勤、五谷不分的人，怎么能够当老师呢！“文革”时把这句话针对孔子，同时拿这句话作为改造知识分子的依据，毛主席有指示说：“知识青年到农村去，接受贫下中农再教育，很有必要。”因为他们“五谷不分”。还真有这种事，当年有人从上海到黑龙江边疆插队，看到小麦长得很茁壮，就说："哎呀，这儿的韭菜种得真好哇！"这是真事，我亲耳听老乡们说的。但是孔子不是这样的，孔子自己说过"吾少也贱，能多为鄙事"。这里面就应该包含了对农业生产活动的熟悉，不认识农作物的可能性极小。而且《论语》中还有学生向孔子请教如何种植农作物的话语，孔子怎么可能五谷不分呢？

据《论语·公冶长》记载，孔子周游到了陈国的时候，听到自己家乡的年轻人有志向学，非常高兴，回乡教助的心情越来越急迫，"归与！归与！吾党之小子狂简，斐然成章，不知所以裁之"。

四、归乡讲学

六十八岁以后，孔子就回到了自己的家乡，专心带学生，直至七十三岁过世。司马迁评价孔子说："诗有之：'高山仰止，景行行止。'虽不能至，然心向往之。余读孔氏书，想见其为人，适鲁，观仲尼庙堂，车服礼器，诸生以时习礼其家，余祗回留之不能去云。天下君王至于贤人众矣，当时则荣，没则已焉。孔子布衣，传十余世，学者宗之，自天子王侯，中国言六艺者折中于夫子。可谓至圣矣！"作为中国文化的奠立者，中国文化的绝代宗师，孔老夫子是中华民族的护法尊神，是中国文化永世不倒的历史丰碑，在后世不断继承和弘扬之下，已经成了中华文明的徽号和灵魂，昭示着并照耀着中国人世世代代永不停息地在文明的道路上前行。孔子是中国的圣人，中国是孔子的中国！

鲁哀公十六年四月，孔子卒。临终前七日，还拄着拐杖在屋门前踱步，子贡来看孔子，孔子说："赐，尔来何迟也！"我快不行了，你怎么才来呀！孔子还用民谣的声调，唱了一首悠扬哀婉的歌曲：“泰山坏乎！梁柱摧乎！哲人萎乎！”预感到生命将终而无限感慨凄凉。接着又对子贡说：“天下无道久矣，莫能宗予。”没有人能继续我的拯救天下的志业了。孔子饱含对人世的眷恋和不舍，满怀崇高理想未能实现的惆怅，告别了曾经生活过并为了大家能够更好生活而付出了艰辛努力的人间社会。

…………

孔子在临终前的这种情绪，不是恐惧死亡，而是眷恋人世。惧怕是因为贪欲，怕死一方面是生命的本能，一方面也是因为还有无限的利欲想要继续不断地满足。惧怕不是眷恋。眷恋出于对人间情感的真挚，是热爱生活的证明。而孔子之泪流满面还有另一层重要的意义，那就是遗憾。惋惜自己崇高伟大的理想未能实现，又没有合适的继承人。这种惋惜，流露了灵魂的孤独。晚明时期的大哲学家王船山在所著《噩梦》之《叙》中也说过类似的话语：“呜呼！吾老矣，惟此心之在天壤间，谁为授此者?”船山先生深得孔孟真传，已然成为华夏民族文化的现世化身，其于生命之将终，同样有此大憾，正与当年孔子的感觉相一致。大凡理想宏远，抱负伟大，生命体会至真、至切的圣贤，都很难在当时找到真正的知音，这就是俞伯牙所以摔琴的原因。无人以授此心，无人配得上继续这样无比崇高、无限伟大的事业，希望与无继的现实的反差，是所有至圣大贤生命将终之际的共同遭遇，这绝不是普通的生民与一般的文化人所能轻易理解的。道理很简单，就是因为他们没有达到与感慨人同样的人生高度。没有达到人生的高度的人永远也理解不了人生的高度，就像蠢蛇理解不了雄鹰为什么非要到天上去飞翔，鸱枭理解不了凤凰为什么非醴泉不饮，非练实不食一样。人生的理想是只能说给有理想的人听的。理想的崇高伟大，只有拥有同样伟大崇高的人生理想的人，才能体会，才能理解。如同《三国演义》中曹操看刘备一样，英雄只能在、也只有在英雄的眼中，才能展现出应有的光辉。这就是“仆人眼中无英雄”的道理。

第三讲："仁"——《论语》的核心概念

何谓之"仁"

我们学校外面桂庙那儿有一个新楼盘，叫"厚德品园"，亮出广告招牌叫："居以邻为贵。"下面还加了一行小字说明："深圳大学是我们美丽的后花园。"这块招牌很亮丽，也很有诱惑力。这块招牌很有意思，现在房子涨价，大家都在争相购置，选房子的时候主要就是考虑四项指标：价钱、方便程度和治安状况还有小区植被和周围的绿化情况。大家都把自然条件和生活条件摆在首位，但却没人选邻居。当然这也是一个问题，过去住在平房里面，邻居好选，现在谁知道谁买了哪里的房子？现代人选择风景，建别墅，古代的仁人志士，选择好邻居，要跟有德、有识、有学养的人住在一起。孔子说："里仁为美。择不处仁，焉得知?"要尽量和仁德的人一起居住，长期共处，这样自己就会受到感染，受到教益，自己在生活中就会长学识，长德行。我看到这座楼盘的广告，首先想到的就是孔子的这段话语。这段话语讲的是环境在人的成德过程中的重要作用，相关的故事还有孟母三迁，《三字经》上说："昔孟母，择邻处。子不学，断机杼。"孟子的母亲虽然家境贫困，但是为了孩子能在好的环境中长大成才，费尽了心机，堪称中华第一母亲！孟子的母亲非常有见识，难怪她能培养出像孟子这样的儿子。

讲这些只是开个头，目的为了引出孔子的成德教育。

孔子的教育是成德的教育，孔子的理想是圣贤的理想，他要把中国改造成为君子的国度。政治上讲究人道主义，人伦上强调友爱和谐。

一、仁如一团和气

孔子成德教育的核心观是仁，仁，也是孔子伦理思想的核心概念。首先给大家看几段《论语》里面的话语，看看仁到底表达的是什么意思。

《颜渊》篇记载颜渊问孔子什么是仁，孔子回答说："克己复礼为仁。一日克己复礼，天下归仁焉！为仁由己，而由人乎哉！"克制自己，别让自己想干什么就干什么、随心所欲，行为符合礼的原则、礼的规范，这样就是仁德啦。孔子说："不管哪一人，不管哪一天，通过努力使自己的行为与礼合一的话，那么天下没有人不把仁德的美称归送给你的。"走向仁德，向往仁德，完成仁德，完全靠自己，不是由别人决定的，别怨天尤人，环境不好，老师不好，从小家庭教育不好，自己没读啥书，这都不是最当紧的，关键是自己朝向仁德前进，这一点更重要。颜渊又问具体细目，怎么样走向仁德，"具体有哪些，您能指点一下么？"孔子说："不符合礼的不要看，不符合礼的不要听，不符合礼的不要说，不符合礼的不要做。"大家听这话，可能觉得很严重，这样的话，人生是不是太苦了？但是孔子在这里还给大家留了一个缝隙，他没说"非礼勿想"，你还可以想入非非呀！颜回听后说，我虽然没那么敏捷，但是我也记住您老人家这句话，用来指导我的人生，"请事斯语矣"。另外一个学生仲弓，问孔子什么是仁，怎么样才能做到仁，孔子说所谓仁，就是

“出门如见大宾，使民如承大祭”。每天从家里面出来，都好像要接见世界上规格最高的贵族，或者重要的君子等，不能嘻嘻哈哈，要非常恭敬严谨，像韩国人见到老师一样，鞠躬。钱锺书作过这样的回忆：小时候走在巷子里遇见一个人，他向那人鞠了一个躬，然后恭恭敬敬地等着他走过去以后，自己再去干自己的事情。谁呀？需要这般待敬？是他父亲最欣赏的学生，一个有学养、受到乡邻看重的人。父亲最欣赏的学生他就可以这样做，这是尊重知识，尊重贤才，我们能做到吗？“使民如承大祭”什么意思呢？“国之大事在祀与戎”，国家最重要的事情两件，一个是祭祀，一个是出兵打仗，都要非常庄重。孔子告诉仲弓的意思，就是让他尊重自己，礼待他人，不要轻易动用民力。孔子还告诉他：“己所不欲，勿施于人。在邦无怨，在家无怨。”自己不喜欢的东西，也不要强加给别人。“在邦无怨，在家无怨”，解释就多了，有的说在工作岗位上没有怨言，回到家里也没怨言。有人说在诸侯国做事没怨言，给士大夫做事也没有怨言。整个意思是说要恭敬而无怨。仲弓也像颜渊一样说了一句话：“雍虽不敏，请事斯语矣。”同一篇还有司马牛问仁一段。孔子的回答是：“仁者其言也讱。”“讱”与“巧”相对，“讱言”的对立面是“巧言”，就是宽缓不急切，敦实不文饰的意思。司马牛又问：“其言也讱，斯谓之仁已乎？”孔子回答说：“为之难，言之得无讱乎？”司马牛的意思是说仁就这么一点，这么简单吗？孔子回答的意思也很明白，就这么一点你能做到吗？

樊迟问仁。孔子说：“爱人。”樊迟又问智，孔子说：“知人。”樊迟未达。孔子回答说：“举直错诸枉，能使枉者直。”后面一句是回答仁的还是回答智的？朱子说：“举直错枉者，知也；使枉者直，则仁矣。如此，则二者不惟不相悖，而反相为用矣。”意思是前一句是回答智的，后面一句是回答仁的。我感觉“举直错诸枉，能使枉者直”是一句话，同时回答了仁和智。举措是仁心，使直是仁效；举措需要智慧，知人的智慧，使直也是智的效果。仁智合一，两不分离。《子路》篇中还有樊迟问仁一段，孔子的回答是："居处恭，执事敬，与人忠。虽之夷狄，不可弃也。"讲的是处己处人之道。《阳货》篇中又有子张问仁，孔子回答说："能行五者于天下，为仁矣。"子张问是哪"五者"，孔子说是恭、宽、信、敏、惠。并且进一步解释说："恭则不侮，宽则得众，信则人任焉，敏则有功，惠则足以使人。"这是讲为政者的仁心仁德。《雍也》篇中又有樊迟问仁，孔子这一次的回答是："仁者先难而后获，可谓仁矣。"先从事难做的，后考虑收获。

上面诸种对于问仁的回答都不一样。下面是子张的话："博学而笃志，切问而近思，仁在其中矣。"这是继续引申孔子关于仁的话语。在孟子和庄子的时代，儒家、道家的话语，与在孔子和老子的时代，相隔两百年，整个话语体系发生了非常大的变化。在孔子、老子那里，多半强调人要遵循外在规范的东西和人的行为的努力，在庄子和孟子那里主要强调人的内在心灵的努力会达到怎样的效果。子张这种话语和曾子等的话语，可以看做是从孔子走向孟子的过渡，这里面暗藏着历史过渡的细节。

我们来总体看一下孔子的仁到底指的是什么？说实在话，仅凭上面的几条，不足以认识孔子论仁的根本意义。为什么？孔子上面的话语主要还是从功能和功用上讲的，不是从本体的角度讲的，因此，都不能简单地看做是对仁所下的定义。他只是根据不同人的特点给予不同的解说，是因材施教，不是给仁下定义。

根据上面的话语，来给"仁"做一下提炼和总括：仁是孔子学说的核心，仁是孔子伦理学说的最高目标，仁是孔子评判人世的最高价值标准，仁是道德修养的最高境界，仁是人道的政治的最高表现形式，仁是人世间一切美好事物的最终极的根源。前面所引孔子的诸多话语，或是就仁的作用层面上看，或是就如何走向仁的路径上看，或是从个体成德的修养功夫，还有具体做法上看，都是有直接针对性的，不是泛泛而谈，也不是逻辑的界定。孔子为什么不做逻辑的界定，理由之一，是仁作为善的根源和动力，原本就是不能用逻辑来界定的，逻辑在这里用不上力，使不上劲。理由之二，是仁的发用，既无定时，又不拘定所，无论怎样界定，都不能穷尽仁的意蕴。最关键的理由，也是最直接的理由，还是孔子是一名教师，成德教育的要求，并不是让人在玄虚里兜圈圈，而是强调对实际的人生发生效用。这个最基本的，也是最直接的目标，决定了孔子不应当把仁当做一种哲学的概念来界定或者解析。将孔子的“仁”的观念，当成哲学的概念来研究，是今天哲学家们的习惯，他们把孔子当成哲学家，所以就要把孔子的伦理的观念哲学化，这样的做法，在今天有其必要的合理性。孔子本身虽然是哲学家，但这只是后人的愿望，不是他自己的愿望。孔子本人，对是否是一个哲学家不感兴趣，他最感兴趣的是：他是一位教师！孔子临终前虽有过“哲人萎乎”的慨叹，但是其中的“哲人”，不是今天的哲学家的意思，而是生活世界里的智者的意思。孔子的目标不在于使学生对仁的概念有一个哲学意义上的准确把握，而是在于使大家对仁有个大致的了解之后，努力施行仁，尽力走向仁。

说到这里，如果有熟悉西方哲学的人一定会问，连仁的哲学内涵都不知道，怎样走向仁，怎样施行仁呢？应该说，这样的问法很有力，很有针对性。但是实际上孔子已经隐约表达了仁的内涵，我的总结就是仁是人间之善的源泉，仁是人类爱的既得之于天、又藏之于内的根本动力。这样的解法应该说还不全是哲学的，而只是哲学化的。因此，感受天之善，培育我之仁，体贴人我之爱，物我相通，天人一体，仁就已经了然于胸中，浑然于命中，灿然于行中，何待哲学的界定？伦理学或者伦理哲学的目标，不在于将概念无限制地推衍下去，直到不能推衍，而在于将善的本质发抒为现实的行为，目的不在训练人的理性头脑，而在于美化人的行为。所以，孔子的仁，不是孔子没讲清楚，而是后人没看清楚。孔子不必讲清楚，他已经与善同体，他就是仁，仁就是他，他的一言一行，就是对仁的解说，大家都有目共睹，何须条分缕析说个没完没了？

《里仁》篇记载孔子的话说："唯仁者能好人，能恶人。"这个说法在历史上有纠缠。有人说了，如果只有仁德的人才会喜欢人、厌恶人，如此说来，别人不会喜欢和厌恶吗？我们没有看过一个人不会喜欢人、厌恶人。但孔子这句话的意思是喜欢人、厌恶人都能喜欢、厌恶到点子上。什么叫点子？我这只是一个形象的说法，宋代大儒胡五峰说："小人好恶以己，君子好恶以道。察乎此，则天理人欲可知。"君子无论是喜欢人还是厌恶人，都是以道义为标准，小人喜欢人、厌恶人却是根据自己的情绪。要看他出于什么心态，出于天道、社会公义，他就是君子，出于个人意气、情感，那就是小人。所以这段话语的解释不应该是只有仁德的人才会喜欢人、厌恶人，而应当是：只有仁德的人，才会按照道义的标准去喜欢人或者厌恶人。

这不是我添加的，而是文中本有的意思。过去书写困难，要尽量俭省文字，所以才有古代汉语。其实当时和今天一样，百姓也说家常话，只是没记录下来。行而为文，务求俭省，所以，理解《论语》不能忘记尽量将其省略的语言复原出来，否则，只是按照字面直译，就会丢失原有的意义，造成错觉、含混甚至误会。比如《学而》篇中有："君子食无求饱，居无求安，敏于事而慎于言，就有道而正焉，可谓好学也已。"这句话怎么解释？有一次，深圳市一家少年劳教所的一位女教官找到我，希望我能帮助他们对青少年劳教人员实施伦理帮助，她带来一份自己编制的《国学教育系列读本》。我随便翻了翻，就看到了这一条，她的解释是："君子，饮食不追求饱足，居住不追求舒适，办事敏捷，多看多做，说话谨慎，多听少说，到有道之人那里去匡正自身，这样才算是好学。"这位女管教非常用心，翻译得也非常不错，她希望用传统的力量挽救失足青少年，用心良苦，可敬可佩。但是这样翻译容易造成误解，"君子，饮食不追求饱足，居住不追求舒适"是有条件的，这是对比后面的话语说的，因为吃饭睡觉之类的生活问题，比之“就有道而正焉”来讲，就显得不那么重要了。君子“食无求饱，居无求安”是有条件的，不是闲着没事，就是不想过好日子。有这样的君子吗？这不是君子，是傻子！当然这位女管教不是自己发明，几乎所有现行的《论语》注释本都这么解释和翻译。如果以这样的翻译为准确，那么《乡党》篇中的“食不厌精，脍不厌细。食饐而餲，鱼馁而肉败，不食。色恶，不食。臭恶，不食。失饪，不食。不时，不食。割不正，不食。不得其酱，不食。肉虽多，不使胜食气。唯酒无量，不及乱。沽酒市脯不食。不撤姜食，不多食”一段话怎么理解？说孔子是因为礼的原因而喜欢精细的加工制作的食物，而不吃腐烂的、发霉的、过时的、粗制滥造的食物？说得通吗？食而求美，居而求安，乃是人生的常态，普通人都这样，圣人难道为了表现与普通人不一样就改成专吃坏的、专住差的？这是圣人吗？这简直就是疯人！

圣人与普通人的关系在于：“圣人之所以是圣人，乃在于他高于俗而不离于俗，入于俗而不流于俗。”“高于俗而不离于俗，入于俗而不流于俗。”这是我的名言，这真是我的名言，我绝对相信我这样的理解是正确而又允当的。

那么上面一段话语，应该怎样理解才是比较适当的呢？把“君子”两字翻译成“一个以成德为目标的人”，这样的话，后面就通了，因为一个追求高尚道德的人是不在生活的细节上挑挑拣拣的，生活的简陋，影响不了，也阻止不了他对美好道德的追寻。这样的解法也给其他篇章中的相关文字的解释留下了余地，比如《子罕》篇有：“子欲居九夷。或曰：‘陋，如之何？’子曰：‘君子居之，何陋之有？’”孔子要在“九夷”这个地方住下，有人就说了，这里也太简陋了，怎么办呢？南宋大儒张南轩的解释是：“夫子之所以告之者，乃行乎夷狄之道。盖忠信笃敬，无入而不自得也。”朱子的解释是：“君子所居者化，何陋之有！”应该说，这些都是引申意义的解法，原意的解释应该是：“君子以成德为人生追求的目标，还讲求居住的简陋不简陋吗？"“无入而不自得也”和“所居者化”都是在这样的原意基础上的引申。不过张南轩的解法似更贴近本意。孔子只是在特定的场景下再度申说“君子食无求饱，居无求安”，圣人也是人，孟子说，“圣人与我同类者”，不能脱离了圣人也是人的基本前提去理解孔子，因为圣人虽然高于俗，但却不能离于俗。当然，也不能局限于常人的感知去理解圣人，因为圣人虽然入于俗，但却并不流于俗。其中的机巧，全在生活体会的积累和人生智慧的通透，缺乏人生的体验和智慧，是很难对《论语》有准确的把握的，因为《论语》原本就是人生智慧的宝典。当然，还要尽量多参证古今名家的解说，因为我们的生活体验能力和人生的智慧相对于数千年的历史文化传统，毕竟是太有限了。

孔子在《述而》篇里面讲：“志于道，据于德，依于仁，游于艺。”所谓志，《说文》说：“心之所之之谓志。”这句话还是太简略了，可以进一步讲，志就是心灵长期而又稳定的指向。什么叫“志于道”？道是人生的价值目标，人要永远不变地朝向道的方向前行，心灵应当长久不变地将道作为人生追寻的目标。这就叫做“志于道”。据，是据守的意思，据守什么？德。把德当成人生的“据点”来把守，不能丢失掉。就像《三国演义》里的街亭一样，街亭失守，全军溃退。依，是循着、按着的意思，按照什么原则言行？仁。这样是不是很板滞啊？跟石头似的，整个一个逻辑符号，伦理的逻辑符号啊？不是的，我前面给大家说了，仁不是逻辑符号，是活灵活现的，是实实在在的。真正有道德的人，生命是很鲜活的。“游”是什么意思？只此一个游字，就说明真正有道德的人不是整天板着脸孔，而是每天在快乐中徜徉着，游戏着，并在徜徉和游戏中获得快乐，这就叫做游于艺。我这里所说的游戏不是今天游戏的意思，一听到游戏有人可能想起了网络游戏。这里的游戏可以分开讲，往复其中之谓游，简单说就是游来游去，就像你在游泳池里，来回不断游来游去一样。喜而弄之之谓戏。戏不是轻慢的亵渎，而是爱不释手，乐在其中。艺是六艺，礼、乐、射、御、书、数。有人把这里的“六艺”解释成“六经”，这是不对的，因为孔子当年只是以上面所说的六艺教育学生，再说当时也没有六经的说法，当时的《诗经》都还不是经，所以只叫《诗》或《诗》三百。不止名目上没有，事实上也没有，比如《周易》，孔子直到晚年才认识到它的重要性，所以《述而》篇才说：“加我数年，五十以学《易》，可以无大过矣。”如果从前就拿《周易》教导学生，何至说出此等话语？

游戏在人生中是非常重要，同时也是非常必要的。游戏可以开发生命，游戏可以让人享受生命。生命是天赋予你的，没有理由亏待这个生命，儒家并不反对游戏。亏待自己的生命，而能成就别人的生命，这是不可想象的。儒家的学问就是“为己之学”，先使自己精神饱满，生命完满无缺，徜徉在艺的境界之中，然后才有望于推己及人，达于天下。这样的话语是很有意思的，前不久北京大学有个教授打电话跟我探讨这个话语的解法，我以为孔子这段话的次第很鲜明，谁前谁后排列很重要，很清楚嘛，“志于道，据于德，依于仁，游于艺”，不能错了等位。志于道，就有目标；据于德，就有坚守；依于仁，就有遵循；游于艺，就有快乐。只有道德、没有快乐的人生不是伦理的人生，而是宗教的人生。孔子倡导的是伦理的人生，不是宗教的人生。而快乐也是道德成就的标志，不乐则对不住生命，对不住生命，怎么能够对得住道德？道德是成就人的，不是束缚人的，捆绑人的，更不是残害人的。这一点很多人不懂，以为道德就是限制人的，这是对道德的误解，这是乡愿的道德，不是仁者的道德。

二、通往"仁"的途径——你亲近仁德，仁德就走向你

《述而》篇中说："仁远乎哉？我欲仁，斯仁至矣。"平日里我们都感觉，要成为一个仁人君子，需要经过异常艰苦的努力，克制自己，跟自己过不去，把自己整得面黄肌瘦的，才能成为有道德的人。其实那不叫有道德的人，那叫有病的人。是呀，那不是被道德的外在形式或者干瘪的教条所害，失去了生命的活力了吗？千万不要以为成为有道德的人，就是让你摧残自己，就是让你得病，实际上，道德是让你去病，给你除病，不是让你得病，更不是让你发病。真正有道德的人和假道德的人区别在哪里？留待后面详细说。现在来讲解上面这段孔子的话语。"仁，离我们遥远么？我想要仁的时候，仁就来到了我的身边。"这是这段话的原意，话外的语义就是如果你以心向仁，你就会走向仁，仁之为德就会在你身上体现出来。仁就已经与你同在，伴你前行了。

成德虽然不是使自己有病，但却是有很大压力的，要经过不断刻苦努力才能达到的。要是轻松就能达到的话，不是满天下都是圣人了吗？这种压力来源于承载使命的神圣，孔门大弟子曾子说："士不可以不弘毅，任重而道远。仁以为己任，不亦重乎？死而后已，不亦远乎？"我们现在经常使用的成语"任重道远"，就是从这儿来的。什么叫"任重道远"？就是担子重，路途远。担子多重，路途多远？挑一担棉花，挑一担茶叶，算不算重？世间什么最重，价值最重。价值最核心的东西是仁，所以仁最重。有多重？要多重有多重，比什么都重，比所有的东西都加起来还要重。"仁以为己

任”，把仁挑在肩上，你说重不重？过去有副对联叫做：“铁肩担道义，妙手著文章。”为什么叫铁肩呢？非铁肩担当不起道义！这只是一个形象的比喻。“死而后已，不亦远乎？”多远才算远，一百里、两千里、八万里？够远的了吧，但总还有个盼头，走一步就接近一步。要是死了才算完，你说远不远？对于一个现实的生命来讲，有比死离我们更远的途程吗？担待起仁的责任，不死不休，至死方休，这才叫做任重而道远！所以，成德的过程确实是异常艰辛的，没有压力怎么可能？不承受超常的压力怎能实现？当然，承受压力，不是叫你自我摧残，这是两回事。但是，“知者不惑，仁者不忧，勇者不惧”。这是《子罕》里的话语，一般的解法都说：“智者不惑”，就是有智慧的人不迷惑，“仁者不忧”，就是有道德的人不忧患，不忧郁，“勇者不惧”，就是勇敢的人不害怕，不畏惧。我认为应该是智者不困惑，不是不迷惑；仁者不忧怨，不是不忧虑，也不是不忧愤；勇者不惧怯，可能也比不畏惧的解法好一些。一般各种《论语》注本，解释都不离左右，但是你把它限定到一个位置感觉不能动，没有更好的词汇来替换它的意思，这个时候就差不多了。当然，这需要生活体验的功夫和对经典原意的把握，还有对于语言的稳妥的运用。我讲这样一段话，没有另外的意思，就是看到很多关于古典的翻译，不止《论语》，语言多半都是模棱两可，甚至可以随意替换。这是不行的。用词要有准确性和稳定性，甚至是独一无二性。什么叫独一无二性？就是替换成同义词或者近义词不行，这样的表达就是准确的、稳定的。你写了一篇文字，所用字词都好像处在地震之中的样子，可以随便晃动，那就说明你对你所表达的东西，没有真切的认识。那怎么行！当然，这个功夫谁都难以真正达到，但是大家都应该朝向这个方向努力，这样你的文字表达才不会东摇西摆，左摇右晃，里出外进，前仰后合。

智慧的人不因外在的艰难而自我困惑，仁德的人不因个人的得失而生隐忧，勇敢的人不因前途艰难而畏首畏尾。他有向仁而一往无前的精神，不会被任何艰难困苦所吓倒。但是真正的勇者，不仅是勇于敢，而更包含有勇于不敢。论为仁，则勇于敢，论为不仁，则勇于不敢。无论三七二十一，就勇往直前，那是鲁莽。孔子曾经教导子路说："君子义以为上，君子有勇而无义为乱，小人有勇而无义为盗。"勇不勇，要看义不义，义则勇，这叫勇敢；不义则不勇，这叫勇于不敢。所以孔子说："仁者必有勇，勇者不必有仁。"根据我们的人生经验，勇敢在人生中很重要，但是勇于不敢似乎更紧要！前面这段话涉及了仁、智、勇三德，下面我们继续深入考察这三德以及它们之间的关系。

三、只有有仁德的人，才能把握生命的厚度

孔子说："不仁者不可以久处约，不可以长处乐。仁者安仁，知者利仁。"

孔子是在讲德行修养不够的人，这里的"不仁者"，不能简单等同于道德意义上的小人，也不是没有道德的人，而是道德修养程度不够、信念不够坚定的人。这种人不能够，也做不到长期处在困厄的生活境况之中。为什么？受不了！他会做出很多邪辟的事情，这叫"不仁者不可以久处约"。"约"是简约，就是不宽裕。不仁者也"不可以长处乐"，在一种安逸舒适的环境中也不能长久地待下去，快乐久了，就会放纵，就会淫逸，把持不住自己。为什么呢？修养功夫不够，所以没办法在各种不同的生活境遇里把握自己。朱子所谓"久约必滥，久乐必淫"。仁者在仁中生活得非常宁静安然，安于仁而不挪移，依于仁而不动摇。这叫"仁者安仁"。"智者利仁"解法不一样，众多说法中主要有两种，一种说有智慧的人利用仁德获

得更大利益，一种说智者有利于仁。前一种说法显然是错误的，如果仁德是可以利用的，从而获得利益，这是戕贼仁义，这不是利仁，而是害仁。世间最大的祸患之一就是利用仁德去牟利，将仁德作为工具。我做了一件好事，所以你要给我必要的报偿。这不是做好事，而正是在做坏事，打着仁义的招牌去邀名，去捞取利益，去谋取权力，这是人生最大的不德！如果一个人不懂得仁德的真正价值在于助己成德，而仅仅以为这是一种利益，一种可以用来获取利益的借口或者有利条件，这能算是一个智慧的人吗？他的智慧就是使自己利用仁、残贼仁，助长自己的不德，残害并毁灭自己。后一种说法，才是正解。真正有智慧的人，不是利用仁的，而是有利于仁的。朱子等宋儒多是此种解法。尽管如此，安仁与利仁还是有所不同的，安仁，就是已经达到了与仁为一的境地，利仁还没有达到这样的境界，仁还没有完全成为内在的东西，还没有完全内化为自己的品质。仁高于智，而仁者无不智，智亚于仁，而智者未必仁。仁以导智，智以成仁。只有仁德，才能导引出生命中的智慧，不仁，却只能诱发诡诈，诡诈不是智慧。智慧从仁中产出，智慧辅助人成就仁德。智慧强调用心之纯正，诡诈只强调方法或者技术的效力。没有仁德的主使，聪明适足以走向只求成功，不问善恶。智慧是贤者的特征，诡诈则是豪杰的本领。这样的说法，也可以作为“豪杰而不圣贤者有矣，未有圣贤而不豪杰者也”的另种解说。

孔子说：“志士仁人，无求生以害仁，有杀身以成仁。”真正的志士仁人，没有因谋求生命从而去戕害仁德的。但是，如果为了仁德必须舍身的时候，是可以杀身成仁的。但是，一定要注意，目标在于成仁，而不在于逃避失落、规避责任、解脱痛苦。有两句关于志士仁人的重要话语，一直鼓荡在中国历史的深处，维系着中华民族的根本价值。一句就是孔子的“杀身成仁”，另一句则是孟子的“舍生取义”，孟子说：“鱼，我所欲也，熊掌，亦我所欲也。二者不可得兼，舍鱼而取熊掌者也。生，我所欲也，义，亦我所欲也。二者不可得兼，舍生而取义者也。""杀身成仁"和"舍生取义"，一直激励着国人维护价值、维护社会公正、维护人之作为人的尊严而不仅仅是苟且延续生命，维持生存。这是人与动物最根本的分野，人是应该为价值而生存的。人为了维护价值和尊严可以不惜放弃生命，而不应当为了生命而放弃价值，这是传统儒家最根本的一个处己原则。正是"生命诚可贵，爱情价更高，若为价值故，两者皆可抛"。

但是，杀身与舍生是有前提条件的，轻易放弃生命，乃是人之不德，亦是人之不仁与行之不义。因为这样的行为，显然是无法挽回的，既失去了进一步成德的机会，并因此而废弃天地生人的本意，也会给与自己相关的亲族、师友带来重大的精神打击。必须当到只能在仁义与生存这两者之间作出抉择的时候，才能为仁义而杀身、舍生，这个时候的这种举措，就不是为了给亲人们带来痛苦，而是为了保护生命的纯洁性与崇高性，这样也会给世人以警策和激励！不当其时，则不能轻举妄动。

当然还有另外的重要一途，那就是为护持仁义而存身保命。这是什么意思？孟子说："天下有道，以道殉身；天下无道，以身殉道。"天下有道的时候，就出身而仕，道彰而身显，身显而道更彰。天下无道的时候，就隐身而退。天下无道我有道，我以保身而护道，不能轻易舍身而弃道。孔子也说："天下有道则见，无道则隐。邦有道，贫且贱焉，耻也；邦无道，富且贵焉，耻也。"天下有道就出身奋力，以助长天下之正道，天下无道就隐居起来，以守身为护道。这里涉及一个士大夫如何处置自己的问题，看似只是个人当不当官的小问题，实则关系到道德最重大、最原则的大问题。王船山说："士有不可仕之时。"士，固当有其"不可屈者"。这不可屈者是什么？就是"退而自循其所守"。你坚决不做官，谁能捆绑你出来做官?！"士苟有志，孰能夺之哉！"有人会问，为什么给官不做？我可不可以反问你，为什么给官就做？你可能会说，别人争都争不到，给官不做，这不是傻吗？这是以俗眼看贤达，以小人之心度君子之腹。儒家强调为理想而做事，不能实现理想的事，做了没用，所以就不会去做，尤其是违逆理想的事情就更不能做，做了就是失掉操守。北宋大儒程颐说："饿死事极小，失节事极大。"女子失去操守，只在一人一身，君子失去操守，则既害己又从而害道，还会危害士林。船山先生说，士若"无以自立"，则"一涉仕宦之途，进而不知所终，退而无以自处"。完全迷失在官场的尔虞我诈、明争暗斗之中，成为权力和利欲的奴婢，不自知，也不能自拔，还谈什么人生理想和价值追求！在污世里混饭吃，与世俗相浮沉，不知有"操守"两字的人，是无法入于君子之途的。当然，孔子这样高远的成德目标不是设给普通民众的，如果你不想成为君子，孔子的话语也不妨害你混饭吃。

四、妨碍成就仁德的"三贼"和"六蔽"

妨碍成德的"三贼"

孔子的成德目标是很高远的，它对成德的要求也是很严的。同时，孔子对成德的障碍或者妨害成德的要素，也有异常清醒的认识。孔子对成德的障碍的说法很多，最主要和最重要的有三种。我把这三种最主要和最重要的妨害成德的要素称为"成德的三贼"。

《阳货》篇里连续有以下三段话语："乡原，德之贼也。""道听而途说，德之弃也。""巧言令色，鲜矣仁。"《学而》篇中也有"巧言令色，鲜矣仁"一句，属于重复。我把这三段按照重要性重新排列一下："乡原，德之贼也。""巧言令色，鲜矣仁。""道听而途说，德之弃也。"这就是孔子认定的通往成德道路上的三种最大的妨害，也就是我所说的成德的三贼。

以假充真妨碍道德：道听途说

我们首先来看《论语》中表述的第三个妨害成德的障碍，叫"道听而途说，德之弃也"。自己没有主见，不作自我判断，闻人言说就跟随而去，这是成德者的自弃。这是成德的第三种障碍。

什么叫道听途说？就是指未经真心感悟或亲身证实，而将随意听到的意见或说法当成"德音"对待，从而任耳目而不衡诸于心。内中无主，人云亦云，久而久之，就不会以真仁真义为道德，只听言传语，随人旋踵，不能确立道德的真自我。这是破坏成德的一个重大的要素。孟子说："心之官则思，思则得之，不思则不得也。"当然，用心不是一件简单的事情，首先要把握心，心不是耳目一般的一个感官，而是感官的总部，总部需要根据相关的情报作出判断，耳目之类的感官却只能提供最简单的事实，甚至经常还是错误的。如何把握心？还要在用中把握，从错误和失误中慢慢走向准确和正确。使用"心"和把握"心"，互相推助，互相帮衬，互相成就。世间事皆在相互之间，相互之间都用心，久而久之，心就越来越明，用心也就越来越准确。道听途说，是舍弃心，将人心做己心，时间长了，形成习惯，就会不用心，不用心就等于没心，没心没肺了。要用心去证实所听到的和所见到的。很多人看于丹在电视上讲《论语》，说于丹讲得很不错。到了今年有人开始攻击于丹了，这些人又说"我们上了于丹的当了"，原来以为她讲得如何如何好，其实不咋样！这些人显然没有读过《论语》，对于于丹的评价，也主要是听别人怎么说。这不就是道听途说嘛！你没有读《论语》，又没有衡诸自己的心灵，只听人家说，人家说好你就说好，人家说不好，你又说不好。于丹究竟讲得怎么样，你怎么能够知道！没人批评，于丹就好，有人批评，于丹就不好了？这不正如矮人看戏，随人道短说长吗？长此以往，自己就会失去判断力，心灵就会暗淡下去。

以假乱真扰乱道德：巧言令色

什么叫“巧言令色”？朱熹的解释比较到位：“好其言，善其色，致饰于外，务以说人。”把言辞掂量得尽量中听，把表情尽量拿捏得让人感觉舒服，这两项加在一起，都叫致饰于外，以便达到取悦别人的目的。君子以成己为宗旨，不以悦人为目的。当然，上面这样的说法，不是讲君子故意说一些难听的话给人听，君子只是正常说话，不会着意别人特别是居高位的人的意图和感受。当然这样的说法，也不是让大家一切都根据自己的情绪胡说乱讲，懂礼貌不是谄媚，做人要有尊严，有尊严的人，才能受到别人的尊重，也只有有尊严的人才会真正尊重别人。卑躬屈膝的人是没有尊严的，自己没有尊严，也就不懂别人需要尊严，所以也就不可能真正去尊重别人。

朱子以“致饰于外，务以说人”解说孔子“巧言令色”的意思：就是用好听的言辞，配合悦人的表情，极尽外在的（非出于真心的）文饰，以达到使人高兴（从而反被利用）的效果。孔子以为这样的人很少是真正的仁人，甚至很少有真正的仁心。“外”的意思就是并不出于本心，只是做做样子而已，聪明的上级会真心喜欢这样无耻的人的谄媚，从而使自己也跟着丢失尊严吗？他不会想到一个怀有真正仁心的人，是不会以这样放弃自尊的方式对待人么？

以假夺真废弃道德：乡愿

最后我们看孔老夫子的第一句话语：“乡原，德之贼也。”什么叫贼呢？贼者，戕害是也，贼就是戕害的意思，戕害也是残害的意思。戕害道德为贼。孟子所谓“戕贼仁义”，也就是孔子所说的“贼德”。乡愿是戕害道德最严重的，所以，孔子才把它称作“德之贼”。“乡原”是道德的对立面，是道德最严重的敌对面，也是妨害成德的最大的一个障碍。

何谓乡愿

所谓乡原也叫乡愿，就是满乡的人希望听什么，他就说什么，希望什么样，他就做成什么样，跟大家意愿一样，满足乡里人的低俗无聊的愿望。表面看跟大家愿望相一致，符合社会要求，符合公共生活准则，实际上内心中没有半毫对道德的敬畏感，只有对世俗社会的恭维意识。既没有对生命的诚信感，也没有对他人的真正同情心、怜悯心，所以孔子说这种人是"德之贼"。

巧言令色是谄媚有用的人，乡愿则是谄媚全社会。巧言近于信，乡愿近于德。孔子为什么这么样讨厌"巧言令色"和"乡愿"？用孔子自己的话说："恶紫之夺朱也，恶郑声之乱雅乐也，恶利口之覆邦家者。"讨厌紫色，因为紫色跟红色接近，容易使人因为看惯了紫色而混淆了红色。厌恶郑国的音乐，因为听久了，就会搞乱内心对于雅乐的感觉。下围棋的人肯定知道一句日本围棋的术语，叫做"手筋"。"手筋"的意思，中国围棋叫做"妙手"，就是将棋子下在最好的地方的那手棋、那招棋。初学的人不懂，下到一定程度，有了相应的棋感，就是对棋的感觉，就知道找要点来下，就知道下"手筋"。下在"手筋"上，就是最好的棋。但是，要下在"手筋"旁边就不仅不是好棋，而且反是坏棋，并且离"手筋"越近，这手棋越坏，越糟糕。为什么？把可能的变化走丢了，还暴露了目标，授人以柄的同时，帮助对手补净了来不及补净的缺陷。这种情况的围棋术语叫做："手筋近旁是恶手。"下得不好的棋，叫做坏手，下得有问题的，叫做疑问手，下得像是好棋的，叫做恶手。装得越像道德，越不是道德；离道德越近，扰乱道德的可能性越大，对道德的伤害也越严重。这叫"恶紫之夺朱也"，"恶郑声之乱雅乐也"。恶就是厌恶，就是憎恶。

"恶利口之覆邦家者"，是针对"巧言令色"而讲的。所谓"利口"，就是伶牙俐齿，就是善于搬弄是非，善于用巧言取悦别人。把黑的说成白的，把白的说成黑的。颠倒是非，以自己之是为是，以自己之非为非，一旦这样的人受宠于君王，得信于君王，君王就会相信他的谗言，失去对是非的判断，使佞臣贼子欢心、开心，令忠臣义士伤心、寒心。国家的败亡就会不期而至。

有关乡愿，《子路》篇中另有一句与此相关的话语。子贡问孔子："乡人皆好之，何如?"孔子回答说："未可也。""乡人皆恶之，何如?"子曰："未可也。不如乡人之善者好之，其不善者恶之。"这是孔子给出的对待乡人的态度。只知道满足乡人的愿望，是非常危险的，全体民众都喜欢你，这不是一件好事，全体民众都厌恶你，这也不是一件好事。要是善良而怀有正义心的人都喜欢你，邪恶的和不正直的人都怨恨你，那就对了。

如何认清乡愿?乡愿到底有哪些特征?《论语》中的记述过于简单，只道"乡原"是"德之贼"。

我们先来看看朱子是怎么说的。有人可能会问：为什么老用朱熹呢?因为我们没有办法绕过朱熹，他的《四书章句集注》给我们很多必要的启发和指引。朱子说："乡者，鄙俗之义。原与愿同。……乡原，乡人之愿者也。盖其同流合污以媚于世，故在乡人之中，独以愿称。夫子以其似德非德，而反乱乎德，故以为德之贼，而深恶之。"因为他同乎末流之俗气，合乎污世之浊行，谄媚世俗，所以就会受到世俗社会的普遍喜欢。貌似道德，其实却是十足的假道德！所以孔子才因为这种人"似德非德而反乱乎德"的原因，深深地憎恨他。何谓"独以愿称"?愿，就是老实、恭谨而不违背众意。这种人苟合当世，而使受蒙蔽的愚氓信以为有德之人，从而赞誉并信赖之。设想一下，如果把孔子和乡愿一起放在世俗生活之中，大家肯定更喜欢乡愿，而反倒不喜欢孔子。要是把朱子和乡愿一起放在世俗世界里，大家都会崇信乡愿，而厌恶朱子。为什么呢?乡愿符合他们的想法，他们想干什么乡愿就说："做得没错。"乡愿既是流俗所生，同时也加重流俗之污秽，乡愿与流俗在互相需要中分别加固对方。朱子的这个解释，实际上受到孟子的重要影响而反不及孟子精确、缜密。

弟子万章问孟子说：乡人都喜欢的人，为什么孔子还反倒厌憎他？孟子说因为他是假道德，又像真道德，不能鼓励大家成德，反而会扰乱人心，使人不知道什么才是真道德。就像"似"之似是而非是，莠之似苗而乱苗，佞之似义而乱义，利口之似信而乱信，紫之似朱而乱朱，郑声之似雅乐而乱雅乐一样。孟子还接着详细分析说："非之无举也，刺之无刺也，同乎流俗，合乎污世，居之似忠信，行之似廉洁，众皆悦之。自以为是，而不可与入尧舜之途。故曰德之贼也。"你说他不是，又抓不出把柄，这叫"非之无举也"；你想批驳他，又找不着伤坏之处，这叫"刺之无刺也"。他不干什么贪赃枉法的事情，也没做什么偷鸡摸狗的勾当。又肯于和大家同沉浮，共升降，行为看起来好像很廉洁，很忠信。他们"同乎流俗，合乎污世"，生活在乡里老百姓之中，大家都喜欢他，说你看这人多好，忠信、廉洁，没什么毛病，我们为什么不喜欢他呢？我们都喜欢他。这乡愿，多诡诈，多奸猾呀！但是他没个性，没自我，没品格，没操守。不犯众怒，不惹众怨，没正义感，没责任意识，只不过是混淆是非和稀泥，苟且偷安混生活而已。这种人不是"喜怒不形于色"，而是无喜怒可形于色，喜怒本不属于他，他的生命整个就是一个形式化的空壳。所以，孔子才对于这种人深恶痛绝。嘴太会说了，伶牙俐齿，太容易让人信任。这些是孟子的说法，刚才所用朱子的解释，基本是从孟子那儿出来的。中国古代的先哲们都是踩着前贤的步伐一个接着一个地走出来的，对于《论语》的解说，也都是在前人基础上不断发挥，不断深入的。

乡愿的特点和危害

下面我依据孔子的原意，参照孟子和朱子的解释，加以我自己的理解，给大家综合起来，总结一下乡愿的三个主要特点：

乡愿的第一个重要特点是："居之似忠信，行之似廉洁。"因而乡愿具有极大的欺骗性。稍不小心，就会被他蒙蔽，被他迷惑，把他当成有德的君子来崇拜、追寻。我们生活中经常遇见这样的人，其实他们身上毫无内涵，一般民众没有能力辨别，只能受他愚弄，并以他为楷模而争相效法，使真正的道德无法施行，从而造成对道德原则乃至道德内涵的严重误解，构成对道德的巨大伤害。这是第一个特点。

乡愿的第二个重要特点是："同乎流俗，合乎污世。"你要反对他，就等于反对整个世俗社会，弄不好就会遭到全社会的围攻。这一点是乡愿最诡谲之处。社会和民众是他的保护伞和避难所，你要攻击他，就等于向整个社会宣战，所以批判乡愿是件极其危险的事情，只有真正有道德勇气的人，才敢站出来反对乡愿。一般人既难于辨别他，更不敢招惹他。没有绝世的勇气，是不敢正面批判乡愿的。

乡愿的第三个重要特点是："非之无举，刺之无刺。"就算你有胆量，有勇气，敢于站出来抨击乡愿，而直面整个社会对他的维护，但你却不容易找到他的毛病啊！你要批驳他，总要有理有据吧，没有理据，谁能相信你，没有理据，谁能不以为你是成心跟人家过不去，嫉妒人家在民众中的声望和影响，是出于小人之心？乡愿以媚俗的方式，隐藏在社会生活之中，藏匿之深，几无痕迹可以寻查。而且你能拿出的理据，世俗社会可能根本就不认可，因为他们有同样的是非，是其所是，而非其所非。他们不接受你的是非，或者说他们根本就不明是非，否则乡愿也就不会如鱼得水于其间，也不必等待大圣贤们出来批判了。

你们看，这乡愿可怕不可怕？我从小到大，还真见过不少乡愿之类的人。但是具有对于这种乡愿人的识别能力，却是在对儒家的真精神有了充分的了解和领悟之后的事情。

因为儒家坚持不懈的倡导，中国确实成为了一个崇尚道德的社会，但是就在中国成为崇尚道德的社会的过程中，乡愿人却越来越多了。为什么？崇尚道德、向往道德和成就道德，首先需要经过艰苦不懈的努力，要时常克制自己，才能成为一个真正有道德的人。成为有道德的人，总不免抑制自己，这样太苦。大家不愿意受苦，所以也就不是真心情愿想去成为一个有道德的人。但是社会又提倡道德，不道德的生活会受到指责，遭受冷遇，大家都不愿意被人说成是不道德的人，缺少教养的人。但是自己又没有必要的道德修养，那怎么办呢？于是一个个只能都装成有道德、有修养的样子，所以中国社会，乡愿遍地，而真正有德者却异常罕见。于是，后世有真知、有识见的明达之士，就不断地起来反对乡愿，痛斥乡愿。

谭嗣同不是骂遍地乡愿嘛，不是骂从秦始皇以来两千年的中国历史上的所谓学问都是荀子的学问，都是乡愿吗？李大钊不是也踵接谭嗣同骂中国的历史就是乡愿和大盗贼结合的历史吗？不仅他们，历朝历代都在骂，但是骂得最痛切、最彻底、最不留情面的是王船山。船山怎么骂？船山说：

> 人之所以异于禽兽者，君子存之，则小人去之矣。不言小人，而言庶民，害不在小人而在庶民也。小人之为禽兽，人得而诛之。庶民之为禽兽，不但不可胜诛，且无能知其为恶者；不但不知其为恶，且乐得而称之，相与崇尚而不敢逾越。学者但取十姓百家之言行而勘之，其异于禽兽者，百不得一也。营营终日，生与死俱者何事？一人倡之，千百人和之，若将不及者何心？芳春昼永，燕飞莺语，见为佳丽。清秋之夕，猿啼蛩吟，见为孤清。乃其所以然者，求食、求匹偶、求安居，不则相斗已耳，不则畏死而震慑已耳。庶民之终日营营，有不如此者乎？二气五行，抟合灵妙，使我为人而异于彼，抑不绝吾有生之情而或同于彼，乃迷其所同而失其所以异，负天地之至仁以自负其生，此君子所以忧勤惕厉，而不容已也。庶民者，流俗也，流俗者，禽兽也。明伦、察物、居仁、由义，四者禽兽之所不得与。壁立万仞，止争一线，可弗惧哉！

这段话主要说了什么？就是说人和禽兽的区别就那么一点点，君子保存它，小人却把它丢弃了。丢掉这一点点东西就是禽兽，小人因为自己是禽兽，所以也将他人作禽兽看，并且努力将人都拉回到禽兽的境地中去。但是小人并不可怕，因为他好识别，大家知道他在干坏事，所以很容易抓到他，处置他。最可怕的是普通的俗众，这些庶民如果作恶，不但抓治不尽，而且大家都跟他们生活在同样的状态之中，并不知道他们在作恶；不仅不知道他们在作恶，而且还跟着他们一起作恶，相互崇尚，相互联结，互相影响，相互推助，习以为常。大家身在恶中而不知，互相为恶而不晓，都是同犯，都在助纣为虐，甚至都是为虐之纣。你看他们每天都干些什么？“求食、求匹偶、求安居，不则相斗已耳，不则畏死而震慑已耳。”每天就是为了食物、配偶和田宅忙碌，人生的全部目的只在此三者，除此之外，别无所求。为了这三种东西而互相争斗，打赢对方就多得一些生存资源，打不赢对方就臣服于对方，转而帮助他去和别人争斗，哆哆嗦嗦地捡拾人家一点残羹冷炙来饱腹活命。仁者打不服，仁者有勇啊，真正有仁德的人永远也不会屈服。那些没仁德，只求利的人容易服，为了生存只能服。在船山看来，庶民对“明伦、察物、居仁、由义”这些人之所以异于禽兽的东西，了无感知，了无兴趣，更无追索与寻觅。没有丝毫精神追求，从来不仰头看天，只是俯身向钱，这跟禽兽有什么差别吗？这不就是禽兽吗？既辜负了天地生人的大德，又辜负了自己万世唯一的一次生命！据此，船山先生愤慨地指出：“庶民者，流俗也，流俗者，禽兽也。”这就是说，庶民是乡愿的产床和温室，庶民是乡愿的保护伞，庶民是乡愿的根据地。庶民就是流俗，就是乡愿的避难所和根据地，就是禽兽。

有位老先生，前几年刚刚去世，写过一本关于王船山的书，其书专以批判船山为宗旨，其中指斥并批判船山犯了三大罪孽。王船山犯了哪三大罪孽呢？第一个是王船山强调华夏夷狄之辨，贬低少数民族的尊严；第二个是船山继承孔子，强调宣传“女子与小人难养”，蔑视妇女；第三个是船山谩骂老百姓，说老百姓是禽兽，无视人民群众在创造历史过程中的决定作用。这三条罪状，在相当长的历史时期内，是足以置人以万劫不复，永世不得翻身的境地的。

其实这些所谓的指责和批判，都是根本不相干的。清攻灭明朝，使船山先生国破家亡，他能不憎恨清朝吗？是不是有一天世界大同了，曾经的抗日英雄都应该被指责为藐视其他民族的尊严呢？希特勒是不是可以成为世界大同的先驱和功臣呢？船山生活在传统的时代里，他不说"女子与小人难养"，他还能说什么？另外，所谓无视人民群众的历史创造主体地位，骂老百姓是禽兽，说"害不在小人而在庶民也"。不错，历史是人民群众向前推进的，但是历史的价值却是精英们发掘出来的，没有精英的发掘、提炼，历史的运行就会永远暗昧，历史就是一条没有亮光的隧道，行走在这样的路途中，人类将会是怎样的感觉？

在船山看来，乡愿之危害社会，庶民之危害道德，危害中国传统文化核心价值最严重，所以他才说："害不在小人而在庶民也。"为什么呢？"小人之为禽兽，人得而诛之。"有几个小人，鱼目混珠的，害群之马，大家一看，说"坏蛋，抓住他！"口诛笔伐把他抓住、批倒，排除他对社会的影响。这很容易，大家都赞同。要是庶民就麻烦了，"庶民之为禽兽，不但不可胜诛，且无能知其为恶者"。大家都生活在其中，跟着一样干坏事，"不但不知其为恶，且乐得而称之，相与崇尚而不敢逾越"。说我们这儿风俗好，我们这儿人怎么样怎么样，齐鲁如何，三晋如何，相与崇尚乡间俚俗，放弃对于人的本质和精神的追求。船山说："学者但取十姓百家之言行而勘之，其异于禽兽者，百不得一也。"你找来十家、一百家分析察看一下他们的言行跟禽兽有什么差别，你分析一百家连一个也没有跟禽兽有差别的。这样的说法，老百姓受不了啊，这就叫对世俗宣战。这是讨伐乡愿，而欲讨伐乡愿，则必须首先摧毁乡愿的藏匿之所——世俗社会。世俗社会是乡愿最牢固的堡垒。这样一来，整个社会就都成敌手了。这是绝世的大智大勇！这是孔子"天之未丧斯文也，匡人其如予何"的勇气和孟子"夫天果欲平治天下，当今之世，舍我其谁"的担道意识和责任情怀。这不是对生民的憎恶，而正是对生民的怜爱！这是怒其不争，怒其不争是因为哀其不幸。没有对生民的发自内心至深处的挚切关爱，是不会对庶民有如此的怨愤的。怎么反倒成了蔑视历史创造者人民群众了呢？历史的创造，难道就是要把人类拉回到动物的境地中去吗？当然，船山的意思不是要杀尽天下百姓，而正是要拯救天下苍生于禽兽般的生活之中。所以，他的“不但不可胜诛”之类的话语，不能被理解为狠愎和凶残，而应当被看做为坚定和果敢。此真大智大勇、大仁大义也！

朱子在解释《大学》的三纲领时，引用北宋大儒程颐的说法，解“亲民”为“新民”。这是什么意思？儒家一向关怀天下苍生，以拯救天下苍生为己任，养民、恤民、爱民不绝如缕，这就叫做“亲民”。这是符合儒家基本宗旨的，如此，则“大学之道，在明明德，在亲民，在止于至善”中的“亲民”，就直接解释成爱护百姓不就得了，为什么又要节外生枝，提出所谓“新民”之说？养民之要义，不在把百姓当成禽兽来豢养，要把他们当人来培养，如此，则教之以“明伦、察物、居仁、由义”，也正是“新民”的本有之义。单提“新民”出来，既是强调教化的应有之功能，又是强调把人当人看待的真正人道主义精神。如果没有这一层意思，程颐和朱熹就是望文生义，就是主观臆断，就是歪曲经典，就是诋毁经典！之所以把船山上面的话语，看做是他的责任意识和担道情怀的理由，也正在于这里。不懂儒家的根本精神，只为当时所处的政治需要歪曲经典，诋毁先贤，自然有其不得已的处境和不通不博的蒙昧，但你可以不说，不能瞎说！

现在，再把船山上面话语中的“乃迷其所同而失其所以异”一句，给大家作进一步的解释。

“所同”就是人与动物相同的东西，动物要生存，人也要生存，这是人与动物相同的。“所异”就是人和动物不同的东西。人知道追求道义，动物不懂追求道义。迷于人和动物的“所同”，人就会陷于“求食、求匹偶、求安居”的单纯的生存需求中不能自拔，人就会因此放弃精神和价值的追求，将自己拉回到无知无识的蒙昧境地中去，最后也就基本等同于普通动物了。人，只有不"迷其所同而失其所以异"，人才可以为人，人才所以为人，才不至于"负天地之至仁，以自负其生"。人生为人，本是一件极其不容易的事情，是天地的大仁大德，才使得你成为人。你不能辜负天地，辜负天地给你的仁德，"此君子所以忧勤惕厉，而不容已也"。忧勤惕厉，这是《周易》乾卦系辞里的话语，努力、恭谨而又不懈怠的意思。王船山进而指出："庶民者，流俗也，流俗者，禽兽也。"这就等于说 A 等于 B，B 等于 C，所以 A 就等于 C。人若真的将"求食、求匹偶、求安居"当成人生的全部，那么人就真的等同于动物了。船山这样的话语，不是要把老百姓当成禽兽，而是老百姓已经日益流于禽兽之境地，船山害怕这种情况的加剧，是在怜悯民众、同情民众和解救民众，不是公然与人民为敌，把人民都当禽兽看待。人和动物就差这么一点点距离，一不小心，就会堕落为禽兽。人在世界上生存，要时刻小心，不是怕受到伤害，而是怕沦为禽兽。所以《中庸》才强调"慎独"，在没有别人知道的情况下，也要以严正的态度对待自己，不能随便放纵。所以孔子才战战兢兢，"如临深渊，如履薄冰"。

有一次我在衡阳开王船山国际学术研讨会，会议休息期间，听到有个女学生问一位老先生："王船山骂老百姓是禽兽，你怎么看待这个问题呀?"老先生说："王船山说的话，也不一定都是正确的。"我当时感到，要真正理解船山，确实不是一件容易的事啊！

当然，问题还有另一面，船山没有在这里着重讲，就是"迷其所异而失其所同"的问题。不能只强调人和动物的不同，而舍弃人和动物相同的东西。动物喜食，人也不能不吃饭，但这饭的吃法却不同，孔子"食不厌精，脍不厌细"，饭要吃出审美的味道来，吃完了饭要干人事，要去追求理想和价值，要去看护社会的公平正义，要去捍守人的价值和尊严，要去关怀天下苍生的苦难，要去传承历史文化。同时，吃饭也要有感受，有体会，借以了解天地生物以养人的恩德，借以为个体的自我修养的提高提供助缘和帮衬。动物求配偶，人也求配偶，不求配偶别说谈不上人，连动物也不是，成了石头了。“关关雎鸠，在河之洲”，鸟有爱欲，人也有爱欲。没有爱欲，就不会有动物，也不会有人，不会有丰富多彩的世界。但是人要把简单的爱欲提升到爱情，因欲而爱是动物，因情而爱才是人。当然，情也是从欲中而来，但是一定要把欲上升为情而后爱之，这才是人的爱。当然，问题还远不止此。人的爱情不能是单单为了满足一己之欲望，还要为社会考虑。为什么？因为人类是以社会的方式存在的，动物没有社会，只有种群。人要为社会考虑。不只是不伤害他人，如果由爱情发展为婚姻，还要为未来社会成员的身体素质，尤其是精神素质负起责任。这就需要进行婚姻教育，做父母要首先接受做父母的教育。人类不是动物世界，不是所有的个体都有资格做父母，连动物都不是这样。另外还有一个比较重要的方面，就是人的爱欲不仅应当具有情感，而且还应具有美感。有美感的爱欲，才更有魅力，更有人味。“东边日出西边雨，道是无晴却有晴。”“君问归期未有期，巴山夜雨涨秋池。何当共剪西窗烛，共话巴山夜雨时。”“相见时难别亦难，东风无力百花残。春蚕到死丝方尽，蜡炬成灰泪始干。晓镜但愁云鬓改，夜吟应觉月光寒。蓬山此去无多路，青鸟殷勤为探看。”看这样的爱情多美！

人的爱情要既能满足各自的需求，又不丧失个人的独立性，同时还要能够给双方都带来新的成长和发展的机会，如果仅仅以能够满足当下的欲望为目的，那人可真就是不如动物了。人生不能苟合，要有选择，选择的标准在于是否有利于各自的成长，是否有利于各自的进步，是否有利于互相勉励与提高。

居住也一样，要住出文化品位来，不能仅仅为了舒适。居住最大的文明，还是按照孔子的教导，要“里仁为美”。尽量和有德行、有学养和正直的人在一起，当然能不能找到是另一回事。

综而论之，道听途说，是以假充真，将假的当成真的，危害很大；巧言令色是以假乱真，用假的混淆真的，危害更大；乡愿则是以假夺真，完全沉浸在假的之中，全社会都被蒙骗了，不再知道真的，危害最大。孔子以为，这三者对成德的危害最深最大，所以，把这三者整理出来，就叫做"成德的三贼"！

干扰成德的"六蔽"

"三贼"以外，孔子还提出了妨害成德的"六蔽"说。这是孔子对子路说的。孔子说："由也！女闻六言六蔽矣乎？"你知道我讲过六种道德，同时也讲了与此相关的，有六种弊端么？子路说：不知道。"居！吾语女。"不知道？那你坐下，听我给你讲。"好仁不好学，其蔽也愚。"你说你好仁德，但是不好学，流弊是使你愚暗。只好仁而不学习，就不知道仁之何以为仁，虽有爱人爱物之心，却不知道怎样发施仁德，实现仁德。"好知不好学，其蔽也荡。"好智不好学，你就会耍聪明，把自己的意见当成客观真理，不知限制聪明。聪明是需要限制的，也许很少有人懂得这个道理，聪明要是不加限制，就会伤害仁德，聪明、智慧正是为了成就仁德的，不加限制而一任其发展，就会聪明反被聪明误，使聪明智慧从成德的推动力，变成限制甚至阻碍成德的东西。有些人总觉着自己忽然间生出来的想法就是对的，一任己意，不听不同的声音，令人深恶痛绝。"好信不好学，其蔽也贼。"讲信用，说到做到，言必信，行必果，但是不好学，只知道守信，却不懂得应该信守什么，从而反倒使事物受到伤害。"好直不好学，其蔽也绞。"好刚直而不好学习，就不知道什么是真正的刚直，把简单的直来直去当成正直，不了解事情的原委，不懂得为尊者讳等，这样的正直，未免会失之草率、莽撞，会惹出不必要的麻烦。"好勇不好学，其蔽也乱。"喜欢勇敢，但却不喜欢学习，就不知道什么是真正的勇敢，就可能所用不正，当勇的时候不勇，不当勇的时候乱勇，不足以护卫正义，反而会乱来，妨碍正义，甚至违背正义，走向叛逆。"好刚不好学，其蔽也狂。"只好刚劲，而不好学习，就会失之狂妄。

孔子讲仁、知、信、直、勇、刚六德，如果能够假以学问，就会更清晰、更明白、更自觉。如果只好这些，不假以学问的辅助，就很难真正知道这些美德的实质性所指，究竟是什么。徒务虚名，只求被人认为有德，而不努力学习，弄清真相，就会走向偏弊，不仅不是六德，不足以成就六德，反倒会损害六德，成为“六蔽”，走向六德的反面。这正是孔子教人的精细处，用心之微，确实出神入化，普通的老师是很难注意到，而且也不容易讲清楚的。

“六蔽”对于成德，也是非常有害的。但是孔子为什么没有把它当乡愿一样看待？因为乡愿是故意如此，以欺世盗名、哄骗愚众，“六蔽”只是因为学力不到，并非故意如此，倘能接受教育，好好学习，勤于发问，勇于自我矫正，便可走向道德。乡愿之似德而非德，正是反道德，“六蔽”之似德而非德，不是反道德，而是未及于真道德，加以改造，努力克制，勤奋学习，刚好可以成就道德。

君子小人

一、如何判断君子和小人

君子的理想，这是孔子成德教育的一项重要的目标。先来看一下君子和小人的分野。

一般意义上的君子和小人

有关君子和小人的话语在《论语》中特别多。君子和小人原本只是社会地位和身份的一个象征，君子是有地位有身份的人，是贵族和贵族子弟，《诗经·伐檀》有“彼君子兮，不素餐兮”。君子原本就是指不愁衣食的人，今天叫做“上流社会”，不是“草根阶层”。

相对君子而言，自食其力，或者自立而不一定能饱食的人，就是所谓小人，也就是普通民众，孟子所说的"在国曰百工之臣，在野曰草莽之臣"的庶人。当然庶人中还有国人和野人之分，国人是居住在都城里的，野人是生活在乡下的。春秋时代，君子和小人开始有道德的意义，孔子虽然不是首创者，但到了他那儿，才开始真正定格。孔子把君子小人做了道德意义上的划分，君子和小人再不像从前那样仅仅是身份和地位的象征，转而成了道德程度的标志，道德高尚者称为君子，道德水平低下的称为小人。孔子以后，君子不再是单纯的地位和身份的象征，更主要的则是指人的品行，人是否追求价值、坚持社会正义和人是否追求更高尚的生活的指标等，这些指标，都是做君子的重要条件。

《里仁》篇说："君子怀德，小人怀土；君子怀刑，小人怀惠。"有关这样的话语历史上的解法很多。大家可能知道鲁迅先生有一篇文章讲"野人怀土，小草恋山"，实际上这样的话语是从《论语》里"小人怀土"和《易经》里面"安土敦乎仁"这样的话语中转出来的。这句话怎么解释呢？各家解释大致不离孔子的本旨，尽管说法不完全一致。按我的理解，"君子怀德"就是君子胸装道德，"小人怀土"就是小人胸装利益，因为土是生存的首要资源。君子胸中揣着道德理想，小人心里考虑如何生存下去的生存资源，君子想着怎么走向崇高，小人惦记着如何生存。"君子怀刑，小人怀惠。"有人说君子注重刑罚，小人注重恩惠。这样解释应该没错，但是我觉得如果按照广阔历史背景来理解的话，可能跟司马迁《报任安书》里面所自述的情怀相当。君子怀刑，因为他有身份，怕因受刑而辱没了祖先。不是怕受刑，而是怕受辱。小人怀惠，就是小人胸里装的理想，始终是如何才能得到实惠，也不是为了恩惠，而是为了生存。哪个统治者给了他实际的恩惠，就是给了他生存的资源，他就会感戴，也一定会感戴。这里的君子和小人，是上流社会和草根阶层的意思，不具有完全的道德评判的意思。

道德意义上的君子和小人

继续看下去，话语越来越严峻。《里仁》篇说：“君子喻于义，小人喻于利。”“喻”字有很多种意义，但在这里意义非常简洁明了，就是“明白”的意思，“懂得”的意思，“通晓”的意思。简单说来就是君子晓得义，明白义，小人懂得利，明白利。但如果就这样简单解释的话似乎浅了一点。因为在整个中国历史发展进程中，包括后世儒者的创发，和后世儒者的坚守，以及中国历史上历朝历代的政治斗争，卷入其中的君子小人之争，严重地切中了这个问题的深切意义。所以“君子喻于义，小人喻于利”就不能简单地看成君子懂得义，小人懂得利这么轻松，应该以一种更深切的意义来理解。怎么样深切理解？不能胡编乱造。孔子没讲过这样的意思就不能乱说，要顺着他的意思延伸出来，符合后世历史发展情况。我给大家作一个导引，留着大家体会。你体会越深，就越知道什么是君子，什么是小人了。我原来有两个研究生，一个论文写得好一点，另一个稍差一点。结果稍差的论文评了优秀，好的那个没评上。好的就给我打电话，说那个差的是小人。我说一起喝个酒和解一下吧，这问题涉及不了君子小人，如果真的涉及，也未必真是道德意义上的君子小人。涉及道德层面就很严峻了，很难解决。不要轻易用这个标准来评判人，不要轻易在道德上上纲上线。道德上的君子和小人之分很严格，也很严厉。君子关注义，用义来开导他，他就明白。小人因为关注利，就用利来诱导他，他便会跟从。宋代的朱熹讲过一句话：“名以诱君子，利以钓小人。”朱子这句话很有道理，因为在历史发展过程中确实这样，君子啊，你说他这人太好了，清流，是社会栋梁，说他支撑着这个社会的价值向前走，岸然挺立，你给他一个美名，他就会奋不顾身。小人就不同了，你跟他说这个没用，你给他利益，说一天能挣八百块钱，他就奋不顾身了！所以小人像鱼一样，你用鱼饵来钓。君子就不一样了，用利牢笼不住他，用美名却可以诱他前往。这是君子的高致和小人的卑微。顾炎武说：

"名胜于利，则小人之道消；利胜于名，则贪暴之风扇。"一个社会崇尚名还是崇尚利，决定了这个社会的清明和污秽。但是，说到底，名也是利。名是大利。当然啦，名有几种，我这儿讲的名，不是今天说的很有名的意思，朱熹这个名是道德英名，清流社会的名声，这人正，是君子仁人，勇担道义的意思。不是现在的各种明星的声望，说你声望多高，知名度多大，通过电视等媒体的铺张和喧嚣，你就更加知名。当然，这种明星的名声越大，换来的利越多。孔子说："君子谋道不谋食。"直接奔利去，对有身份有道德的君子来讲，既丢身份，又伤脸面。君子得利的方法跟小人不一样，君子靠学养，德行，靠责任，靠贡献，换取名声而得利。普通民众靠出苦力吃饭，小人靠投机取巧，靠坑蒙拐骗获利。靠出苦力获利的是普通民众意义上的小人，靠投机取巧和坑蒙拐骗获利的是道德上的小人。道德上的小人会钻营，巴结权贵，占据权位，用权力和利益转换。这只是一种，靠虚假名声而获利，一样是道德上的小人。这是"君子喻于义，小人喻于利"的基本含义。孔子这句话，应该说是千古不朽的，可是直到现在还有很多不明真相的人为此而指责孔子，说他讲什么君子小人，根本就不顾及老百姓的生存。这个问题一定要看清楚，不能含糊，含糊了会诋毁圣贤，人家孔子讲的不是这意思。孔子划分君子、小人，正是为了让普通人有饭吃，能更好地生存，是为民除奸邪，为国驱蠹贼。这一点到了孟子以后就更加明朗。

我们究竟应该怎样看待这段话语？为什么小人只有用利才能诱惑得住，用义来说服没有用？因为小人靠利益活命，普通民众也靠这个利生存，他们依于利而活命，所以就不忍舍弃，把利看得过重，你用利说服他，他就动。道德上的小人，只是张大了人生之利，只图得利而不问义不义。君子就不一样，"君子谋道不谋食"，君子担待社会责任，承担文化传承的使命。这些价值，是他生命的意义所在，所以他会不惜代价去坚守，利欲不足以动其心，名位不足以移其志。一切以义为依归，这就叫做"喻于义"。小人可以为利而丧身，君子可以为“义”而舍命。孔子说：“志士仁人，无求生以害仁，有杀身以成仁。”孟子也说：“生，亦我所欲也，义，亦我所欲也，二者不可得兼，舍生而取义者也。”小人依利活命，无利小人不活；君子靠义安身，背义君子难存。这是“君子喻于义，小人喻于利”稍深一层的含义。当然你在社会中呆得越久，体会越深，理解也就越深透。可是想更深切地体会，恐怕还得借助中国历代思想家对这句话的解释，还有相关文献和理论资源的帮助，这些都是十分必要和必不可少的。

君子小人的分野，这个话题非常重要。我们甚至可以说，一个义，一个利，就写遍了中国五千年的历史。如果你问中国五千年的历史是怎样的历史，我甚至可以说就是求义与寻利的历史，就是义利之争的历史。

简单地说，我们在读历史的时候，经常看到历史中的人们，把历史上的人按照义利原则分成君子与小人两类，这两类人为了利和义的问题互相较劲，这样的情形布满了中国的历史，不管是汉晋，还是唐宋，这种情况都相当普遍。

历史中的人们，都把同时代和历史上其他时代的人们，按照看重义还是看重利的原则，划分为君子和小人。都讲要亲君子，远小人。小人一定要排斥君子，君子也一定要驱逐小人。小人自己不会承认自己是小人，而反诬君子为小人。君子小人之争充斥中国历史。但是历史上的君子，经常在争斗中失败，尤其在政治斗争中，几乎没有成功的先例。为什么？政治本来就是利欲场，利欲，就是利欲场中的游戏规则，义是强加进去的，不符合利欲场的游戏规则，自然不能在利欲场中获胜。因为只要一动，就是犯规，就得接受黄牌警告，接下去再这样，就只有被罚下场。君子要想获胜，只有一种可能，那就是政治不再是利欲场，但这不可能，所以君子的失败是命中注定的。下棋就得用下棋的原则，就得遵守下棋的规矩，不能用打牌的规矩去下棋。这个道理大家都懂，可是一落到实际中，大家就不甘心了。君子为什么不甘心用利欲的原则来解决政治斗争的问题？因为他们想按照自己的理想来改造政治，这是孔子奠立的优良传统，这个优良的传统，使得无数代的优秀知识分子都成了理想主义的牺牲品。当然，他们甘愿为此牺牲并因此引以为崇高，其实是为了改造政治的伟大理想和宏伟目标而甘愿牺牲自己，那是另外一回事。

王船山说："君子小人，但争义利，不争喻不喻。即于义有所未喻，已不必为小人；于利未喻，终不可纳之于君子。"就是说君子和小人最根本的分野，不在于懂得利还是懂得义，而是看他坚守的是利的原则还是义的原则。不完全懂得义的，未必就是小人；但要是不懂利的重要性，却断难成为真正的大君子。这是对"君子喻于义，小人喻于利"的更进一步的解释。为什么？孟子说："或劳心，或劳力。劳心者治人，劳力者治于人。治于人者食人，治人者食于人。天下之通义也。"君子也靠利养，没有利，君子连命都保不住，还有可能去坚守义的原则吗？当然，君子受养于普通民众，君子不争自己之利，但却要为百姓争利。孟子这里的小人，是地位和身份的意思，不是道德的意思，君子靠小人的劳动奉养，小人用劳动奉养君子。这是社会分工使然，这是社会通则，古今中外概莫能外。今天也一样，政府官员、知识分子、工商管理者和军队警察，都得靠老百姓辛苦的劳动来奉养，离开了老百姓的劳动，这些人都活不成。君子为什么要反对历史上道德意义上的小人，因为这些人通过残害仁义，破坏社会公平正义的原则，抢夺身份意义上的小人的生存资源，违背天地养民的大德，悖逆君子养民的宗旨。

君子不要只坚守形式的义，这样会落空，不只是所争会落空，真实的正义也会落空。君子一定要懂得利，只有懂得利，跟小人之争才有准确的目标，否则争来争去只争一个虚名，只争得一个空无所有。争利与民，才是君子的本分，争义为己，不是大君的风范。小人不怕君子争名，只怕君子争利，这是他们的命脉所系！跟小人争义，无关其痛痒，与小人争利却能击中其命门！所以船山才说不争喻不喻，只争义与利。君子和小人之争，断不能只争义而不争利，这样正好可以使小人在无争的情况下独占天下之利。《易》有言曰："天地之大德曰生，圣人之大宝曰位。何以守位曰仁，何以聚人曰财。"君子不争利，就空无养人资源，就不足以聚拢人才，就不足以得人心、凝众志。

孔子说："富而可求也，虽执鞭之士，吾亦为之。"他说富贵如果能够求得，在市场里看门，维持市场秩序，那我也干。君子也求富贵，因为富贵可以养人。所以，君子不仅要懂得义，而且应该比小人更懂得利。小人只懂得一己之利，君子一方面要懂得自己之利，另一方面更要懂得天下之利！只有这样，才能坚守天下人之公利，以天下人之公利为义，才能担待起养民教民的社会责任。不是非要你忍受贫苦，才能成为君子。张横渠说："富贵、富泽，将厚吾之生也；贫贱、忧戚，庸玉汝于成。"贫贱和富贵，都是助成君子的重要条件。不是一定要瘦骨嶙峋，才能成为君子。

在如何对待义利的问题上，确实可以看出人的用心和境界，用心不恶者，至少还能顾及其他人和其他社会群体的利益，在今天的社会中，这种人就算是境界不低的了。孔子把这种对待义利的态度，提炼出来，把它看成是君子和小人的分野。到了孟子，又进一步将这个问题定型为义利之辨，历史上的清流人士进一步将义利之辨当成铁律，分判社会生活和政治体制内部的正直和邪佞，好像人类社会中只有君子和小人两种人，有明显地将社会问题和政治问题简单化的嫌疑。尽管在各个历史时代，确实是君子小人错陈，良善邪佞杂进，但是如果仅仅依据君子小人这样一个标准来判断是非，显然是不够的。国家政权要存在下去，政治机构要保持运行不殆，天下要治理，生民要吃饭，这些问题绝不是一个君子小人的分别所能解决的。由于历朝历代的知识分子不断强化这一意识，弄来弄去，就造成了"责君子之严，纵小人之宽"的局面。君子在现实生活中受到严重压抑，小人呢，就更加随心所欲了。为什么？你不是君子吗？自然对你要求严了，你的行为稍有小过，就舆论哗然，沸沸扬扬，说你这种做法，也配叫做君子？小人就不同了，大家知道他是小人，所以他做什么大家都觉得不出格、不过分。小人因此就可以任意妄为，无所忌惮。社会从而成了君子的牢笼，成了小人的乐园！社会舆论只关注君子，不关心小人。君子没有办法对付小人，因为你说他是小人，他不生气，也不羞耻。小人却有办法对付君子，说你是小人，你就受不了。南宋晚期的魏了翁和真德秀本来都是大君子，反被小人诬陷，说"魏了翁是伪君子，真德秀是真小人"。君子能把小人怎么样？你能说"李林甫是伪小人，卢杞是真君子"吗？那不把他们乐死才怪呢！打击君子最有效的办法就是说他是伪君子，打击小人的办法是什么？也不是没有，放下君子的清流虚誉，与其争利，夺了他们的根本，这下小人就着急了！除此之外，没有更有效的手段。所以君子不懂利，不能成为君子，因为他连战胜小人的手段都没有。君子不应束手无策，君子应该是大能人，他应该比豪杰之士更有办法才对，要不怎么能说"豪杰而不圣贤者有之，未有圣贤而不豪杰者"呢?!

当然，你要做君子，你就一定要付出代价，要限制自己的利欲，要不然你怎么能够称得上君子呢？不仅是你要主动放弃相当一部分利欲，而且客观上也这样要求你，没办法，你要想做君子，就得舍弃，就得作出必要的牺牲。你如果不舍这点利欲，你也就干脆别想捞取君子的美名，做个普通老百姓，社会舆论也会看轻你，你就会相对舒服一些。我的意思不是要大家学坏，而是告诉你学好不容易。

君子儒与小人儒的分野

一般看来，君子与儒者是相通的，君子至少应范限在儒者之内，因为它是儒者评判人的标准。当然后世的情况有了很大的变化，是否君子，并不局限于学不学儒家或者是不是儒者了。

是不是所有的儒者都是君子，显然不是。儒者还有君子儒和小人儒之分。孔子对子夏说："女为君子儒，无为小人儒。"你要学做君子的儒者，不要做小人的儒者。什么叫君子儒和小人儒呢？孔子有一个弟子叫樊迟，曾经向孔子请教种庄稼的办法，有一天他说："老先生啊，我想跟您学种玉米。""这个我不会，你去找老农去。"他说："那我不学种玉米，我学种菠菜。"孔子说："对不起我也不玩这游戏，你要真想学种菠菜你找老圃去。"孔子说的"老圃"，大约相当于今天的"菜农"。樊迟讨了个没趣，自己出去了。孔子就对着其他学生骂樊迟，说："小人哉，樊须也。"樊迟也叫樊须。什么是"小人哉"？孔子有解释："上好礼，则民莫敢不敬；上好义，则民莫敢不服；上好信，则民莫敢不用情。夫如是，则四方之民襁负其子而至矣，焉用稼？"这段话在《子路》篇中。什么意思？就是说：统治者或者为官者如果崇尚礼节，老百姓就会跟着学会恭敬；统治者或者为官者如果坚守正义的原则，老百姓就会心服口服；统治者或者为官者如果讲信用，老百姓就不会弄虚作假。要是真能这样，天下的民众，就会都背着孩子来到你这里，接受你的治理，愿意为你耕种，还用你自己去学种粮种菜吗？《卫灵公》篇还有另外一段与此相关的话语，叫做："君子谋道不谋食。耕也，馁在其中矣；学也，禄在其中矣。君子忧道不忧贫。"君子虽然也要吃饭，但是，君子既不应该为了吃饭而谋划，也不必为吃饭而发愁。如果一个社会运行正常，自然不会以为君子们是白吃饭不干活，他们或直接成为管理者，或从事教育活动，或者成为专业的智囊团之类，而不必要一定直接参加体力劳动。勤动四肢，是直接的生产者的美德，不是对新兴君子阶层，即新知识阶层的要求。

那么孔子说樊迟是小人，又当如何理解呢？比如你惹了祸回家，你父亲骂你，说："你这个小兔崽子！"你相信他就是认定你是小兔崽子吗？他这话的意思是训斥你不听话，在外面胡来。那么孔子这句话显然与这个差不多，相当于说："这个家伙真没出息呀！"这不是真的认定樊迟就是小人。你们看他啊，放着君子之道不学，偏要学什么种瓜种豆的，太没出息了！当然，我还需要费口舌给大家解释，就是这样的话，也不是说所有的直接从事生产活动的劳动者都是没出息的，而是说你是来学道，学君子之道，学管理之道，学成德之道的，要按照你的目标去做。本来是学君子之道的，却不学君子之道，改学种地了，这是没出息。种地人本来就是种地人，他们并没有降低自己的人生目标。社会总有一些管理者和教育者，他们没有必要一定要直接参加体力劳动，他们的生活资源自然需要直接参与生产的劳动者来提供。否则，这个社会就不是一个健康的社会，也不是一个成熟的社会。当然，孔子对樊迟的说法，应当说是够严厉的了。

孔子骂樊迟的话语，实际上跟对子夏说的"女为君子儒，无为小人儒"，是同样的意思，只是因为个人表现情况不同，所以口气也就有了教导和训斥的差别。孔子骂樊迟是小人，不是指责他行为违反道德原则，这里的小人不是道德君子的对立面，而是读书人不争气一类的代名词。是批评他心志不高，目光不远，理想不大的意思。孔子教导学生们说："人无远虑，必有近忧。"就是告诉大家，人若没有远大的人生理想和宏伟的人生目标，就会陷入于对生存的担忧，就会被身边的琐事缠住。大家应该知道《三国演义》诸葛亮舌战群儒的事情，东吴严畯说："请问孔明治何经典？"诸葛亮回答说："寻章摘句，世之腐儒也，何能兴邦立事？"他说他自己从来不学很多小书生，"区区于笔砚之间，数黑论黄，舞文弄墨"，当东吴程德枢进一步怀疑他是否有真学问的时候，他说："儒有君子小人之别。君子之儒，忠君爱国，守正恶邪，务使泽及当时，名留后世。若夫小人之儒，惟务雕虫，专工翰墨，青春作赋，皓首穷经；笔下虽有千言，胸中实无一策。且如扬雄以文章名世，而屈身事莽，不免投阁而死，此所谓小人之儒也。虽日赋万言，亦何取哉！"他说儒者有君子儒小人儒之分，君子儒忠君报国，小人儒寻章摘句，"笔下虽有千言，胸中实无一策"。这里面的君子儒和小人儒，就是志气大小之分，功能强弱之别，不是道德上的君子和小人的意思。君子儒就是有崇高的人生理想，有完美的道德人格，把国家和生民的利益放在首位，不怀个人私心；小人儒则是只看见短近的利益，缺少长远的人生目标。实际上诸葛亮的这段话语，与孔子骂樊迟的话语在用意上是相通的，只是诸葛亮把扬雄附会王莽的行为说成是小人儒，稍微有点越出这个范限。当然诸葛亮这段话语稍微有些过分，我需要跟大家讲清楚，这是当时辩论的场景作用，实际上诸葛亮没有认为做学问是无意义的动机。尤其在当今这个时代，真正做学问的人越来越少，这是我们民族的悲哀，所以做学问的人一定要受到尊重，不管你做什么学问，也不问你学问大小，只要是真学问，只要你是在真正做学问，而不是假借学问以捞取功名利禄，更不是做假学问，东抄西拼谋衣食，邀虚名，就应当受到全社会的尊重和爱护！相反，假做学问的，应当受到痛斥，做假学问的则当予以清除。纯粹的学者在今天的中国，尤其是应当受到格外看待和照顾与保护的，不这样，我们的国家和民族就没有任何美好的未来可以奢望！

二、文质彬彬然后君子

《论语》的《雍也》篇里面说："质胜文则野，文胜质则史。文质彬彬，然后君子。"这个话在中国很有名，大家都知道有一个成语叫"文质彬彬"。过去评价一个人说他"文质彬彬"，是讲他知书达理，言行柔雅。现在不大用这个成语了，为什么？现在谁要是被说成"文质彬彬"，那基本上等于说他窝囊、无能！近年来中国经济缺乏文化支撑的发展，造成了社会有一种重利轻义的风尚，风俗之劣，实在令人堪忧。评价人、评价事物的标准发生了乾坤颠倒的变化，

"文质彬彬"变成了《水浒传》的军师——无用（吴用）了。那么文质彬彬本来什么意思呀？"质胜文则野"，是说人的自然本性穿透了你的文化修养，文化修养遮蔽不住你的野性，不能装点你、引领你、节制你的性情，这样就会显出粗野来。进一步讲，就是教养不够。这就叫做"质胜文"，这就叫做"野"。

相反的情况叫做"文胜质则史"。如果文化的教养没有真正深入到内心中去，只是用来装点门面，招摇过市，炫耀乡里，或者走向极端，连生气都没有了，那你就"史"了，到了"史"的程度，可能也差不多就相当于死了。为什么？欧阳修写《醉翁亭记》，其中有句话叫做"山水之乐，得之心而寓之酒也"。我借用这句话，文化的教养是应该得之心而表现在行为当中的。这种表现是自自然然的，不是矫揉造作，不是故弄玄虚，不是显示自己有学问，受过教育；而是要真正体现出自己受过教育，言谈举止中自然能够表现出文化的教养来。文化是自己学的，是学给自己的，不是学给别人看的。这叫做"为己之学"，而不叫"为人之学"。为己之学真实而能自我受用，为人之学虚假而受用不着。从这个意义上讲，"文胜质"和"质胜文"都是有害的，后者可能更深、更严重。为什么？前者是缺少教化，只要补上，或许就能改变，后者是弄虚作假，或者压抑成病，反倒难于改变。所以，"野"与"史"都不好，而"史"可能比"野"更难改造。不仅对于个人，对于社会也是一样。如果"野"的情况很普遍，人们就会意识到教化的重要性，从而加强教育的力度；而如果"史"的情况太多见，人们可能就会对文化的教养失去信心，这不是比"野"更严重吗？

那怎么样才算是好的呢？孔子不是说了吗："文质彬彬，然后君子。"文和质必须达到一种互相为助、互相为援、互相成就的状态，文化教养和天生内质搭配得非常妥帖，这种状态就叫"彬彬"。彬彬，才是君子的风度。

我们再来看孔子另外的话语："君子之于天下也，无适也，无莫也，义之与比。”这句话不简单，在历史上影响很大，也很久远，几乎成了宋明理学家的口头禅。什么叫“无適无莫”，历史上很多人把这句话解得玄之又玄，还不如朱子解得明白，“无适”就是“没有一定要怎样去做”，“无莫”就是“也没有规定你一定不要怎样去做”。朱子虽然是大理学家，但是他的这个解释还算比较简单。但是“无適无莫”了以后怎么办？是不是没法办了呢？不是，孔子不是说得很清楚吗？“义之与比”呀。只要符合义的原则，你可以随机应变地去做，这叫“义之与比”。所以朱熹这说法应该说是很实在的。只有“无適无莫”才是君子，但不是只要“无適无莫”了，就是君子，还要“义之与比”，没有“义之与比”，“无適无莫”非但不是君子，甚至连人都不是。

三、君子和而不同，小人群而结党

《论语》中有很多君子小人对言的地方，对言的意思是互相对照着讲，放在一起说。《子路》篇说：“君子和而不同，小人同而不和。”君子在一起能够和睦相处，能够宽容对方，容忍对方，但是不出于具有共同的利益目的考虑。小人却不同，他们有共同的利益目标，却不能达到一种真正的和谐的状态。为什么呢？他们的理想目标不一致。小人只有永久的利益，没有永久的朋友。小人们在一起，利益诉求一致，但是理想目标差异很大。利益是个人私欲的诉求，所以尽管表面上可以一时间达成一致，但是冲突始终存在，有时是潜在的，多半时间都会表现为直接的冲突，所以他们不可能真正同心协力，最多只能短暂地苟且相和。

这句话是判别君子群和小人堆儿的标准。我们在社会上经常看到几个人挺好的，但是呢，小人！为什么呢？每天在一起吃吃喝喝，诡诡秘秘的，这就是小人团体，就是小人堆儿。他们虽有共同利益目标，却没有共同人生理想。君子呢，同心相映、同气相求，追求高尚，激励品质，互相勉励学养，这是君子的交往。当然，和而不同，这是儒家宽阔胸怀的一个象征，用来涵容，或者平等对待世界其他各民族的文化的理念。在今天世界各民族文明对话的潮流中，"和而不同"作为传统儒家为世界文明进程提供的文明交往的基本准则，有利于各民族保存和发展自己固有的文化传统，奉献给全人类，共同创造人类文明美好的明天。

君子和小人的差别很多，《颜渊》篇说："君子成人之美，不成人之恶。小人反是。"君子成就人的美德，助人成好事，却不帮人走向邪恶。这句话解说并不难，但做起来却不容易。比如一个和你关系很好的人，或者你的亲人，想满足自己的私欲，你能阻止他，使他感到不舒服，并且说你不讲情谊吗？你有勇气这样做吗？如果你的朋友或者亲人要成就美德，去做一件好事，这件好事谁做了对谁有益，对谁有利，你甘愿成人之美，自己把机会让给别人，让别人去得美名，获得利益吗？你说我做不到，为什么做不到？因为你不是君子。君子不容易做，小人倒是容易做，谁要满足自己的欲望，你就不论是非，给他提供便利。干嘛非要跟人过不去？跟自己过不去？所以做君子难，当小人易。但是不能因为难，就不去做，那样的话，这个世界就真正成了小人的世界了。

即使在今天，君子和小人之分还是不能淡化，更不能放下，放下以后这个社会将不再有正义，不再有正气，不再有希望。

当然，处置小人，是一件很难办的事情，看到你有好事，他们就破坏你，不让你成就，把你弄得很狼狈，很难堪，很尴尬。看到你要倒霉，却纷纷落井下石，成人之恶，置人死地。中国自古的仁人志士就认识到这一点，所以民间有俗语，叫做"宁得罪君子，不得罪小人"。得罪君子，他能原谅你，得罪小人，他就会永无休止，你也会永无宁日。不管多大事情，他能报复你一辈子。陈文子之所以离开齐国，也是因为他惹不起崔杼这种小人，小人不好惹，不要轻易惹。我讲这种话语，不是让大家不去坚持正义，在没有绝对把握制伏小人的时候，不要轻易动作，痛斥小人，有的时候只能图一时嘴快，却要遭受很长时间的报复。与小人作斗争也要讲求艺术，要储备力量，作好充分的准备，轻举妄动，只能自取其祸。汉末诸贤陈蕃等谋诛宦官不成，反遭宦官杀害的事实已经表明了这一点。

孔子还说："君子求诸己，小人求诸人。"这句话可以作多种联想和解释。君子不求别人怎样对待自己，虽然"疾没世而名不称焉"，但却不求别人说好，而是要求自己怎样做好。主要目标在于改造自己，增长自己，成就自己。小人却不是这样，抢占别人的成绩，盗用上级的名义，你不让他这样做，还生气，闹别扭，忌恨你，找碴报复你。这是第一种意思。第二种意思：君子责备自己，小人责怪别人。有错误自己改，出了问题，自己承担责任，这是君子。不承认错误，出了问题都赖在别人身上，把自己撇得一干二净，总说别人如何如何，从来不去想自己如何如何，这是小人。核心的意思就是君子强调自己发展自己，自己成就自己。所以，对待自己诚实，对待别人宽厚，不推卸责任，不掩饰错误。只有不掩饰错误，才能发现错误；只有发现错误，才能改正错误；只有改正错误，才能获得真正的进步。进步不是客观上的升职升官，而是用心越来越纯正，道德水平越来越高，人格越来越完善。人应该越活越信实，而不应该越活越诡诈。诡诈看起来可以得利，最终必将害身。长期陷于诡诈，或者学习诡诈，就会使人心术越来越不正，用心越来越邪恶，最后直至将天赋的良知彻底丧尽。

"君子求诸己，小人求诸人。"这句看似简单的话语，对人生有着极其重大的指导意义，而且也非常有效力。

我们再来看一段孔子有关君子和小人的话语："君子矜而不争，群而不党。"这个矜，有自以为是、自我坚守和自恃清高等多种含义，这里是矜持的意思，就是自我坚守的意思。君子本来不跟人家争，不跟人家抢，这是我的，不给我不行，这不是君子的风格。君子有坚守，所以看起来好像跟人家较劲的样子，但是君子的坚守不是做给别人看的，不是因为自己有坚守，就说大家都不行，所以叫做不争。这是君子的处己之道。群，大家都明白，就是合群的意思，合群容易被人家误解为结党营私，如果再加上清议，就更容易被人家误解为党同伐异。所以君子要群而不党。无私心，无小团体意识，虽然整天在一起，只是启迪学问，砥砺志节，不是群居谋利，不是结党营私。这是君子的处人之道。孔子还说："君子和而不同。"心中有和，就会矜而不争，坚持不同，就会群而不党。处人常思处己，处己常思待人，处己处人，内外一体，互相推助，互相帮衬。这样，人格才能不断完善，言行才能不断改善，自己才会不断进步。进步，才是人生最大的快乐。

孔子还说："君子不以言举人，不以人废言。"这也是讲对待别人的道理。人分贤与不肖，言分善与不善。人贤也未必每言必善，不肖之人，也未必不出善言。所以不能因为一句话就永远赞赏一个人，或者就地提拔使用一个人；也不能因为一句话，就永远认定这个人不行，永远不给人家机会。

孔子要求学为君子的学生要"讷于言，而敏于行"。还讲："古者言之不出，耻躬之不逮也。"少说多做，不轻易许诺，唯恐自己做不到，自食其言。不但是怕被人家耻笑，更重要的是怕伤害自己的品德。不要轻易夸海口，不要自吹自擂，在行动之前，最好不要先张扬。孔子还说："君子耻其言而过其行。"这与"古者言之不出，耻躬之不逮也"的意思都差不多，就是强调要言行一致，最好是先做后说，做好了再去说，或者更好的就是只做不说。有些事情大家都看到了，不必自己表白。最不应该的，就是自己根本没做或者没能力做，却说这说那的，说自己如何如何的，效果就更差。

四、君子与超越之仁的距离

在《宪问》篇中，孔子又说："君子而不仁者有矣夫，未有小人而仁者也。"这句话给我们一个启示，就是君子离仁还是有距离的，君子不等于全善无缺。仁的目标是很远大的，很高远的，不容易达到，所以仁可以作为一个理想的目标。君子在现实修为中，有不同层次的分别。现实中有君子，但是没有全仁的人，也没有真正的圣者。很多人问孔子："您是圣人么？"孔子说："圣则丘何敢！"我怎么敢以圣人自居呢！圣人是达到全仁的人，实际上孔子既不是一个全仁的人，也不可能是一个全仁的人。全仁只是一个理想的目标。那么我们为什么管孔子叫圣人？因为孔子一生矢志不渝地追求仁的目标，仁是孔子一生不曾动摇的理想，而且他在走向仁的道路上所获得的成就是无与伦比的，他出乎同类，拔乎其萃，所以我们就只能称他为圣人。他是我们民族的骄傲，也是我们民族崇信仁的楷模，是我们走向仁的向导，是我们朝向仁的方向努力的永远不倒、也永不能倒、永不可倒的旗帜！

在《公冶长》篇中，有孔子和学生子张的一段对话：

> 子张问曰："令尹子文三仕为令尹，无喜色；三已之，无愠色。旧令尹之政，必以告新令尹。何如？"子曰："忠矣。"曰："仁矣乎？"曰："未知，焉得仁？""崔子弑齐君，陈文子有马十乘，弃而违之。至于他邦，则曰：'犹吾大夫崔子也。'违之。之一邦，则又曰：'犹吾大夫崔子也。'违之。何如？"子曰："清矣。"曰："仁矣乎？"曰："未知，焉得仁？"

令尹是楚国宰相的名称，子文是任宰相的人的名字。这个子文曾经三次出任楚国的宰相，又三次被罢免。每次从宰相的位置上下来，都把过去处理的政务如实告诉新上任的宰相，子张问孔子，这样的做法表明了这个人怎样的品质？孔子说："忠诚。"忠于职守，很难得了。子张继续问孔子，说这样的人算不算"仁"？孔子说他缺乏智慧，怎么能算是"仁"呢？

陈文子是齐国的大夫，就是朝廷里重要的官员，当齐国的大臣崔杼杀掉了他的君王齐庄公，陈文子连自己的十乘车都不要了，跑到别的国家去。到了别的国家一看，离开了，感觉它的执政者跟崔杼是一类货色，再到别的国家去，又是一样，就又离开了。子张问孔子这个人怎么样，孔子称赞他不被恶势力所污染，是一个真正清白的人。子张又问孔子，这个人算是"仁"吗？孔子说他缺少智慧，怎么能称得起"仁"呢！

我们现在来看这段话中的两个问题，第一个问题，仁是与智同处一体之内的，乏智，不足以称仁，无智，更是与仁不相交涉。无智之仁谓之混沌，乏智之仁谓之愚暗；缺仁之智谓之狡诈，无仁之智谓之凶险。孔子许令尹子文以"忠"，许陈文子以"清"，但不许二人以"仁"，"仁"是至高无上的，至纯无瑕的，不可以轻易许人，现实中人也担待不起。仁的价值远在忠、诚、信、直、勇、清、廉等之上，合众美与智为一谓之仁。

智与上述诸德一样，属于仁以下稍次的美德，智虽不是仁，但无智不成仁。所以孔子说："仁者安仁，知者利仁。"真正智慧的人，是会用自己的智慧使自己走向仁德的。所以说智者利仁，利仁是利于仁，不是利用仁，利于仁是仁，利用仁是不仁。以陈文子而论，不能想策略以讨伐乱臣贼子，只能洁身自好，清则清矣，何得为仁！当然，这个问题很复杂，崔杼弑君之后，根据史料记载，晏婴枕齐庄公尸而哭，"三踊而出"。齐国的太史直书其事曰："崔杼弑庄公。"崔杼就把他也杀了，太史的弟弟接续太史，还是写崔杼弑君，崔杼又把他给杀了，太史最小的弟弟接着还是这样写，崔杼没有办法，再杀下去能杀得完吗？就只好把太史的小弟弟给放了。看来当时齐国风气不坏，崔杼的势力也很大，惩办崔杼或许不是一件容易的事情。但是陈文子毕竟没做这样的设想，只是一走了之，图个一身清白，实际上仅凭这一点也就不足以称为“仁”了。

从孔子对令尹子文和陈文子的评价，我们可以了解到，忠诚和清白不能简单等同于“仁”，令尹子文和陈文子都可以称为君子，但是他们还没有达到“仁”。君子是向往仁的人，但走向仁的过程中，他会有差错，会有偏离，这叫“君子而不仁者有矣夫，未有小人而仁者也”。追求仁德而偏离仁德的情况是有的，不追求仁德而能成就仁德，这种情况是绝对没有的。

五、君子的三畏与三戒

君子还要有所敬畏。孔子说：“君子有三畏：畏天命，畏大人，畏圣人之言。小人不知天命而不畏也，狎大人，侮圣人之言。”这里的畏不能解作畏惧，虽然有畏惧的意思，应当解成“敬畏”，因敬而畏，不是没有来由的惧怕。君子本无畏，因敬而生畏。畏其所敬，不畏其所不敬。敬，不是主观的好恶，想敬谁就敬谁，那不叫敬，那叫党。人家做得好，就应当敬人家，敬人家就是敬自己，因为自己要向人家学习，自己要成就自己的道德，所以这里的向外的敬，实际上是由向内的恭敬自己表现出来的。恭敬自己，敬自己崇高的理想和对价值的追求，从而才有畏，害怕自己走错了途辙，滑向斜佞和轻慢。天命人以善，人固当敬之。敬之就会向往，向往就必须努力，努力才能成善。畏大人就是畏天命，畏圣人之言也是畏天命。这里的大人不是成年人的意思，也不是大官的意思，而是《周易·系辞》中讲的那种大人。什么是大人？"大人者，与天地合其德，与日月合其明，与四时合其序，与鬼神合其吉凶。先天而天弗违，后天而奉天时。"就是与天地合德的大君子，就是圣人。圣人与天合一，敬畏圣人，就是敬畏天命。圣人的话语也是一样，只是用人的口声来传达天之所命，教人行善，教人守义，教人怀诚，教人持信，总之是教人成就道德。能不敬畏吗？敢不敬畏吗！只有小人才敢于不敬畏，他之所以不敬畏，就在于他不敬德，不敬德所以才不敬圣人的话语，辱慢圣人的话语，亵渎圣人，不怕天命。

想做君子，除了三畏以外，还要有三戒，孔子说："君子有三戒。"不必一定是君子，普通人的人生也应当注意这三点："少之时，血气未定，戒之在色。"年轻时春心荡漾，能量无限，没地方发放，见到美色就动心，这不是毛病，这是本分。那孔子为什么说"戒之在色"？这里的"戒"，是警戒的意思。"戒之在色"不是让你戒绝色，而是让你小心不要因为好色而陷溺在其中，忘记人生理想，放弃人生的追求，最后害了自己。所以要戒之在色。不要过分，尤其不要沉溺不返。那样你就会毁掉自己，所以包括爱情，都要有节制。

"及其壮也，血气方刚，戒之在斗。"人在成年以后，尤其在壮年的时候，最容易发生争斗，企业内部里有争斗，商场市场有争斗，就是学校里也一样有争斗，甚至寺庙、道观里都不少争斗。为谁是谁非而争斗，为谁对谁错而争斗，为权力争斗，为地位争斗，为名誉争斗，为利益争斗，为美色争斗，甚至为一点鸡毛蒜皮的小事争斗。孔子知道人在三十至五十岁之间，生理上处在向外发泄心理能力的阶段，懂得人生在这一时段的心理，所以才强调戒斗。为什么要戒斗？从社会的角度看，斗，会导致人际关系的紧张，造成社会的不和谐。从个人的角度讲，斗起来以后，人会处于精神紧张状态，不利于身心健康。从成德的角度讲，陷入争斗状态之中，会使人陷于争竞，容易迷失方向，容易产生"非黑即白"的错误判断，以人举言，以人废言。严重时自己也会迷失方向，可能连辨别是非的能力都会丧失，使自己不知不觉地陷入利欲之中，成德的希望就会更加渺茫。

当然，有时斗一斗也是必要的，一生没有和任何人发生过争斗，并不是一个正常的现象，只有没有人生坚守或者没有勇气的人才会这样。但是不要以斗为快乐，不要以斗为专业。以斗为乐，只能表明自己的残忍；以斗为专业，更能表明自己在根本上并不友善于自己的同类。

“及其老也，血气既衰，戒之在得。”年纪老了，容易贪恋，容易守成，而不再思进取。我经常听到有些老人们抱怨说：“这是我创立的，那是我发明的，江山是我给他们打下的，他们现在不需要我了。”我也经常看见很多年纪大的人，只图享乐，不思进取，整个人生全面陷入颓废或者懈怠的状态，所以孔子才说“戒之在得”。老了坐享其成，老想着自己的丰功伟绩，大家怎么不尊重我了？如果真有年轻人不尊重你，那是他们的不对，他们真要好好反省了。但是同时，你也要反省，不要倚老卖老，不要以为别人都不如自己。你应该退到历史舞台的后面的时候，就不要赖在前台不走，这样对事业和工作，包括你自己的心态和健康都不利。老年人要给年轻人以独闯天下、独领风骚的机会，不要横挡竖拦的。否则，年轻人没办法施展自己的才华，没机会展示自己的能力。“江山代有才人出”，让他们去各领风骚，靠自己一个人一竿子捅到底，既没必要，也不可能。而且老年人还要老有所用，提醒年轻人，自己也要有自己的追求，不能就此懈怠下去，否则会感觉人生无依托、无意义、无盼头，那样的话人也会很快崩溃，甚至健康也会急转直下。

人要对自己有真切的了解，对自己在不同人生时段上的特点和心态有明确的认识，这样才便于处置自己。孔子对此，是有深切的体会的。他的话语不是随便说说，也不是从逻辑上推演出来的，而是在人生的实践中总结出来的。因此，对指导人生也就特别有实效。

第四讲：不拘一格——私学的创立与孔子的教育思想

一、结束教育贵族垄断的私学之路

《左氏春秋传》称："国之大事在祀与戎。"就是说国家最大的事情，就是祭祀和战争。这是老话，大家都认同。但是这是仅就国家行为来讲的，而不是从社会和民众的角度来讲的。其实我们今天似乎可以这样说，国之大事在教与政。教育已经成为现代社会和国家的头等大事，当然，本来也应该成为头等大事。

孔子教育的目标在于成德，成德教育的基础是孝悌。孔子说："今之孝者，是谓能养。至于犬马，皆能有养；不敬，何以别乎？"真正的孝子贤孙应该把前人未竟的伟大事业继承下来，传递下去。

孔子是一个伟大的教育家，是中国历史上第一个真正的私人教师。在我看来，这个身份远比哲学家、思想家、政治家和艺术家，甚至道德的宗师更为重要。教育是孔子一生的志业。孔子作为一个教师，与今天的教师是有严格的不同的。孔子没有把教育作为一种职业，借以谋生，也不是当成一种事业，借以安顿自己，摆脱无聊和空虚。他把教育当成自己一生坚贞不渝的志业。今天的教育主要就是职业，与工人农民一样，是一种谋生的行当。这样的人只配称做教员。稍好的是把教育当成事业，寄托心思，传承文明。志业不是谋生以活命，也不是单纯安顿自己的生命，它要育人，它要救世，它要把人培养成人，而不是培育成一种会谋生的工具，它不是只为自己能够获得舒心或者不烦心，它要把人培养成有人道主义精神的，有坚定不移的价值信念的，有敢于面对不平和邪恶勇气的社会公平正义的守护者。它要让这个社会成为充满向上气息，充满仁爱、和平和幸福的人间乐园。这就是志业、事业与职业原则上的不同。

孔子是我国历史上第一位真正的私人教师，他创办私学，意义非常重大。怎么个重大法儿？我给大家简要归纳了以下三点：

在孔子之前，要受教育，一般的平民百姓是没有资格的，只有贵族和贵族子弟才有资格享有受教育的权利。孔子兴办私学，教育就不再为官府所垄断。孔子打破官府垄断教育的局面以后，平民就有机会接受教育，知识开始向民间渗透。民间从此仿效孔子，私下里办学，私人讲学，这在后来的历史中越来越普遍。私学一经兴办，办学，就不再为官方所独占。这是孔子兴学的第一个重大的意义。办私学不是一件容易的事情，孔子创办的私学，跟今天我们社会上的各种私立学校不同，私立学校尽管可能自负盈亏，但是整个教育的目标、教育的宗旨、课程体系要与公办学校没有差别。只是为了直接满足社会对于后备工作者的需要，增加一些技术性和实用性强的科目而已，也正因为这一点，反倒不及公办学校有深度，有竞争力，有生命力。孔子兴办私学不是按照政府的意图，不受统治者统治意图的干扰与挟制。孔子在讲学中直接批评各个诸侯国和各国的官员、行政措施以及褒贬、批判各国的政治人物，这才是真正意义上的私学，而不是政府许可的私立学校。这是社会力量在统治者的统治领域之内的伸展，而不是统治权力在社会生活中的扩张。它的目标不必为限制统治权在社会生活中的扩张而专设，但却在客观上，为与统治权力相对待的社会力量的增长，奠定了基础，准备了可能的力量。我这里说的“相对待”，不是相对立的意思，但却与顺服统治的愚昧和无力相对立。社会力量不增长，统治者就可以肆无忌惮。孔子兴办私学的最重要的意义正在于此。

为什么孔孟之后，虽然仍有私人讲学的情况，但两千多年，却再也没有像孔孟那样的私人讲学了？专制主义不允许像孔子和孟子那样的私人讲学。为什么不允许？因为孔孟是用自己的观念讲学，不是按照统治者的意图讲学。这样的讲学虽然不必直接与现实的统治对立，但是至少是另外一种声音，统治者害怕这种声音，这种声音会使国民觉醒，统治的合理性就会受到置疑，统治者自然而然就会想到这样的讲学威胁了他的统治，他会以破坏社会稳定、蛊惑人心等各种罪名强行予以取缔。秦始皇为什么要焚书坑儒？道理就在这里，只是他表现得比其他朝代的统治者们更坦率、更直接而已。他是真小人，而不是伪君子。为统治直接服务的教育不是教育，只是教化。教育是要唤醒被教育者的自觉，使他自己在学习和储备各种必要的知识的基础上，生长出自我判断的能力、自我修养的能力、自我克制的能力和自我成就的能力。一定要让他接受某种东西的教育，是强行的教化，是对被教育者的误导和不尊重。

孔孟生在专制主义全面落实之前，孔子开创这样的私人教育，是中华民族的大幸。如果孔子生在秦以后，中国就不会有真正的儒家，也不会有真正的教育。感谢上苍，这是历史给中国人的无上恩赐！社会上没有统治意志以外的公开的声音，这是专制主义最显著的表现之一。而没有不以统治者的意志为转移的私人讲学活动，统治者的权力就不会受到阻隔，他们就可以为所欲为，无所不为。孔子开创私人讲学之风的最重要的这点意义，可惜根本就没有被继承下来，这不单纯是后世孔子继承者的无能，而是专制主义的凶残所导致。这是中国传统社会最大的不幸。黄梨洲在《明夷待访录》中指出：“是故养士为学校之一事，而学校不仅为养士而设也。”学校不是统治的场所，不应当把统治的意志放到学校里去宣讲，更不能强力在学校里推行。学校不是以天子的是非为是非的场域，在学校里，“天子之所是未必是，天子之所非未必非，天子亦遂不敢自为是非，而公其是非于学校”。学校是评判统治的指导思想和统治的实际功过的真正裁判所。封建统治者的是非不是是非，学校的是非才是是非。封建统治者出于自私自利的利益考虑，所以他的是非，不能成为公共的是非。学生没有财产，没有私利，所以他们考虑问题，不从自私的利益出发。所以他们的是非可以成为是非，也能够成为是非。有了孔子私人兴办的那种意义上的学校，是非才能明朗，善恶才能清晰，美丑才能真正被辨识。真正像黄梨洲所说的那样，天子不敢以自己的是非为是非，而必须听由学校来裁决统治的方略和措施的是非，那才是真正的人间社会，政治才有公平正义可言。而学校要真有这样的效力，要靠无数孔子的努力，靠全社会的觉醒和帮衬才能做到。专制主义是不会允许社会有觉醒的可能性的，他们一定会尽力将圣贤的这种努力消灭在萌芽的状态之下。因为社会的觉醒就会造成对统治者统治的怀疑和对统治权力的限制，就会妨害甚至阻断他们借用权力以谋取一姓一家利益的路径。孔子如果生在秦汉以后，他就不再会是圣贤，而只能是刀下之鬼！

所以我说，孔子在专制主义一统天下的格局到来以前兴办私学，是上天赐给我们民族的无上福祉！我们应当永远感谢上苍！

打破了学在官府的局面，就是结束了知识的贵族垄断。

过去只有贵族有知识，平民没有知识，你就是天资再高也没有用。大家知道有很多天资很高但是没有学问的人，在历史上也留下名声。比如大家熟悉的禅宗六祖慧能，他就是一个不识字的人，但他的思想境界很高，在历史上名气非常大。中国人自己著的佛教经典只有六祖讲学的笔记以及描述他人生相关经历的那部书，叫《六祖坛经》。慧能不识字，并不表明他没有文化，文化不仅是形式上的知识积累，更主要的是内容的领会和体悟。慧能从小生在儒官的家庭，耳濡目染地接受了相当多的这方面的熏陶，他是有心人，所以尽管眼睛不识字，但心里却比别人都识字！他凭借这种内心里并没有完全形式化的知识积累，体会天道，体会佛法，体会人心，从而才有《坛经》的出现，才有禅宗的繁盛！如果知识被贵族垄断的局面没有打破，知识依然没有走向民间，就连慧能的出现，都可能只是天方夜谭，人间的神话而已。这虽然不能被直接当成孔子创办私学的成果，但在根源上，却得力于孔子开创私学的历史传统的延续。知识的传承未必只有形式上的掌握之一途，《论语》第一篇中就有孔门弟子子夏的话语："贤贤易色；事父母，能竭其力；事君，能致其身；与朋友交，言而有信。虽曰未学，吾必谓之学矣。"什么叫"虽曰未学，吾必谓之学矣"？就是尽管他没有接受形式上的礼仪的教化，但是他的行为却能表现出礼仪的根本精神和特点。这就是知识不必非要形式化才能对人生发生作用的形象化说明。而中国文化最关键的入境正在这里，单纯拘泥于形式上的掌握，往往会使文化的真谛和实质迷失甚至丧却。聪明的中国人早就抓住了掌握知识的真正本质，形式上的了解，逻辑上的演绎，科学意义上的推理，在面对人生的时候，往往发不出力，借不上劲。中国的学问，在本质上只是人生的学问，不是说离开人生没有学问，而是说离开人生的学问，如果不结合人生，就受用不着，所以中国人对这种学问不感兴趣，这是很多西方人看不懂的地方。

结束知识的贵族垄断在今天依然很重要。大家知道前不久，也是现在仍在炒的一个热点话题，社会生活中的热点，就是北京师范大学的一个教授，叫于丹，在《百家讲坛》讲《论语》。她讲得怎样我不在这里评价，但是她讲这个事情本身就有很大的意义。至于讲什么，那是另外的事情。

自"五四"以后到上世纪70年代，孔子一直是以负面的形象存在于民众的心中，这次倒过来了，成了正面的了，这不就是功绩吗？学者们往往意识不到这一点，以为大家对《论语》和孔子都有好感，都知道他是圣人，其实错了。我了解过一些老百姓，至少有一半人还认为："怎么又把这些腐朽的东西拿出来了?""孔孟之道不是很坏的东西吗?""宋明理学更坏!"他们为什么这么讲?我的一个同事王兴国教授在一次大会的会议期间跟一个人在一张桌子上吃饭，这个人就说："宋明理学太坏了。"我的这位同事问他："你读过宋明理学家的书吗?"他回答很干脆："没有!"我也遇见过类似的情况。你们看看，这像话吗?像啊，非常像!何以见得?人家都说它坏，它能不坏吗?它既然这么坏，我能去读它吗!你说这不是逻辑吗?这就是中国许多民众的逻辑!现在的民众，很多还没有从"批林批孔"中清醒过来，他们根本就没读过孔子的书!所以你不讲，把《论语》高高地束缚在极少数知识层的手中，这能行吗?有几个百姓读过中国传统文化的经典呀，没读过，甚至连见都没见过，听也没听说过。过去还有私塾，大家都见过原模原样的《论语》，上世纪70年代能够见到的《论语》，都是用来批判孔子的，都是断章取义，而且加有长长的批判文字的。

不久前的一天，韦政通先生从台湾打电话给我，希望我能够联合深圳大学国学研究所的同事，以我们国学所的名义办一个大型研讨会，主题就是讨论于丹讲《论语》的得与失。他说："你们不能把《论语》之类的经典束缚在你们国学研究所里，这样《论语》和经典会死在少数专业知识分子手中，要把它广泛地传播出去。于丹的书，一年就已经畅销两百万册，这就是效果呀!你们应该放弃学院派知识分子的骄傲，把目光和手向平民放射和伸展。要让《论语》和其他古代的经典，进入民众之中，发挥更大的效力。"我先生讲的这种话语使得我很震惊，觉得击中了我的命门。我这时才感觉到于丹讲《论语》确实意义重大，真是"功夫在诗外"呀。现在很多高校的年轻学生，当然主要对传统已经有了相当了解的博士生们，都在网上攻击于丹，这个事情意义同样重大。为什么呀?如果讲错了都没有人出来纠正怎么行呀?没人讲不好，没人纠正更不好!良性的学术与教育活动，总是不能缺少其中的任何一个环节。现在其实也存在知识垄断，开学术研讨会总是那几个人，总是那几张熟悉的面孔，很少把参与面伸展出去。当然，这不是为了经典知识的垄断所采取的措施。但这样的局面，确实在一定的意义上表现出了知识垄断的情况，这种情况似乎已经越来越严重。这不符合孔子“有教无类”的精神，不符合普及全民教育的现代教育宗旨。

高校专业知识分子对于经典知识的专门解释权或者专门讲说权，实际上也可看做是知识阶层对于知识的垄断。打破这种垄断的局面，需要更多的电视和电台的《百家讲坛》。曾经有人问我是干什么职业的？我说是讲中国思想史的，他不懂什么叫思想史，就说：“啊，岳飞他们呢！”我哭笑不得，就进一步告诉他说：“我是讲孔孟之道的。”他就说：“讲这些坏东西干什么！”你们说，让我说什么才好？所以，普及传统的知识，在当下依然具有十分重要而紧迫的意义。由此可见，孔子兴办私学，结束知识的贵族垄断，在中国历史上的贡献了不得呀！老百姓可以接受知识的熏陶，可以懂得历史文化，可以成为历史文化自觉的传播者，而不再是一个茫然、混沌的人哪！

孔子开创了平民教育的历史先河。各位可能不知道，上世纪三四十年代时，有一位平民教育家叫晏阳初，献身平民教育，先在河北长时间试点，后来到国外去了。他的行动曾经得到过联合国的支持。当然在那样的年代里，他最终没有实行成，九十多岁在新加坡过世。80年代在他曾经搞过平民教育的河北开过关于他的平民教育思想研讨会。平民教育和贵族教育不是一回事。贵族教育在前孔子时代，主要是培养贵族官僚的，培养自己的接班人，而且多半是让这些贵族先当官后接受教育。那么他的行政目标、行政效率、准确性都是成问题的。《先进》篇中有孔子的这样一段话语：“先进于礼乐，野人也。后进于礼乐，君子也。如用之，则吾从先进。”孔子说他如果从政选择人才的话，要选择那些先学习了礼乐的。普通平民接受了教育后是“学而优则仕”，学好了以后才能做官；贵族是“仕而优则学”，就是先当官，后学习必要的知识。所以孔子说，如果所有的官员，都是“后进于礼乐”的，行政效果就会很差。如果让他来选用官员的话，就会选择“先进于礼乐”的人，这样，行政目标就会相对比较明确，措施就会相对得体，失误的可能性也就相对减少了许多。孔子培养一大批政治人才，这批“先进于礼乐”的仕者们直接参与政治运行，相当程度地减少了行政的失误和浪费，给中国的政治带去了新的活力和新的生机，这是孔子兴办私学的第二个重要的意义。

各位睁开眼睛看看今天高等教育的实际情况，我们眼见高等教育的水平在下滑，这是从事教育的人的普遍感觉，教师队伍的责任感一天不如一天，学生的整体素质水平也是一茬不如一茬，一届不如一届。但是有一点，我们跳出整个知识垄断者的心态就整个社会看，今天的教育跟过去目标已经不一样了。过去的教育是培养精英的教育，梅贻琦先生在清华大学当校长时说过：“大学者，非谓有大楼之谓也，乃谓有大师之谓也。”一个大学不是说有很高的楼就算大学，要有大师才算大学。你看我们深圳大学，大楼挺高也挺先进，所有的教室都有空调，每一层教学楼上都有热水供应，甚至所有的办公楼的厕所里都有公用手纸，但是能比过北大、清华吗？不敢和人家比。为什么？没有大师，没有大学问家，没有大艺术家，没有大科学家。就是这样一个道理。北京大学怎么样？好！为什么？有大学问家，出大艺术家，出大科学家。但是现在也不行了，一天天下滑，没有大师了。尽管北大的大楼越来越多了，越来越现代化了，但是教育水平越来越差了。我没有权力指责北京大学，但是我有资格希望北京大学越办越好，这不是因为我是大学教授的缘故。每一个中国人都有这样的资格，他们同样也有这个希望。我原来在湘潭大学工作过八九年的时间，湘大的学生好学，他们没有空调的待遇，湖南的夏天是极其闷热的，学生们依然认真听讲，湘大没有好的教学楼，都是吊扇，哼哼直响，学生和老师夏天上课都通身是汗，但他们没有更多的要求，湘大的学生好！当然现在也不行了，整个社会的功利化倾向越来越强，学校不是世外桃源，没有可能不受社会的严重影响。当然，这是站在精英教育的立场上看，站在这样的立场上来看，中国当下的大学教育太令人失望了，渐渐要被完全功利化、实用化、技术化了。这是非常可怕的事情！中国的教育自古以来，就是灵动性的、人生化的教育，不似美国的教育，是科学化和程序化的教育，中国的教育有其绝对的优长的一面，不应当在学习科学化和程序化的过程中丢弃掉。

但是，以培养精英为目标的教育，包括知识精英的教育，艺术精英、社会精英、科技精英和政治精英的教育，总之是培养精英的教育，现在已经不能单独维持下去了。随着社会向工业化、城市化和现代化转型速度的加快，学校必须承担起大众教育的责任，这项任务既紧迫又急需，所以学校纷纷扩大招生规模，学校力量有限，教师严重不足，学生数量多、质量差，所以大学整体下滑是既不可免，又不足为怪的。

今天的大学与上世纪三四十年代的大学的处境已经完全不同了，三四十年代的大学可以专心于自己的精英教育，可以不顾社会的需要，也可以不考虑受教育者未来的饭碗问题，因为这些从前都不是问题。今天的教育必须面向社会，否则学生毕业找不到工作，长此以往，他就不会来读书，大学就会自动垮掉。因此大学必须在专业设置等方面作出必要的调整，以适应社会工作的需要，甚至还要承担必要的技术培训的功能。尽管如雨后春笋般地出现了很多职业技术学校，但是，大学生也要工作。这些技术学校不但不能成为大学可以放弃简单的技术培训工作的理由，反而成了它必须进行技术性教育的客观压力，否则社会的工作岗位就会全部被技术学校毕业的学生拿去，大学生将没有工作可干。这是其一。其二，既叫大学，就得像个大学，又要保持精英教育的本色，没有精英教育，教育就会玩完，教育就会变成简单的技术工人培训基地。这就自然构成了一对矛盾，这个矛盾看上去不难解决，操作起来却十分麻烦。让哪些人只去接受技术培训，哪些人去接受精英教育殊难判定。而且就是接受精英教育的人，也要接受技术性的教育，否则他找不到工作，你能负起责任吗？学校能养他一辈子吗？就算可以一直读完博士，然后再进到博士后流动站里站一站，总还是要出来的。出来以后怎么办？大学的精英教育在社会需求目标的威逼之下，一定会不断地退却，不想退都没有用。大约是平民化的社会，已经不再需要精英了。不过尽管如此，平民仍然需要素质，自由的品质，民主的性格，与别人和谐相处，共同发展的心态，等等。这依然需要进行充满精英精神的传统教育和现代性的人格培养。这些内容不可能，也不应该从教育的过程中被取消，取消了这些内容，教育将不成为教育，学校也不再是学校。

我们今天，已经走到平民教育和社会教育的新时期，原有的精英教育在现在已经有了它的局限性，同时也受到了前所未有的严峻挑战。所以我们今天评判目前的教育，同样也要坚持精英教育的原则，否则的话谁来传承历史文化，谁来传递民族精神？精英，是精英教育培养出来的。教育一定要承载起精英教育的历史使命。只有精英教育，才能担负起历史文化传承的使命。尽管我们今天已经进入大众教育和社会教育的历史阶段，但是精英教育的目标依然不能放弃，放弃了精英目标的教育，不是好的教育，甚至不是教育，只能叫技术培训，前景自然也就不会乐观。

孔子虽然把教育推广到广大的民间中去，开创了平民教育的历史先河，但它所从事的教育，实际上却是地地道道的精英教育，这种教育，奠立了中国式教育的成德基调和人的全面发展的崭新格局。

中国的教育跟西方的教育不一样。尽管今天我们的教育基本上是西化的格局，又受市场经济的影响、受市场需求的逼迫这么严重，书没读得怎么样，工作却先成了第一大问题了。但是我们的高等教育，中、小学教育还是都在以成德为基本目标。培养人的道德品质，这是最基本的基调，只不过又加进了时代的特征而已。整个中国教育的底色，有史以来就是成德的和政治化的，在西方至少没有这么明显。孔子的教育，虽以成德为目标，也是有政治目的的，有明显的政治色彩。孔子的教育是重视人的素质的教育，是注重人的品质的教育，是提高人的修养的教育，是使人在根本的意义上成为人的教育。孔子的教育奠定了人的全面发展的崭新格局。从前的官府教育，不是这个样子。大家知道，我们今天为了弥补科学化教育、功利性教育的弊端，全国各个高校都在开设素质教育课，这种教育在台湾、香港等地区叫做通识教育。它是为了提高人的综合素质而开设的。其中最主要的内容，应该包括理想的教育、历史的教育、审美的教育等，当然还应该包括情感的教育。理想的教育，不单是政治理想的教育，主要的和首要的都应该是向上的和追求崇高的教育，这种教育，要慢慢培养大家有属于自己的人生目标，而不是万众一心、万口一词的没有个性和没有自我的教育。理想之所以称为理想，就是因为它有明显的自我意识、自主意识，没有独立性的个人不是真正的个人，只是被淹没在普遍性中的形式人。远大的抱负，不必要都一样，有人可以想当哲学家，有人可以去当艺术家，有人可以去当学者，有人可以去做科学家、政治家，有人可以去做老板或者兽医、木匠，也可以就做一个普通人。生命本身就是有个性的，没有个性的社会，是没有生机的社会，也是没有趣味的社会。没有生机，没有趣味，人生就会被形式化，缺少必要的内涵和色彩。

每个人的特点不同，每个人的兴趣不同，每个人的目标就可以不同，取得成就的方向和方式也就不同。这才是万芳竞艳，百舸争流。

孔子开创的理想主义和人文主义的教育传统，被后世儒者继承和发扬，尽管在专制主义的高强度的威压之下，依然不绝如缕。汉代的马融、郑玄，三国时期的管宁，隋代的王通等都有私下讲学的活动，他们躲避专制政治的视域，传承历史文化。到了宋代，情况更是喜人，各种地方性学派风起云涌，遍布城乡。到了南宋孝宗乾道和淳熙年间，更是满山遍野。据叶水心记载："问学日盛，士梯山栈谷，自力于善。”高等级高格调高质量的私人教师遍布名山大川，天下学人不顾政治前途，不计生存利益，从名师于山谷之中，终身不仕，只是学习历史文化传统，只要求得圣人之道。胡文定、胡五峰、张南轩、朱元晦、陆象山等大儒并世而出，天下风从，“好一派祖国风光”！

宋代儒者，直接以孔孟为典范，立意高远，用心纯正，使孔孟精神复盛于千载之后，大放光明。孔孟之道不仅成了士林的普遍崇尚，而且深入千家万户，移风易俗，净化了人心，净化了社会。孔子所开创的教育传统，达到了历史上从未有过也再没出现过的历史最高度。他们用自己身体力行的洁净品格，极大地影响了社会和政治统治。有人曾经问孔子，为什么不去从政，把自己的这套美好的理想付诸实践，孔子说：用这种美好的品德去影响周围的人，一样可以起到改造风俗，美化人伦的目的，这不也是从政吗？为什么一定要占据统治地位，才叫做从政呢！宋代儒者用自己的实际行动，实践了孔子的上述说法。他们不是隐士，不是梅妻鹤子的自我消遣于山水之间，他们还要评价政治，批判现实政治，对于矫正政治的偏失，起到了不容忽视的重要作用。这些都是孔子开创的教育传统的历史成效。所以，孔子倡办私学的意义，可以说是不可估量的，如果没有孔子当年兴办私学的启迪和导引，中国后世历史的教育几乎就是无法期待的。

二、指向伦理化的教育目标

我上面给大家说孔子兴办私学在中国历史上的伟大功绩时，说他奠立了中国式教育的成德基调。为什么要把人培养成道德人呢？

这与孔子对道的追求，对人的限定有密切关系。这当然不是孔子一人设定的，也是当时社会历史给他的一个启示。孔子的成德教育是以仁道为目标的教育，这种教育是怎样体现的呢？我用《论语》中的两段话和后世儒家的评语来给大家作个简单的解说。

在《卫灵公》篇里有这么一段话："君子谋道不谋食。耕也，馁在其中矣；学也，禄在其中矣。君子忧道不忧贫。"这样的话语，新文化运动以来，曾经遭受过严重的误解，之所以误解，不是因为那些人水平差，理解不了孔子的话，而是由于特定历史时期的政治目标和当时孔子教育的宗旨不一致。新文化运动以前对这话基本没误解，新文化运动以后，"文革"期间，对这话误解很严重。不是他们缺乏水平，而是故意误解，或者说尽力予以曲解。

什么叫"君子谋道不谋食呢"？"道"，是人生的目标，是价值的尺度，是意义之所在。在这里，出现了表面上对立的一对名称，哲学上叫范畴，也可以说是一个概念。一个是"道"，一个是"食"。你们看各种《论语》的注解，各有各的说法。我的理解，"道"是意义之所在，"食"是生存之所系。这样的话语的意思，在表达上是有省略的，即君子将谋道的目标融含在谋食的过程中，君子谋食而不违于谋道。应该说这样的一个内涵，才是孔子这段话语的真正意涵。当谋道和谋食发生冲突的时候，即生存和意义发生冲突的时候，舍食而就道，这叫做杀身成仁，也叫舍生取义。在道和食这样大的价值框架下，"耕也，馁在其中矣"。耕是什么？谋食的劳作。为谋食而劳作谓之耕，不仅是农业劳作的耕，我们什么笔耕、商耕、政耕，都可以叫做耕。反正就是为食而耕，讲的是谋衣食的活动。仅仅为了谋食，肯定"馁在其中"，其中没有价值的内涵，人生在意义上是非常短缺的。你会非常空虚，非常无聊，为什么呢？因为人是靠价值支撑的。吃饱了肚子，腰不一定能挺得直。这是腰腹关系，不是生理问题啊！过去叫"冻死迎风站"，在传统社会被称为是义士的表现。有很多人钱虽然很多，照样坑蒙拐骗。也有很多人当了很大的官，一样对上司卑躬屈膝，照样腰挺不直，怕官、怕势、怕权、怕鬼，因为做了亏心事或者用心不纯正。奇怪的是这种人经常什么都怕，但就是不怕正义。为什么？正义不当饭吃，他们只怕没饭吃，不怕不成仁，也不怕不是人。有人把“学也，禄在其中矣”简单地理解为：学了，俸禄就在里面。学是学道，学懂天道，学懂圣人之道，学会正道，落实在行动上，为人间守公道，这样就不必为吃饭穿衣发愁，自然少不了生活的资料。学道不是学技艺。就是学技艺，也是靠本事和劳动吃饭，没什么可耻的。

学道是精英教育。有人会问：“你刚才不是说孔子开创了平民教育的先河么？怎么又说精英教育？”我说他开创平民教育先河不是说他把平民培养成平民，而是说他把平民培养成精神贵族，使固有的贵族群体被打破，平民有机会跻身于贵族行列。所以孔子的话语是他根本的精英教育的原则决定的。学，就是学道，有了道，就有大用，大用还怕没饭吃，大用在身，怎么会没饭吃？这才叫做“学也，禄在其中矣”。虽然孔子的这句话语有重道轻技的情绪，但是孔子的教育是为了使受教育者成为君子的教育，不是为了让他们安于普通人的教育，不是为了教给你点技能让你谋生的教育。君子的教育，自然不能以吃饭为目标，他不能只图自己有饭吃，他要承担社会的责任，他要以天下苍生的境遇和前景为忧虑。仅仅为了吃饭来到这个世界上，那不是君子，“君子忧道不忧贫”。为什么？人生无常富，在财产的意义上，人都有匮乏的时候，过去我的家乡有句话语，叫做“三穷三富过到老”。衣食可以亏缺，价值不能泯灭。一个有理想、有抱负的人，不能总是盯着衣食，要努力培养自己高尚的品德，要坚持理想，要维护公正，这就叫做“君子忧道不忧贫”。像这样的话语被“五四”的精英比如鲁迅先生等，一顿歪捏，弄得只要是忧道不忧贫的，都好像孔乙己一样迂腐。当然在特定的历史场景下，鲁迅的话语是有很大的意义的，鲁迅为新文化运动作出了必要的贡献，为打破传统的、习以为常的、僵化的、形式主义的儒学作出了贡献，但是同时也造成了人们对传统儒学的严重误解。现代人要接近古典很困难，历史遥远，加以人为阻断，更是难上加难。现在大家回过味来了，想要了解真传统，可是世界已经变成快餐化的了。大家没有时间，也没有心情去作长期的艰苦努力，想在一朝一夕之内，就对传统有深入的了解，谈何容易。今天有句话，在学生中尤其流行，叫做“恶补”。所谓“恶补”，我理解就是像饿狼一样补充食物，快速加餐，狠狠地猛吃。传统是数千年慢慢积累起来的，一顿饭两顿饭岂能吃尽！这是在演戏，演现代最滑稽的滑稽戏！

我上小学的时候正赶上“批林批孔”，中学时学鲁迅的文章，鲁迅的文章写得有力，读着过瘾。鲁迅的《孔乙己》，使我们都有一种感觉，就是觉得所有的传统社会的儒者们或者读书人，都像孔乙己一样可怜、可笑甚至可鄙。可是说实在的，当时我们对传统真是一无所知，都不知道《论语》写了什么，甚至连孔子究竟是怎样的一个人都不知道。但是我们却都积极踊跃、满含激情地投入到“批林批孔”的运动中去了。现代人喜欢就近而舍远，走捷径。这样的心态容易把我们淹没在短距离的目标内而忽略了长远的事实。孔子说：“人无远虑，必有近忧。”人被近处之忧所困惑，目光心智就放不了那么远。整天心里只装着衣食，只装着近距离内因为谋衣食而产生的争端和是非。这是什么是非？越在这种所谓的是非里纠缠，人就越不懂是非，越没有是非。有人说我有抬高孔子的嫌疑，实际一点都没抬高。不是我们要抬高他，而是他想抬高我们，希望我们都能成为高尚的人，走高格调的人生道路，过高品位的价值生活。

当然，历史上也有为了诱引那些没有价值感、没出息的人接近历史文化，使之有所作为而采取低俗号召的做法，比如宋真宗就说：“读读读，书中自有黄金屋；读读读，书中自有千钟粟；读读读，书中自有颜如玉。”好好读书吧，读完以后自然有饭吃，有钱花，有老婆讨。这不就是“学也，禄在其中矣”么？看起来是一样的，实际是把它庸俗化了。那么是不是孔子不食人间烟火？不是的，孔子也好食，也好色，但是都是在求道德的前提下。《论语》说孔子“食不厌精，脍不厌细”。不只要吃好的，还要烹饪技术好，刀工也要好，你把土豆丝切成了土豆块，显然不行。孔子还说：“吾未见好德如好色者也。”宋代文学家苏东坡怎么解释这话呢？他说，“君子好好色而恶恶臭”，所好，没有甚于色的，所恶，没有甚于臭的。所以君子要像好色一样的好德，那样的话，这人的道德水平就很高了。好色出于天性不可抑制，好德若也能像好色一样强烈，这不是在扭正好色，而是在激发好德。我觉得这个解法还是符合孔子这句话的本意的。当然，目标仅仅定在这儿，肯定不行，这只是一个过程。这是孔子仁的教育的一个目标，完全达到目标不可能，但是实现目标却是可能的，目标的实现，就在走向目标的努力过程中，只要不断朝向目标努力，就是实现目标。

为了实现这样的成德目标，孔子在实施教育的时候，对内容是有非常明确的选择的。

《论语》中有一句话：“子不语怪、力、乱、神。”这句话经常被通俗化地理解为孔子不大说那些精怪、蛮力、乱七八糟的事情，还有神鬼狐仙之类的东西。有些文人经常引用这话，认为孔子不讲这些，比如袁枚就编写了文集叫《子不语》，记录了一些神怪故事，其实这是文人对孔子这话的误解。其实孔子这句话的意义相当深远，子不语“怪”，那语什么呢？语“常”，说正常的事情，不说超常的。不正常的或者超出了正常界限的就是“怪”。子不语“力”，那语什么呢？语“仁”，语“德”。孔子讲以德服人，不讲以力欺人。这跟法家的观念正好相对立。子不语“乱”，那语什么呢？语“治”，语“善”，语良善之事。子不语“神”，语什么呢？语“人”，说人间的事情。这不是我的解释，是宋代儒者谢良佐的解释，我觉得这个解释很到位。近来听说有人把这句话解释成：“不要用奇怪的力量来扰乱心神。”太随意，简直就是望文生义。孔子是人文精神的领袖，中国人文运动的导师，他把早期的自然神崇拜拉回到人间，高扬人的力量，导引中国文化的新趋向。有人说中国文化缺乏宗教精神，也有人说儒家有宗教意味。我个人感觉，儒家虽然有宗教功能，但更大的功能是消解宗教，人文意味很浓，中国的文化是人文的文化。这都是孔子仁道教育目标所决定和所导引出来的。

孔子说："当仁，不让于师。""仁"是孔学的宗旨。"仁"既是形上的道德本体，它又是现实人的一切善行的最终源头和最根本的依据。为什么要成德？因为天生人以德，天成就人也以德，天以生为德，天生就是德。"仁"同时也是现实的功用，发为功用就是"仁者，爱人"。人世间一切爱的行为，都是仁的发用，无仁者，无爱；无仁者，因体乏而无爱。无爱者，不仁；无爱者，缘功匮而不仁。所以说"仁爱"，仁与爱连称，仁，所以导发爱；爱，所以表现和成就仁。仁是爱之体，爱是仁之用。师是什么？师是仁之现实载体。无爱者不能为师，乏爱者不足以为师。韩愈说："师者，所以传道、授业、解惑也。"这是就职业言，不是就本质言。就本质而言，师者，仁之载体，仁之现实化身，非仁，则一切行径都是没有最终的根据的，其结果都是无法期望的。所以孔子说："人而不仁如礼何？人而不仁如乐何？"礼乐的根据都在仁，无仁之质，徒具礼乐的形式，都将背离礼乐的根本立意，失却礼乐的根本依据，偏离礼乐的根本宗旨。浅显地说，将仁作为目标的教育，是爱的教育，是为了唤醒并激发人们根本的爱心的教育，是激活人的生命中本有的爱的能量的教育。如韦政通先生所强调的那样，要发挥人的内在的爱的潜能。真正接受了这种教育的人，都会对他人、对社会、对人类，甚至对自然外物，施与应有的怜爱。

所以面对仁的时候，即便是师，也要排在后面，功用永远不能高于本体，载体永远不能重于所载之物，如同衣服没有冷暖重要，饮食不及饥渴重要一样。冷暖时，衣服重要，饥渴时，饮食重要。衣服与饮食之所以重要，是因为可以解决冷暖和饥渴。与仁相比，师一定是排在价值的次要地位的。仁的价值高于一切，仁的价位不随市场供求关系和人心风俗的走向而改变，它永远处于最高价位而不会动摇，不能动摇，也千万不要动摇。动摇了仁的价位和价值，师之所以为师，就没有了依据，就没有了标准，人生就没有了吃饭以外的意义。以其乃仁之化身，方能为师，师是担道者，不是传技者。传技者是工匠。就算是按照韩愈功用化的说法，传道也是首要，授业解惑是其次。晚明有一位思想家王夫之，号船山先生，他的《读通鉴论》是中国历史哲学的宝典，在论述隋唐灭亡的时候他有这样一段话语："匡维世教以救君之失，存天理于天下者，非士大夫之责乎？"（卷二十七）士大夫承担的是什么责任呢？受儒学真精神教育的人，要担待起教育的责任，这个责任就是救世的责任。担道，救世，拯民，这六字是孔子仁道教育的终极目标。这也就决定了孔子的仁道的教育，就是要培养君子。君子不是简单的好人的意思，是对仁的承载者的崇高称谓。《论语》中关于君子的话语不绝如缕。各位有兴趣的话可以把《论语》中凡是论述君子的地方找出来，列出多少条，各有什么内涵，作一分析，就是一篇很好的文章，也是一篇学习《论语》的心得。君子是孔子教育的仁爱大框架下的最高现实目标，是孔子教育思想里最核心的内容。

有一句重要的话语："君子喻于义，小人喻于利。"跟这个相关的有一件事情，孔子有位弟子叫樊迟，也叫樊须。他找孔子请教，说，我要向您老人家请教问题，我想跟您学种庄稼。孔子说，哎哟，对不起，这事我不如老农，你上老农那儿问去吧。他说，那我向您学种菜。孔子说，对不起，我不如那老菜农，你跟老菜农学去吧。樊迟一听没戏了，就走了。孔子就当着屋里其他樊迟的同学讲："小人哉，樊须也！"这个家伙真没出息呀！"上好礼，则民莫敢不敬；上好义，则民莫敢不服；上好信，则民莫敢不用情。夫如是，则四方之民襁负其子而至矣，焉用稼？"樊迟跟孔子其他弟子一样，很多后来都弄个一官半职的。孔子说，你要是想治理百姓，你就讲礼、义、信，就足够了，老百姓就会敬服。你学种地瓜白菜，老百姓也未见得喜欢呀。你既然来学大人之学，学习引领社会，组织社会，跟学种菜没什么关系。当然啦，这话的背景我们不知道。孔子那么善解人意，不会把樊迟的心思猜错，他就想种地种菜，所以孔子觉得这个学生没出息，人生目标太短近，不会有大的作为。“文化大革命”时就把孔子这句话批得体无完肤，我小时候参加过批判，说孔子蔑视生产劳动，敌视劳动人民，进而说中国传统儒家引领知识分子脱离工农业生产。其实这都是不相干的胡搅蛮缠。孔子是着重培养人的远大目标，不在于让大家蔑视生产劳动。

孔子跟学生关系很好，批评学生不避讳，该骂就骂，当面骂，背地里也骂。我们现在的老师不行，不敢骂学生，只是迎合，这是苟且。老师爱护学生，不是苟且，要敢于正面批评才行，老师的苟且，是缺乏责任感的表现，也可能是因为缺少学养的怯懦所导致。

三、不拘一格育人才——切实而灵动的教育方法

孔子育人，是有非常灵动的方法的。颜回就说孔子的教育：“瞻之在前，忽焉在后。”方法在孔子那里，已经不是程序，而是出神入化，有如天地养育万物一般，无所不用，无所定用，需要雨就春风化雨，需要日光，就赤日炎炎，需要风，就穿林打叶，方法随需要而致，无所不用其极。没有固定的程序，没有先在的设定，一切都随着被教育者接受教育和成长实际的需要而如期到来。循循善诱，使学生欲罢不能。为什么叫至圣贤师，何以能够称为至圣贤师？秘密和要义都在这里。

当然，为了明白起见，我们也可以作一简单的归纳，比如“因材施教”和“举一反三”、“学思相济”之类。

因材施教

因材施教，与其说是方法，还不如说是原则，是一种原则性的方法。比如同一个问题不同的学生发问，同一个学生在不同时间、不同际遇和不同心境下，问同一个问题，回答可能都不一样。所以有人觉得理解《论语》很困难，同样一个“仁”，樊迟问孔子，孔子说“仁者，爱人”，有人因此觉得仁就是爱人。颜回问仁，孔子回答：“克己复礼为仁。一日克己复礼，天下归仁焉。”有人又把克己复礼叫做仁。同样是樊迟这个人问仁，在不同的场景下，孔子有答以“先难而后获”，有答以“仁者，爱人”。如果你知道这一点，就应该懂得，不能因为孔子一句话，就给其中的观念，下一个定言。有的时候孔子可能还不回答。比如子贡说：“我不欲人之加诸我也，吾亦欲无加诸人。”孔子说：“赐也，非尔所及也。”这不是你能做到的。子贡还说：“夫子之文章，可得而闻也；夫子之言性与天道，不可得而闻也。”那么有谁会因为孔子没有正面回答，或者根据子贡的话就说孔子不讲天道？或者说孔子的仁就是不回答或者什么也没有吗？出神入化的教育是没有定规的，随其所宜而适时适当而发。孔子自己也说过：“吾有知乎哉？无知也。有鄙夫问于我，空空如也。我叩其两端而竭焉。”你能根据这样的话语说孔子很无知，什么也不知道吗？那你可真是太无知，太什么也不知道了。

所以因材施教绝不是一件简单的事情，也不是轻易就能做到的。因材、因地、因人、因境遇而施教，灵动不居，来无影而去无踪，谈何容易？

举一反三

《述而》篇中记述孔子的话说：“不愤不启，不悱不发，举一隅不以三隅反，则不复也。”

南宋大儒张南轩在所著《癸巳论语说》中解释说：“此圣人教人之方也。学贵于思，思而后有得。愤悱者，思虑积久，郁而未畅，诚意恳切，形于外也。愤，则见于颜色；悱，则见于辞气。于是而启其端、发其蔽，则庶几。其听之之专，而感之之深也。然告之亦举一隅耳，必待其以三隅反，而后复之。此古之教者所以为从容，而使人继其志之道也。若不以三隅反，则是未能因吾言而推类，苟遽以复之，则于彼亦无力矣。”

这段话的意思就是说，“不愤不启，不悱不发，举一隅不以三隅反，则不复也”。这是圣人教人的良方妙法。这是针对真想有所学、有所长进的学生实施的有效的教育方法。如果一个学生只是想混个文凭，然后出去找工作挣钱吃饭，那就没有必要浪费心力和精力。对于这样的学生，甚至可以完全不必去理会他，孟子说：“教亦多术矣。予不屑之教诲也者，是亦教诲之而已矣。”不理睬他，就是对他最好的教育了。

我教学时间长了，跟学生关系密切，有些学生知道了，闲着没事跑我这儿来，为了表示亲近，装作问问题的样子，我一听，他的问题根本不算什么问题，不着边际，也不要紧，关键不是出自他的真心，只是怕我说他没问题，编造一个假问题来哄我开心。我说：“你呀，回去吧。甭拿我当礼拜天消遣了，我没空儿陪你。”是不是王老师对学生不热情，不是这么一回事，你要看他干什么来了。他不是真心来问问题，你也就不必正面回答他。因为那不是他的问题，回答没有用，回答反倒不如揭穿他，使他羞惭，这会对他的人格成长有利，这个时候，揭穿才是最好的回答。问题是长期萦绕在心中，憋闷已久，不能自解，而后可以问人。自己心中没有问题，即便你编造的问题是问题，它也不是你的问题，你的问题是从你的生命中出来的问题，不是从外面随便拿来一个就是问题，你的问题对你才有用，不是你的问题，对你没有用，对你来说不是问题，我回不回答都没有意义。这样的问题，回答不仅浪费光阴，而且让他觉得虚假也能得到回应，回答反倒害了他，所以最好就是不回答。当然，如果他的生命缺少产生问题的深度，那是另外一回事，那就不是回答他的问题的问题了，而是要如何让他产生问题的问题了。

真正的问题，是从生命里面涌出来的。憋了很久，想不通，于是再去发问，这是问问题的方法，也是回答问题的时机。回答问题要找准时机，这是高超的教育艺术，只有杰出的教育家，才能妥善地把握这样的时机，促使学生长进，推动学生进步。不要跟学生卖弄学问，教育是为了让学生长进，不是让学生欣赏自己。把自己卖掉了，学生却没有进步，这是做教师的最大忌讳。让学生被问题憋到一定程度，然后启迪他，让他自己发现解决问题的路径，这才是最好的教育方法。用上面张南轩的说法，这个时候学生听得也专心，感受也深刻，记忆也就会跟着牢固、久远。轻易回答学生的问题，学生不仅不会对问题有深刻的体会，而且还会生出对问题的轻慢之心，形成习惯以后，会养成轻率、浅薄的毛病。孔子用心之深，由此可见一斑。

应当说，南轩的解释是非常准确到位的，但是实行起来却并不是一件容易的事情。拿我们今天的教育来讲，大学教师们，进行启发式教育，已经相当不容易了。因为扩招以后，学生人数剧增，良莠不齐，加上数字化的管理，填表、上网登录成绩，还有各种考核表格以及课程分析表格、相互听课和评价表格等，教师们每天虽然疲于奔命，但仍然很难完成任务。还有各种科研任务指标，压力极大，苦不堪言，几乎很难腾出时间去跟学生谈心、聊天，甚至绝大多数学生根本没有可能认识，更不要说启发式教学了。中、小学教师的情况，也大同小异。他们压力也很大，又要晋职，又要继续教育，也是忙得不亦乐乎。所以我们今天的教育，也面临着很大的困境和挑战。

学思相济

什么叫做“学思相济”？孔子说：“学而不思则罔，思而不学则殆。”只学习知识，而不思考问题，就会迷惘，不知所学为何物，也不知所学为何事。只思考问题，而不努力学习知识，就不能触类旁通，就不能举一反三，问题解决不了，向下就无法进行。学习知识和思考问题要联合起来，两者互相推助，共同成就。具体说来，还可进行以下分述：问题从学习中来，学习是思考的基础和条件，不学习就不能产生真正的问题，不学习的思考是假思考，是空思考。学以养思，学以助思，学以成思。不学则无以思，无法思，不是真正的思。思以助学，非思不能得真学；思考是学习中的基本心理活动。思不纯，则学不正；思不精，则学不深；思不透，则学不成。不断学习，不断思考，在思考中学习，在学习中思考，这才是善于学习的人，也才是善于思考的人。

荀子在《劝学》篇里说："吾尝终日而思矣，不如须臾之所学也。"这只是问题的一个方面，这句话的反面并不成立，整天学习，不思考也没用。问题还有另一方面，就是："听君一席话，胜读十年书。"为什么会这样？平日思考不到，思考不清，想不懂的问题，被人一语道破。这是思想的功力，不是整天埋头死读书所能到达。思想是学习的主脑，学习是思想的血肉。只学习不思想的是植物人，只思想不学习的是精神病。大家回去都自我检省一下，看自己是植物人还是精神病。苏东坡有诗曰："不识庐山真面目，只缘身在此山中。"困索在知识的迷宫里，不发挥思想的效力，就永远也走不出来。只有勤于思想、善于思想的人，才能达到"不为浮云遮障眼"的"自缘身在最高层"的境界。学思相济不仅如上面所演绎，只在效果中看，还有境界和享用一环。要使学习和思想成为快乐，必须是两者并用，交相辉映。学习如果缺乏思想的提升，很多东西就看不清，看不清就没有快乐；思想如果缺乏学习的陪衬，思想的问题就不着边际，就落不到实处，思想也会因此而缺乏快乐。没有快乐的感觉，学习和思想的活动都很难坚持下去，快乐是人生最大的动力，也是学习和思想的最大动力。缺少动力，是不能远行的，不仅事实上不能，心理上也不情愿。学习和思想的最深刻的动力，就是要使学习和思想成为快乐，而不是成为负担。

四、孔子的诗教和乐教

我听我弟弟讲过一件事情，说我家乡某小学一个不爱读书的小男孩，经常逃学，还骂骂咧咧道："谁他妈发明了学校呢?"我们不能因此简单地判定这个孩子不爱学习，没有出息。我们要深刻反省教育本身的问题。这个孩子的话语，可以从另一个角度被理解为对现行教育的无味而又无分说地占用孩子玩耍时间，损害他的天性的抗议。

受教育是人的权利，这份权利的获得殊为不易，古代人都懂得这一点，都十分珍惜难得的受教育的权利，都能有效利用受教育的机会，都想尽情地享受受教育的快乐。今天的受教育者，很多是不太愿意上学的。为什么？今天的教育本身就有很多问题，教育体制不合理，课程繁复而且重复，课时多、负担重、压力大，苦多乐少。很多课程枯燥乏味，很多老师也没有充分发挥老师的能动作用，引不起学生的兴趣，调动不起学生的积极性，激发不了学生学习的热情。尤其是社会功利化的影响，每天生活在这样的氛围中，慢慢就会感到，学习无益，学习无用，学习无趣。

怎样才能调动学生的积极性，消解或者尽量减少学生的厌学情绪，使他们感到学习是一种快乐呢？还是让我们来看看孔老夫子是怎样做的吧！

前面我已大致给大家讲了孔子的因材施教和举一反三的灵活方法，现在我来给大家讲解孔子在教育过程中所使用的最关键的两个"杀伤性核武器"。这两个核武器是什么呢？诗歌和音乐。

说是诗歌和音乐，其实并不确切，确切地讲，应该是《诗》和乐。

孔子是一个了不起的教育家，也是一位杰出的艺术家，他对诗、画和音乐都有极强的感悟力，孔子的教育，大大得力于他的艺术涵养和天才。如同他是一位出色的政治家，同时又大大得力于他是一个坚定的人道主义者、敏锐的思想家和深刻的哲学家一样。

孔子把艺术引入教育活动当中，利用艺术的魅力来感召人、感染人、感化人，运用自如，出神入化。比如说利用绘画来了解《诗》，从而实现伦理教化的目的。《八佾》篇中有孔子和弟子子夏的一段对话：子夏问曰："'巧笑倩兮，美目盼兮，素以为绚兮'，何谓也？"子曰："绘事后素。"曰："礼后乎？"子曰："起予者商也！始可与言《诗》已矣。"这段话什么意思？这段话是子夏和孔子论为学的对话，子夏因为对于《诗经》中诗句的理解，进而懂得为学的道理，孔子为此而称赞他善于学习。这句诗在《诗经·国风》中的《卫风》里，诗名叫做《硕人》。但是其中只有"巧笑倩兮，美目盼兮"两句，接下去是其他诗句，没有"素以为绚兮"一句。这首诗的整体意思是描写齐庄公把花钱买来的侍女庄姜嫁给卫庄公作妇人的事情。极尽对于庄姜的美貌和出嫁场景以及与卫庄公的男欢女爱的描写。那么这一句"素以为绚兮"哪去了？元代朱公迁作《诗经疏义会通》，说这句诗丢了，是句"逸诗"。其他未见有论及此者。但是这首诗统统都是四句的，没有五字的。是真丢了，还是这是两句不同的话语，被子夏放在一起来问，现在恐怕已经说不清楚了。但我认为不是丢了，而是两段不同话语，因为《诗经》是经过孔子删改的，今天的《诗经》三百篇里并没有"素以为绚兮"一句。子夏如果硬说有此一句，孔子会批评他。或许是子夏把另外一句当时流行的用于绘画的术语，和这句诗文结合在一起问孔子，那样的话，这句话就应该重新断句为："'巧笑倩兮，美目盼兮'，'素以为绚兮'，何谓也？"表明这两句话都表达了大致相同的意思，我主张这样断句。当然这是另外的问题，与我们今天讲孔子的教育思想的主旨不大相干，所以我们先把它放下，回归我们的正题。

先解这句诗文。“巧笑倩兮，美目盼兮”指的是齐庄姜的美貌，说她笑得真乖巧，有动人的酒窝；讲她的眼神很诱人，秋波荡漾，使人动情，令人沉迷。“素以为绚兮”的意思是说美丽的图画都画在“粉底”之上。“粉底”是画布，绘画之前要经过一定处理，涂上能够使图画更加显眼的底色。台湾的傅佩荣教授在香港《凤凰世纪大讲堂》上讲《论语》，每次一句，说“素”是褐色，根据是汉代的绘画习惯，对不对我不敢说，我们大多的相关《论语》注释书籍，都简单地说是白底，就是在白布上画画。反正大家的意思都差不多，都是用不能影响图画的色彩表现的颜色作底色才行。汉语“素”字的本义是未经染色之丝。

子夏的意思是说，女子的笑容只有在有酒窝的脸上才更动人；女子的眼睛也只有能够顾盼，才更加诱人。图画都是画在固定的底色之上的。孔子说理解正确，就像图画一定要在必要和相应的底色上，画出来才更显眼，更醒目，更好看。子夏说：“这意思是不是在说，礼相对于仁，是后出的，是在仁的底色上画出的图画呀？”孔子说：“你这个说法使我也受到了启发呀！行啊，有进步了，可以跟你谈论《诗》了！”

孔子借用绘画的原则来讲解为学的门径，绘画艺术的原则，成了他成德教育的有效工具。

当然，孔子最令人钦佩的还是他的诗教和乐教的功夫。

（一）《诗》中有德亦有识

前面说了子夏因与孔子论《诗》而通晓为学之道，《论语》中还记载了子贡因与孔子论学而了解《诗》的真正内涵的话语。这段师生之间的对话在《学而》篇中。子贡曰：“贫而无谄，富而无骄，何如？”子曰：“可也。未若贫而乐，富而好礼者也。”子贡曰：“《诗》云：‘如切如磋，如琢如磨。’其斯之谓与？”子曰：“赐也。始可与言《诗》已矣，告诸往而知来者。”我把这段话详细给大家作一解说。

“如切如磋，如琢如磨”一句诗出自《诗经·国风》中的《卫风》，诗名叫做《淇奥》，开篇一句是“瞻彼淇奥”，接下去是“绿竹猗猗，有匪君子，如切如磋，如琢如磨。瑟兮僩兮，赫兮咺兮。有匪君子，终不可谖兮”。匪是通假字，通斐然的斐，就是有学养的样子，瑟是庄重之态，僩指豪迈之姿，赫是威仪可敬，咺是容光焕发。这首诗要是用现代话语翻译，大致可以译成下面的样子：你看那淇水转弯处的岸边，长满了翠绿的竹子。有一位好男子啊，就在岸边上站着。看他文采飞扬的样子，就像切磋出来的一样，又像是琢磨好的一般。他那庄重的外表映衬着豪迈的英姿；他那可敬的威仪，更加使他显得容光焕发。这个神采飞扬的男子啊，叫我如何不想他！其中“如切如磋，如琢如磨”两句，一般以为，“切磋”是治骨角的工匠的工艺流程，先用刀按照一定的尺寸切割，然后再用锉之类的工具细细找平。“琢磨”则是治玉的工匠的功夫，即先用刀具按一定尺寸砍断，然后再进行细致的磨光。

子贡与孔子论学养和人生境界，说：“贫困的时候，不去谄媚富贵的人，富贵的时候，不对贫贱的人傲慢无礼。这样的境界怎么样?”孔子说：“不错了，但是还不如处于贫贱之中，却能自得其乐，得到富贵以后却能够好善乐施，好礼不怠呀!”子贡说：“(看来我还要继续努力呀!)《诗经》上讲‘如切如磋，如琢如磨’就是这个意思吗?”孔子说：“子贡啊，可以跟你谈论《诗》喽，告诉你从前的，你就能知道将来的（知道人生境界是无止境的了）。”子贡因为对人生的体会，转而帮助了对于《诗》的理解，知道人生的修养和境界需要不断精益求精，才能不断地走向更高更远的境界。

以上是两个用《诗》来实施教育的很好的范例。

孔子对《诗》很看重，一方面所教的内容中有《诗》，一方面又用《诗》来达到教育的目标，增大教育的效力。《诗》就是《诗经》，《诗经》是什么?大家会毫不犹豫地说，是我国古代第一部诗歌总集。对吗?不对，绝对不对。《诗经》不是诗歌总集，那它是什么？是中国古代政事和伦理的教科书。何以见得？比如《关雎》，这是《诗经》的第一首，“关关雎鸠，在河之洲。窈窕淑女，君子好逑”。我们今天的解法都说这是表现青年男女对美好爱情追求的诗歌。但是古人不这么看，宋代的理学家胡五峰和朱元晦等都以为这是表现后妃之德的。何以有如此的说法，他们没有具体的解释，不好胡乱猜测，但是你从这首诗的用字上可以大致感觉到。

窈窕是年轻女子的体态和容貌，既然是现代人所理解的爱情，至少首先要看这一点。接下去为什么还要说淑女呢？什么叫淑？贤良的行为。到了这样的程度，应该可以了吧？不，还有更进一步的，那就是要求好的，什么好？品质好。怎样才算品质好？过去有“三从四德”的说法，三从是指在家从父，既嫁从夫，夫死从子；四德包括妇德、妇容、妇言、妇工。有“三从四德”的就是好女子，不能做到的就不是好女子。妇德指的是好的品德，什么是好的品德，不嫉贤妒能是最关键的环节，因为在过去的时候，男子可以多娶，如果其中有嫉妒心强的，那这个家庭就会永无宁日，不要指望有安生的日子可过。《大学》有八条目，就是格物、致知、诚意、正心、修身、齐家、治国、平天下。修身是分界点，也是中转站，正心以前都是修身的科目，修身以下则是实践的功夫。后面的实践功夫，都是在前面的修身功夫基础上实施的，修身功夫的现实体现的第一个环节就是齐家，如果不能齐家，家里乱哄哄的，天天吵架，天天打打闹闹，就等于修身的功夫还没出门就已经报废，还谈什么治国、平天下？所以齐家很重要，但是如果讨了老婆，不要说是悍妇，就是个妒妇，齐家的可能性就彻底丧失了。所以古人讨老婆还是很小心的，很谨慎的。所以应该说宋代的理学家们解得对，现代人解得不对。有人可能会说，朱熹他们是根据他们存天理、灭人欲的理学目的随意猜解《诗经》，那好，朱熹他们的不可靠，咱们来看看孔子的说法，孔子亲自删削的《诗经》，而且离《诗经》成书的年代很近，总不至于胡说，就是想胡说，当时的人们都知道是怎么一回事，也不会被人接受！《论语》第一篇就有子夏的话语：“贤贤易色……”什么叫“贤贤易色”？就是要把对于妻子或者小妾的外貌的看重，转为对其内在品德的看重。为什么要这样，就是要防止过分看重外貌，招来妒妇，影响家庭和睦。

还有，《子路》篇中，记孔子的话说：“诵《诗》三百，授之以政，不达；使于四方，不能专对，虽多，亦奚以为？”这段话的意思就是说，记诵了三百篇《诗》，让你去从政，却使不上力，让你出使别国，却不能很好地应对，虽然学了那么多，又有什么用呢？言下之意，不跟没学一样吗！由此看来，学《诗》的作用在于行之于政事、外交等，对政事的讽喻，至少是《诗》的最主要的功用之一。

所以在《阳货》篇里孔子才说：“小子何莫学夫《诗》？《诗》可以兴，可以观，可以群，可以怨。迩之事父，远之事君；多识于鸟兽草木之名。”你们这些年轻人，怎么不努力学《诗》呢？《诗》可以使人振作，还可以通过《诗》考察政治的得失，学好了《诗》，才能更好地跟大家和谐相处，也可以通过《诗》表达自己的幽怨。近的可以教会你善待父亲，远的还可以侍奉君王，另外，也可以通过学《诗》，多认识一些草木和鸟兽之类的东西，增加对自然外物的了解和认识。

根据以上所引孔子和孔门弟子对于《诗经》的看法，可以清晰地了解到，《诗》不是诗歌的总集，而是政事和民事以及自然事物的百科全书。所以《诗》才被后世儒家提升到“经”的地位，称为《诗经》。《诗经》虽然是用诗歌的方式表达的，但与唐宋时代的诗和今天意义上的诗歌，绝对不是一回事。把《诗经》当做诗歌总集，是现代学科划分的结果，是对《诗经》的重大误解。

孔子用《诗》来教育门徒和子弟，最主要的目的，是让他们通过学习《诗》，确立人生远大宏伟的志向。所以孔子才说“《诗》，可以兴”。以《诗》求兴，是孔子教人的出发点，也是人生获得成功的第一个最重要的步骤和阶段。所以孔子说：“兴于诗，立于礼，成于乐。”什么叫“兴”？朱子在《四书集注》中解释说：“感发志意。”“感发”，就是受感所发，有感而发。“志意”就是心志和意向。“兴于诗”就是因为受了《诗》的感动，被《诗》所感染，心中自然而然生发出对于崇高理想的追求，从而树立远大的人生目标。简单地说，就是立志。“《诗》，可以兴。”就是说可以通过《诗》的感召而振作起来，不沉溺在庸常的生活中，不被日常生活的琐碎事情所困扰、所捆绑，而使心志渐渐明亮起来，不再满足于庸庸碌碌的生活，心中升起崇高感，并且开始付诸实行，朝向价值，走向崇高，开始了对生命的自我拯救行动。

大家可以拿出一般的《论语》注释本看一看，是怎么解释“兴”的，都是把它作为诗歌的写作方法来解说吧？很多关于《论语》的注释本都是这样解释的，就连大家基本信重的杨伯峻先生也是这样解释，说“兴”就是“联想，由此而想及彼”。这是把“兴”当成了诗歌表现手法的赋、比、兴的“兴”的说法。更有甚者，还有学者为此专门写文章论述“《诗》，可以兴”，说“‘兴’是凭借作者的认识能力，根据诗中提供的具体形象，推及政教义理上去的一种联想力”。这样的解法几乎成为大家不问的共识。这种注释的源头在汉代的孔安国，孔安国注释《论语》，以“兴”为“引譬连类”。实际上这种解法根本就是错误的。为了说明这一点，我先给大家简单说说什么是文学表现手法的“兴”。文学表现手法的“兴”，与“赋”与“比”一样只是诗歌的表现手法，“赋”是直抒胸臆，就是想说什么就直接说什么，如唐杜甫的《蜀相》：“丞相祠堂何处寻，锦官城外柏森森。”标题就是写诸葛亮的，直接就说诸葛亮。还有苏轼的“老夫聊发少年狂，左牵黄，右擎苍”，想说什么，就说什么，不打折扣，不拐弯抹角。“比”就是把一个东西，比喻成另外一个东西，当然，“比”的手法更多一些，包括明喻、暗喻、隐喻和转喻等，而且也可以喻在喻中，喻中还可有喻。基本相当于我们今天现代汉语修辞方法中的比喻。这种情况很多很多，大家都懂，我不用在这里再给大家举例。“兴”是“先言他物，以引起所咏之辞也”。就是本来要说这件事，却不直接说，偏偏先说其他的事情。但是，不是乱说其他的事情，而是要用对于其他事情的描写或诉说，引起所要说的话题和事情。要说而后说的和不要说而先说的两个事情之间，一定要有相关性。比如《关雎》，要说美貌美德的女子，先说关雎鸟：“关关雎鸠，在河之洲。”然后再引出所要说的话题：“窈窕淑女，君子好逑。”关雎鸟美好，女子亦美好，但是想说的不是关雎鸟而是美女，却先说关雎鸟后说美女，由说关雎鸟引出说美女。这种情况大家也不陌生，中学课本里有《孔雀东南飞》，本来想说焦仲卿妻刘氏的遭遇，却先说“孔雀东南飞，五里一徘徊”，然后再说刘氏“十三能织素”，十四、十五、十六怎么样怎么样。黄梅戏《天仙配》的唱词也属于这一类，“树上的鸟儿成双对，绿水青山带笑颜”。本来想说董永和七仙女的爱情和生活的美好，却先说成双成对的鸟，还说绿水和青山，然后再说“夫妻双双把家还”。

那么上面所引的《论语》中的两段话是这样的意思吗？

“兴于诗，立于礼，成于乐。”显然是指人生成就的三个阶段，也可以看做道德人生成就的三个递进的环节。如果把“《诗》，可以兴”的“兴”解释成“赋比兴”的“兴”，那么它与后面的“观”、“群”、“怨”是同类或者相类似的一组吗？把它们放在一起来说，不显得不伦不类吗？所以将“兴”解释成“赋比兴”的“兴”，也就是文学表现手法或者联想之类，显然都是在根本上没有理解孔子的用意。因此，我才用朱子在《论语集注》里的说法，显然朱子是理解孔子的用意的，而且是从根本上理解了孔子的良苦用心。

孔子为什么非要用《诗》来达到“兴”的目标，“兴”就那么重要，那么艰难吗？没错！“兴”确实艰难，否则就不用以《诗》来感发大家，作此“割鸡而用牛刀”的小题大做的文章了。

孟子说：“待文王而后兴者，凡民也；若夫豪杰之士，虽无文王犹兴。”什么意思？就是说普通人只有等到有如周文王这样的圣王出现以后，才在文王的倡导下有所兴发，没有文王，他们就会沉溺在混沌的生活常态中，苟且偷生地活着。至于豪杰之士，则不必等到这个世界出现了文王这样的圣王，就能自己奋发而起。孟子这段话，正是对于“兴”的“感发志意”的说明。

王船山在《俟解》中说：“有豪杰而不圣贤者矣，未有圣贤而不豪杰者也。能兴，即谓之豪杰。兴者，性之生乎气者也。拖沓委顺当世之然而然，不然而不然，终日劳而不能度越于禄位、田宅、妻子之中，数米计薪，日以挫其志气，仰视天而不知其高，俯视地而不知其厚，虽觉如梦，虽视如盲，虽勤动其体而心不灵，惟不兴故也。圣人以《诗》教以荡涤其浊心，震其暮气，纳之于豪杰而后期之以圣贤，此救人道于乱世之大权也。”

有关孔子以《诗》教人，重在使人振奋、立志、兴起的目的，晚明时期的大儒王船山理解得清晰晓畅、次第分明而又准确到位。

人有受命于天的刚健正大之性，但是入世以后，于成长的过程中，陷入生活的琐细凡庸，终日为生计奔忙，为了满足物质生命的需要，而陷溺受之于天的良知良能，每日为妻子、儿女奔忙，整天“数米计薪”，钱财和官位成了全部的追求内容。忘记善恶，丢掉是非，舍弃公正和廉耻，懵懵懂懂的，浑浑噩噩的，庸庸碌碌的，睁着眼睛却看不见世间的是非善恶，虽然醒着，如同醉梦一般，已经感觉不到天的崇高伟大和地的宽厚仁慈，心灵被污浊得一片狼藉，整天暮气沉沉，无一丝生气和活力。船山先生清醒地看到，生民之所以如此，最根本的原因，就是不能“兴”，四川话叫“雄起”。

正因为沉浸在琐细的日常生活中不能自拔，所以才需要“兴”来进行自我拯救。大家听我经常说到要对生命进行自我拯救，有人会觉得很奇怪，说我们活得好好的，需要什么拯救？如果这句话出于你的真心，那就意味着你的生命更需要拯救，再不拯救就可能无药可救，无法施救。因为你连自己的沉溺都意识不到，不只“虽觉如梦，虽视如盲”，而且基本已经虽生如死了。人的生命随时随地需要拯救，一丝一毫都不能放松，一时放松，一时沉溺，一世放松，一世安生。人的一生在价值的意义上，就是自我成就的过程，自我的成就，时时伴随着自我的拯救，拯救就是成就，不拯救就不能成就。实际上还可倒过来讲，就是人生的成就，就是完成了自我的拯救。请大家不要误解我刚才使用的成就的意思，我这里所说的成就，是生命的发现、自我呈现和自我实现的过程，不是某种事情的完成或者某种事业的成就。什么事业最伟大？生命自我成就的事业最伟大。客观上的一点小小成功，比之生命的自我成就来说，无论多大，都太小太小。庄子说，人生之在天地间，正如小石小木之在大山也。庄子是在讲人生的渺小，我现在讲的是人生的伟大。面对人生的伟大，一点事功的成就，真如小石小木之在大山也。世界原本应该清明，但实际总是那么混浊，虽然不同历史时期表现轻重程度可能不同，但在本质上都是混浊的，只有真实的生命才是亮丽的，生命在混浊的世间被污浊了，怎么办，努力使它澄清过来，重新使它亮丽起来。这就叫做拯救生命，生命得到拯救，世界也就得到了拯救。拯救生命不仅是自我的行为，而且更是对于这个世界的责任意识的表现和对于历史文化的责任情怀的表达。

船山先生清醒地认识到孔子“诗教”的伟大意义，指出：“圣人以《诗》教以荡涤其浊心，震其暮气，纳之于豪杰而后期之以圣贤，此救人道于乱世之大权也。”人要不甘于平庸和琐细，要能自我振作起来，通过自我激励而振奋精神，立下高远的志向，用这种志向指引自己，走向生命的自我拯救和自我完成之路。

船山先生认为，圣人以《诗》行教的要义，就在于使人首先振作起来，先朝向豪杰的方向努力，最后再走向圣贤——人生的最终成就地。船山先生把人生分成普通人、豪杰和圣贤三个阶段。什么是豪杰？船山说：“能兴，即谓之豪杰。”什么叫能兴？我的理解就是不堕于世俗生活中与之相浮沉，不囿于世俗的愚见内而与之相表里。能乘时而起，振奋自己的精神，提升自己的品质，给自己的生命一个有意义的指向，成就宏大的事业。这就叫做能兴,这样的人就是豪杰。船山以为，从庸庸碌碌的生活中走出来，先成为豪杰，这是圣人“以《诗》教以荡涤其浊心，震其暮气”的结果，也是使人走向圣贤的必经无绕的路径。必须通过豪杰，而后方能走向圣贤。

在普通民众的心目中，豪杰就是这个世界上最了不起的人了。所以你若问普通民众历史上什么人最伟大，他就会毫不犹豫地说某某皇帝、某某宰相、某某将军、某某官员，甚至某某豪侠。这一认识来源于社会普遍的以事功为人生成就的基本事实，不懂得人生本身的成就远远高于人生中的客观成就。

豪杰与圣贤到底有怎样的差别？豪杰之力量出在气上，圣贤的力量来自生命的至深处，或者说来自性命。来自性命者正大，来自气质者褊狭。所以，船山先生真是远见卓识，必以圣人的“诗教”为先，目标是在“纳之于豪杰”，但却不能局限于豪杰，不能停留在豪杰的层面上，一定还要期之以圣贤。

孔子说：“人无远虑，必有近忧。”没有理想，就一定会被生活的琐事缠住，陷溺其中而不自知，久而久之，就会淹没在“数米计薪”之中，而以为这就是生活的意义所在，将田宅、妻子和禄位看得高于一切，一生的光辉就会彻底消尽，人生就会暗淡无光，生命的价值和意义就越来越与我们无缘。当今我们所处的时代，虽然经济已经比较发达，但是社会生活仍缺少活力，很多人只看到向钱的努力，看不到向前的努力，缺少向善、向义和向上的气息。许多人向往权、利，陷溺其中，迷而不返，正是需要用“诗教”来醍醐灌顶。若不及时警醒，久而久之，人们就会忘记自己是人的事实。孔子以“诗教”导人立志，真是用心良苦而深远，这份超越时空的恩惠，不知道今天的中国人还愿不愿接受，能不能接受得了。

（二）音乐的感化——尽美矣，又尽善也

我可以负责任地讲，孔子是一位很厉害的琴师，同时也是一位优秀的歌唱家，并且还是一位杰出的音乐理论家和音乐评论家。现在我就给大家举几个例证：《宪问》篇中有："子击磬于卫。有荷蒉而过孔氏之门者，曰：'有心哉，击磬乎！'既而曰：'鄙哉，硁硁乎！莫己知也，斯己而已矣。深则厉，浅则揭。'子曰：'果哉，末之难矣！'"这是说孔子擅长打击乐。而《史记·孔子世家》则称："三百五篇，孔子皆弦歌之，以求合《韶》、《武》、《雅》、《颂》之音，礼乐自此可得而述。"这是孔子擅长弦乐。孔子还会吹埙，这是吹奏乐。孔子是乐器演奏的全才，各种乐器无不通晓。孔门弟子也都善于琴瑟，子路、曾点等，不一而足。

孔子不仅能够演奏各种乐器，而且还对音乐的表现力和表现方式有深刻的理解。《八佾》记载，孔子曾经告诉鲁国的宫廷乐官说："乐其可知也：始作，翕如也；从之，纯如也，皦如也，绎如也，以成。"音乐艺术的表现力，是需要通过乐曲的起伏、起终等具体进行过程来实现的。开始的时候，就非常盛大和谐，紧接着虽然进入高潮，却依然和谐，然后是平和舒缓，绵绵不绝地结束下来，却依然余音袅袅，余韵清纯。因为礼崩乐坏，所以鲁国的乐师都得问询孔子，孔子对于礼乐的了解程度，由此不难想见。《泰伯》篇还记孔子的话说："师挚之始，《关雎》之乱，洋洋乎盈耳哉。"这里的"乱"，是错落有致的意思，不是杂乱无章的意思。"乱"字在汉语中，既有表达混乱的意思，又有表达不混乱的意思，《论语》中还有相关的证据。《泰伯》篇中说："舜有臣五人而天下治。武王曰：'予有乱臣十人。'孔子曰：'才难，不其然乎？唐虞之际，于斯为盛，有妇人焉，九人而已。三分天下有其二，以服事殷。周之德，其可谓至德也已矣？'"舜有五个能臣，就把天下治理得井井有条，周武王说，他有十个能臣，孔子说：人才难得呀！这里的"乱"，不是乱的意思，而是治的意思，与乱正相反对。"《关雎》之乱"是指《关雎》谱成的曲调和谐优美，既出人意料，又合于情理，是对《关雎》乐曲的杰出的音乐表现力的赞美。

从《论语》中可以看到，孔子最欣赏的乐曲还是《韶》乐。

《八佾》篇记载："子谓《韶》：'尽美矣，又尽善也。'谓《武》：'尽美矣，未尽善也。'"《韶》乐，是孔子心目中最高最完满的乐曲，《述而》篇记载："子在齐闻《韶》，三月不知肉味，曰：'不图为乐之至于斯也。'"说孔子到齐国去，听到了《韶》乐的演奏，完全融进了乐曲表达的艺术境地之中，以至于很长时间都不知道吃肉的味道。我必须告诉大家，孔子是喜欢吃肉的，所以他收学生的时候，都要叫他们拿十条干肉，表达拜师的诚意。如果一个不喜欢吃肉的人，评判某种音乐，说它味同嚼肉，那就等于说是味同嚼蜡了。孔子说："想不到音乐的表达，竟有如此的效力。"

孔子将《韶》乐当做尽善尽美的典范，看来也是有一个过程的，否则就不会在齐国听到时，才有那样的忘我的感觉。起初时，觉得《武》乐已经相当不错了，自打听到真正的《韶》乐演奏之后，便又有了新的认识。这一点正好可以表明，音乐的艺术表现力是无限的。德国的艺术史家格罗塞在《艺术的起源》中，也曾说到"音乐是世外的玄响"的话语。孔子对音乐的力量是有超越一般人的特殊认识的。《韶》乐究竟是一种什么样的音乐？有人认为，《韶》乐是大舜当年南巡的时候，走到韶山在那里发明并演奏出来的。小平同志也曾南巡，那是"一九七九年，那是一个春天，有一位老人在祖国的南海边画了一个圈"。小平一个圈，圈出了一个现代化的国际大都市——深圳。什么叫"巡"？巡，就是巡狩，巡狩就是巡守，巡所守的意思，就是检察地方官员履行职守的情况。与此相对的还有"述职"，述职就是述所职，就是地方官员到中央去，向皇帝汇报行政、理民的工作情况，也就是履行职责的情况。"巡狩"和"述职"都是周朝就有的制度，不是什么新创。就像《毛主席语录》，很多人到现在还以为《语录》作为文学体裁，是"文革"时代的新创。我过去在某大学教书，有人偶或看到我在看《二程语录》，就说："原来语录是他发明的。"实际上《论语》就是《语录》，还要等到二程吗？

《韶》乐究竟是一种怎样的音乐？它显然应该是用优美的音乐形

式包括曲调等，传达政治伦理教化的内容，不能把它简单看做是音乐形式优美的典范，否则孔子就不会那样推崇它。尽管它所传达的政治伦理的教化内容，一定不是专制的，因为那个时候专制主义还远远没有到来。但是同样有个人崇拜的内涵，即对尧舜的人格和德政的赞颂。也只有这样的乐曲，才会被孔子认定为“尽善尽美”的象征。

《子罕》篇还记录孔子的话说：“吾自卫反鲁，然后乐正，《雅》、《颂》各得其所。”这正是司马迁所说“三百五篇，孔子皆弦歌之”的根据。孔子将《诗》三百五篇都谱成了乐曲，并且又都加以演奏，这仅仅是孔子的艺术能力的表现吗？不是的，孔子之所以这样做，不是为了显示自己的音乐才能，而是为了用这种借助音乐表达出来的《诗》，来实现伦理教化的目的。美的形式是为善的内容服务的。有关孔子用音乐实施教化的情况，《论语》中是有很多记载的，《阳货》篇记载，孔子到武城去，武城是个很小的地方，孔门弟子言偃当时正在那里主持政务，每天都用演奏音乐的方式，实施伦理教化。孔子听到了弦歌之声，不禁“莞尔而笑”，说：“割鸡焉用牛刀？”言偃回答说：“昔者偃也闻诸夫子曰：‘君子学道则爱人，小人学道则易使也。’”孔子赶紧接住言偃的话说：“二三子！偃之言是也。前言戏之耳。”孔子觉得这么个弹丸之地，有必要动用这么大的干戈吗？言下之意是，平时多告诉他们两次就有了，没必要非用音乐来教化。子游听了孔子的话，马上接着说：“从前我听您老人家说过：‘站在统治地位上的人，如果学习道，就会更加爱护百姓，不再横征暴敛了。要是普通百姓学了道，就不会轻易犯上作乱了。’”孔子马上改正说：“言偃说得对呀！各位，你们就把我刚才说的话当成玩笑好了。”我在这里必须提醒大家注意，我把“前言戏之耳”翻译成了：“你们就把我刚才说的话当成玩笑好了。”请大家注意，至少一半的版本，都简单地翻译为：“刚才我是在开玩笑。”这两种翻译一样吗？不一样，其间有原则的差别，不能轻易等同或者简单放过。否则，将会造成严重的误解。何以见得？有些同学可能熟悉《三国演义》，《三国演义》中的曹操就经常使用类似的语言。《三国演义》第十九回“下邳城曹操鏖兵，白门楼吕布殒命”，写吕布手下大将张辽不屈，曹操想要杀掉他，刘备和关羽为张辽说情，说他是个忠义之士，曹操马上改口说：“吾亦知文远忠义，故戏之耳。”这里的“故戏之耳”，完全是临机改变态度的托词。这和孔子的“前言戏之耳”，不能作相同的翻译。孔子是认识到自己刚才说得不对，曹操是掩盖自己刚才说话的实情。这就是豪杰和圣人的区别，是奸雄与君子的迥然相异处。如果将孔子的“前言戏之耳”当成与曹操的“故戏之耳”一样的表达，就是等同圣人与奸雄，不是抬高了曹操，而是厚诬了孔子。这不是简单的文字解释的问题，而是重大的原则分歧问题，是诚实地改正错误和奸诈地掩饰错误的问题。“山人不打诳语”，连道士都不说谎话，何况圣人？圣人高于豪杰，不仅在于传教大于事功，而更在于内质之美。美的内质，无不能成就伟大的事功，所以才说“有豪杰而不圣贤者，未有圣贤而不豪杰者也”。

孔子用音乐进行教化，目标在建立人道的政治和仁爱的伦理，不在于单纯地实施音乐教育本身。孔子实施音乐教育的目标，更不是为了让学生们学会简单的音乐技能，像现在的年轻的父母们一样，把孩子东送西送，今天让他们学钢琴，明天让他们学古琴，后天让他们学小提琴，弄得孩子应接不暇，疲惫不堪。技能对于人生并不重要，除非成为专业的琴师，否则，专门的技能培训是没有更多的意义的。用这种没有实质意义的技能填充孩子的心灵，占用孩子的时间，剥夺孩子玩耍的权利，取消他们天真的自由，严重点说，这是父母在犯罪。因为自己从前缺乏各种音乐、书画等艺术性的教育，加上手头宽裕，就不知道怎样对孩子好了。所以就让孩子们连续不断地去学这学那，他们用孩子来重演自己的人生，这是很残酷的，也是收不到想要的效果的。

技术永远都服从于目的，这是不用论说的道理。那么这些父母为什么还要这样做？他们的人生都没有目的，还想让孩子有目的吗？当然，孩子是可能有目的的，但不是从他们那里学到的，或者被他们感染而生发出来的，是外在的环境所诱发，或者被他人感染而产生的。庄子在《养生主》中讲过“族庖”、“良庖”和“庖丁”的差别，读不懂的人可能以为三者之间的差别在于技术的熟练程度不同，实际上庖丁是在无意识地按照目的而行，所以境界高远，技艺也高超，而另外两者还只在技术的低级层面上徘徊。技术如果不服务于目的，它就没有意义。所以，与其让孩子学这学那，不如感发孩子的志意，用自己的有目的的行为感染孩子，使孩子受到心灵的感召。技术性的东西如果需要，他就会按照自己的目的去学习。不要把孩子从小就淹没在技术中，使孩子成为技术的奴隶，长大以后，由于技术在内心中的自我压迫，反倒不易产生出理想的目标来。

孔子用音乐教人，不是为了技艺，技艺只是服务于政治伦理教化的目的。当然，我在这里必须强调，孔子的政治伦理教化，不能简单地理解为为专制政治和奴性伦理作说教，孔子向往的政治，是人道主义的政治，孔子所要重新建立的伦理，是人性化的伦理。当然，因为他所处的时代的原因，其中不可能没有对于等级制度的维护之类的内容。如《八佾》篇中的“八佾舞于庭，是可忍也，孰不可忍也！”“八佾”是周天子的规格，就是八八六十四个女子一起伴随音乐舞蹈。诸侯只能享用“六佾”，诸侯国里的大夫只能享用“四佾”。季氏只是个鲁国的大夫，本来只能享用“四佾”，却以“八佾”为规模，这显然是僭越，太过分了，所以孔子说这是不能忍受的。一般的解释都以“佾”为八人一行的意思，我以为“佾”可能指方阵更适当些。这样的话，就是指天子可以享用八人方阵的舞蹈，诸侯则享受六人方阵，大夫四人方阵，普通士人只是两人方阵，也就是四人舞蹈。这样似乎更显得合理，一方面等级分明，另一方面也不太铺张，一个普通士人如果可以享用二八一十六人的两列舞蹈，既不整齐，也有点太过分，恐怕也没有这么大的地方，似乎不很合乎情理。当然这不是我个人的想法，《汉书》的作者班固就持这种看法，虽然后世有批驳的意见，但是我觉得他说的有道理，更近人情。

孔子不仅对于礼乐上的僭越行为表示坚决的反对，而且对不健康的音乐，同样采取拒斥的态度。《卫灵公》称："颜渊问为邦。子曰：'行夏之时，乘殷之辂，服周之冕，乐则《韶》舞。放郑声，远佞人。郑声淫，佞人殆。'"这段话是什么意思？就是用夏代的历法，用商朝的车制，用周朝的礼仪，乐舞则用大舜时的《韶》乐。为什么要"放郑声，远佞人"？因为"郑声淫，佞人殆"。什么叫"郑声淫"？这个问题很复杂，但是简单地说，就是以郑国（可能还有卫国）兴起的新的"流行音乐"或者"通俗唱法"为"淫声"。什么叫"淫声"？这个问题同样不简单，但是我可以尽量简单地告诉大家，就是感情表达过分，欲望显现过于明显，听了以后会使人沉溺不起，人生从而无力，社会从而缺少活力和生气。它不优美吗？不是，可能还很优美，否则就不会有震撼力，就不会使孔子感到那么紧张，一定非要舍弃掉不可。当然，这里需要提醒大家一句，这里的"郑声"虽然不能不与现存《诗经》中郑国的国风有相当的关联，但却不是直接指这些诗，否则孔子删订《诗》的时候，就不会保留。大约是已经被从典籍中删除掉的郑风中的一部分，但是当时依然在社会上流行的乐曲。性质类似于我们今天的"流行音乐"和"通俗歌曲"，但比这些东西更有艺术美感，现在许多的"流行音乐"和"通俗歌曲"远远没有民歌的艺术效力大，这些东西正在越来越走向简单化、平面化、平淡化、平庸化，艺术美的内涵越来越稀少，美的味道越来越稀疏。但是这些东西在今天社会中的作用，却依然如同郑声之在孔子的时代一样，不可小视。

《国语·晋语》中有一段话语，可以帮助我们进一步理解孔子所说的"郑声淫"。"平公说新声，师旷曰：'公室其将卑乎？君之明兆于衰矣！夫乐以开山川之风也，以耀德于广远也。风德以广之，风山川以远之，风物以听之，修《诗》以咏之，修礼以节之。夫德广远而有时节，是以远服而迩不迁。'"三国时人韦昭注《国语》称："新声者，卫灵公将如晋，舍于濮水之上，闻琴声焉，甚哀，使师涓以琴写之。至晋，为平公鼓之。师旷抚其手而止之曰：'止，此亡国之音也。昔，师延为纣作靡靡之乐，后而自沉于濮水之中，闻此声者，必于濮水之上乎！'"

这段话翻译过来就是：晋平公喜欢新兴的音乐，师旷为此而发表议论说："晋国将要衰落了。……音乐要既合时宜，同时又有节制，才能将德政传达到四面八方。距离远的不会离心离德，距离近的，也不会逃离而去。"这里的"远服而迩不迁"，跟《论语》中孔子所说的"近者说，远者来"是同样的意思。而三国韦昭所注，则更明确地把晋平公所好的新声，同商纣王沉湎而亡国的靡靡之音等同起来。这里的所谓"新声"，就是郑、卫之间新兴的流行音乐，因为在郑国特别流行，所以就叫"郑声"。这种音乐一旦流行起来，人心就会萎靡不振，社会就会怠惰不伸。

"放郑声"，是净化社会空气；"远佞人"，是崇尚正直的做人原则。"放郑声"，不是取消感情，而是要代之以正当的和正大的情感。《八佾》篇中还有："《关雎》乐而不淫，哀而不伤。"这不仅是对《诗》的评价，也是对乐的评价，是对诗乐一体的《关雎》的评价。《关雎》就是正当与正大的情感表达的音乐典范。

孔子不仅善乐，而且善歌。

《述而》篇中有以下两段话语，表示孔子与歌的关系："子与人歌而善，必使反之，而后和之。"孔子要是听到谁的歌声好听，就让他重新再唱，然后自己跟着唱。孔子即使在周游列国受困陈蔡的时候，依然"讲诵弦歌不绝"，音乐和歌声不只是孔子教化的工具，而且也是身处困境时的安慰，这种安慰不仅是被动的消遣以解除烦闷，而且也是正面的激励，用乐音来激励自己坚持下去，坚守下去，坚定不移地按照自己崇高伟大的理想走下去。任何世俗的邪恶力量，都无法使他放弃人生的理想而走向恐惧、颓废和自我沉沦。孔子每天都在演奏，都在歌唱，都在演唱，他用音乐和歌声表达生命，礼赞生命，音乐是孔子对生命的崇高无比的礼赞！他的生命在音乐中升华，他把音乐融入了自己的生命，他的生命就是宇宙间最崇高、最优美的音乐！

但是，孔子也有不唱歌的时候，“子于是日哭，则不歌”。为什么不歌唱了，因为太悲哀了，唱不出来了。悲哀原本也是歌唱，是另外一种形式的歌唱。鲁迅有“长歌当哭”的说法，孔子则用生命证实了“痛哭亦歌”的事实。真情的痛哭，原本就是最优美的歌声，歌与哭都是对生命中最真挚、最深沉的情感的真实表达，都是生命在遭受幸与不幸的时候的内在情感的自然流露，两者不仅是相通的，在最深的根源处，原本是相同的！没有真情的人不会唱歌，没有真情的人也不会痛哭。只学会一点演唱技法的“啊啊啊”，那不是唱歌，那是在演练技术！这样的歌声，唱得再合乎规则，最多也只是歌匠，而不会是歌唱家。孔子不仅有的时候不歌唱，甚至有时连饭都吃不进去：“子食于有丧者之侧，未尝饱也。”为什么会不歌不食，自己有苦，人家有难！只有饱含人道主义情怀的孔子，才会怀有如此的同情，才能因为他人的苦难而动心动情，被感动，受感染。真正的同情来源于对同类的由衷关怀和深挚爱恋，这是伟大的人道主义者才具有的感天动地的情怀！只有真正具备人道主义情怀的人，才能有如此的真性情，没有真正的人道主义情怀的人，是不会有真性情的。我们时下经常有人称道别人说，“他是性情中人”，殊不知性情中人的意思，不是任性、任情又不愿受束缚的人，只有内心充满真正人道主义情怀的真正的、信实的人，才是真正的性情中人！

我见过一些参加别人家葬礼的人，在送走逝者之后，马上入席，狼吞虎咽，好像逝者之去，为他提供了一次难得的肥肠饱腹的机会一样，全然没有一丝怜悯！我不知道这些人怎么会活成这个样子，是什么东西使他们活成了这个样子？

孔子用音乐来实施政治伦理教化，音乐是他教育人的重要手段和方法。现在，我们已经不懂“寓教于乐（yuè）”了，以为是“寓教于乐（lè）”了。当然，这样的说法也无可无不可，因为“乐（yuè）”既为“导和”而设，“和”则“乐（lè）矣”。可能有人会问：“那悲怎么解释？”悲既是心中之不和，发抒悲愤和表达悲怨的歌曲，乃是对不和的驱除，最终要达到和的目标；同时也是心中之和的表示。大悲大喜都是因人生遭遇所导致，人生的遭遇很难说是不和，平淡的生活是和，起伏不平的人生同样是和。不能简单把平和叫做和，而将悲愤与幽怨解成不和。人的幽怨与愤懑，都是遭遇的结果，遭遇的平淡无奇与愤激不平，都是和人的性格有直接关联的，不同性格的人对于遭遇的感受力不同，不同的遭遇对于不同的人的作用也不一样。所以孟子说：“天之将降大任于斯人也，必先苦其心志，劳其筋骨，饿其体肤。”这是对“大人者”而言，因为只有具备成为圣贤的内在品质的人，才能做到“贫贱不能移，富贵不能淫，威武不能屈”。他的生命力强大、坚韧，所以才能承担得起“天之大任”，对于普通人，受一点苦就满世界号叫，就精神失常，就自寻短见。他们不懂得这是人生的常态，也是天为了造就你成才所作的铺垫，没有经受过苦难的人生是肤浅的、寡淡的和乏味的。当然有人会说，老师我就不想受苦，我只想享乐。那我就真的没有办法了。我既不能满足你的衣食，又不能保证你一生都不受苦。饱食终日，无所用心，你自己就这样“骑毛驴看唱本”，慢慢走，慢慢瞧吧！

孔子把音乐教育，从单纯的乐师职业教育中分离出来，引入伦理教育的领域，创造了以音乐诱发伦理意识和用音乐表达政治理想的崭新范式。用音乐来实施政治伦理的教化，只是孔子的音乐教育的具体方法和现实功用，孔子和音乐的关系，这也只是其中一项，尽管很重要，但还不是首要，首要的是孔子用音乐来表达生命，他的生命已经完全音乐化了。

也许人生中最深挚的感受，道德修养的最高境界和人与人之间的感情与友爱的最深的默契，都必须用音乐，也只有用音乐才能表达。据说孔子在临终前七日，还拄着拐杖在屋门前用民谣的声调唱了一首悠扬哀婉的歌曲："泰山坏乎！梁柱摧乎！哲人萎乎！"预感到生命将终而泪流满面，充满了对人世的眷恋与不舍。这不是怕死，圣人早就看透了生死，生死寻常事。孔子的临终悲歌，只是眷恋，只是不舍。因为人间美好而眷恋；因为自己伟大而崇高的理想没有实现而不舍。他还有很多未竟的事业呀！

孔子将诗教与乐教融为一体，他用《诗》来激发学生的理想和热情，他所进行的教育是诗化的教育，而不是为了诗的教育。孔子用音乐来辅助伦理的教化，同时又用乐来陶养性情。他的乐教的目的，也不是为了音乐的教育，而是音乐性的教育。他的目标，并不在于让受教育者学会写诗或者学会演奏、歌唱之类，而是使学生们在愉快的状态下，接受伦理和境界的陶养。

诗教和乐教都是为了人生的教育，包括教育本身也是为了人生的。离开人生，教育将没有意义，《诗》经和《韶》乐，也会因为无所附着而失去价值。正是皮之不存，毛将焉附！诗乐联合，既是孔子实现教育目的的绝等手段，也是孔子人生境界的艺术表达。这是一种真正的天人合一，是最崇高之善与最完满之美融而为一的人生之理想与艺术的境界！

五、孔门弟子述略

在孔子之前，中国不是没有教育，但却只有贵族的官方教育，没有平民化的民间教育。孔子创办私学，开创了中国历史上民间教育的历史先河。

孟子说：“在国曰市井之臣，在野曰草莽之臣，皆谓庶人。”庶人就是普通百姓。生活在国都里的和直接从事农业生产劳动的都是庶人。

在过去的时代里，普通民众和贵族之间是有严格的等级界限的。孔子之前，平头百姓是没有资格和权利接受教育的。我们现在的孩子们不懂，受教育是一种权利，接受教育的过程，是享受权利的过程，是幸福的过程。当然大家对上课感到厌倦，这是另外的问题，导致这种心理的原因自然不单在学生，还有社会的风气，教育体制包括课程设置不合理等问题，还有教师的水平和用心的问题。但是有一点是明确的，就是如果自己不想学习，不愿意学习，那就是放弃自己的权利，不尊重自己。我在不久前看到一个材料，这个材料的详细情况和出处我已记不清了，这份材料说，从 1977 年恢复高考以来，中国各级各类学校已经培养了六百多万研究生，博士毕业生也已接近百万，本科生那就更不计其数了。这个数据太吓人了！这是一个什么情况呢？我讲《论语》，说这个情况干什么呢？我主要是要强调我们有受教育的机会和权利！尽管大家并不觉得这是一种福分，并不自觉这对于我们是一种天赐、恩德，但是中国历史上的平民子弟是很少能够有权利和机会接受教育的。在历史上首先打破教育被官府所垄断、教育权利被贵族独占的局面，使得平民百姓有受教育的机会的，是最伟大的教育家、中华民族的精神导师——孔子。孔子一生教育了很多弟子，司马迁给孔子的弟子写了一个传，叫做《仲尼弟子列传》，这个传列的实际人数很有限，但是司马迁却说，传孔子有三千弟子，其中身通六艺者七十七人。另外，《孔子家语》中也说孔门弟子中最优秀的有七十七人。宋大儒朱熹作《孔庙图》，只列七十二人。孔子的这些弟子，分别来自当时的很多诸侯国，教育面相当广泛。

司马迁说，孔子以六艺教。六艺是孔子教人的六门课程或者六种内容，是指礼、乐、射、御、书、数。礼，就是礼法，包括宗庙和家庙的祭祀之法、出兵之前的祭祀活动、祭天祭地等，还有跟人相处的基本礼仪；乐，就是音乐；射，是射箭，简单的军事和体育训练；还有御，就是考驾照，那时候没汽车，只能赶马车；书，可能就是识字和写字课，因为如果要是《尚书》的书，前面就该有《诗》和《春秋》之类；数，就是算术课。我们现在的老师开不出这些门课程啊，因为我们没有孔子伟大，他太了不得了，什么都懂，什么都精通。当然，更不得了的是，如果没有孔子兴办私学，那些“市井之臣”和“草莽之臣”及他们的子弟就不会具有受教育的资格和可能！孔子兴办教育，才使得普通民众和他们的子弟得以接受教育。

我先给大家讲孔子的教育效果和兴办私学的意义，至于他的主要教育观念，还要另外讲一次。

首先我们来看孔子教育的对象。孔子教育什么人呢？谁都教育，这叫做“有教无类”。我不管你是贵族还是平民，不管你是天生很聪明的还是脑袋缺根筋的，你只要到我这儿来，我就会按照不同的情况实施教育，这叫做“因材施教”。各人有各人的收获，高智商有高智商的收获，愚笨的有愚笨的收获，“他能给勇敢者以智慧，也能给善良者以收获”。这是孔子教育的一个基本原则。但是如果你天生痴呆，孔子也没有办法，那是医生的责任。孔子不收学费，但是要点见面礼儿，以示教育的尊严并使被教育者正视受教育的事实，不要视同儿戏。“自行束脩以上，吾未尝无诲焉”。什么意思？每个学生都得给孔子送点见面礼，拿十条干肉，说老师我来跟您学习，表示一点诚意。不像我们今天一些学生，打电话来：“你是那个王老师么？我那课为什么给我一个 F？”你自己得了 F，怎么是我给你的？我还没问你怎么给我得了个 F 呢！孔子的学生没有这样讲话的啊，他没有这样的学生。

现在我们来看看孔子教育的直接效果。有关这一点，《论语》

有相关的记载，当然还有其他历史资料，不单单只是《论语》。

我在“孔子的教育成效”中列了这么几条。第一条是《论语》中的话：“柴也愚，参也鲁，师也辟，由也喭。”这是孔子评价自己四个学生的性格和天资的情况。他们后来都成为贤达了，原来是什么样子的呢？柴，姓高，叫高柴，高柴这人呢，愚笨，蠢。孔子不客气啊，我们现在老师不敢这样说学生，蠢就是蠢，没什么不敢说的，这体现老师跟学生关系好呀，也负责任。不敢批评，整天夸你，你有那么好吗？老师这样对待你，你会有真正的收获吗？纵容学生不是好老师，孔子不纵容学生，他是好老师。第二个是曾参，曾参啊，迟钝。就这样一个人，最后被孔子培养成孔门的真正继承人。据说《礼记》中的《大学》还有《孝经》都是曾子所作。“师也辟”，师是颛孙师，也是孔门大弟子之一，又叫子张。孔子说他这个人偏激，问问题喜欢往深尖偏处钻，容易陷入狭隘，认死理儿，不宽阔，不通达。但是后来经过孔子的教育，子张进步很大，成了孔门的名弟子，在社会上和同门中都享有很高的声望。“由也喭。”由是仲由，就是子路，也叫季路，喭，就是粗俗。这几个人的性格和天资都是有不同的褊狭，今天的话叫做“问题学生”，但是最后都被培养成材，你看，孔子的教育水平多高哇！经过孔子的教育，孔门弟子都有很大的长进，《先进》篇有这样的说法：“德行：颜渊、闵子骞、冉伯牛、仲弓。言语：宰我、子贡。政事：冉有、季路。文学：子游、子夏。”就是说论德行，颜渊、闵子骞、冉伯牛、仲弓好；论言语，讲辞令，就是宰我和子贡，讲话有条理、有逻辑，既得体又不过，口才好；论政事，就是处理国家的政事，冉有和季路是行家里手，子路尽管有缺点，但却是杰出的政治家；论文学，不是我们今天中文系、文学院的文学，而主要是指文献学，也不是今天文科划分的文献学，就是古典的、记载历史的文献，在这方面，子游和子夏厉害！这是孔子教育培养的结果，通过孔子的教育，这些学生有这么大的发展，取得了这么杰出的成就，可见孔子确实是了不起的教育家，真会教育人呢！

下面咱们再来看看“四圣十二哲”，也就是供奉在孔庙中配享的先贤。他们在现在孔庙中的牌位，清朝乾隆年间就已经定下来了，一直到现在也没有大的变动。孔庙中配享孔子的四圣，分列在两边，有两位是孔子自己直接培养出来的，颜回和曾参，颜回是“复圣”，曾参是“宗圣”；然后是孔子的孙子，曾参的学生，孔伋，就是子思，是“述圣”；然后是子思的学生，或者子思学生的学生——孟子，是“亚圣”。四圣以外，孔庙中配享孔子的还有十二哲，原来十哲，后来加了一个朱熹，再后来又加了一个有若，这些先哲大都是孔子嫡传学生，只有一个例外，就是宋代大儒朱熹。除了朱熹以外，其他十一位都是孔子门下的弟子，孔子直接教出来的学生，这些人都十分优秀，所以才能配享孔庙。孔门教育的成效由此可见一斑。

下面我结合具体情况，来给大家作进一步的分说。

子路

先看子路，上面讲的“由也喭”和“政事……季路”，讲的都是这个人。我们先来看看他是怎样一个人，司马迁《史记》里记载，这个人比较暴躁，身体好，武力强，练过拳，曾经欺凌、暴虐过孔子，后来觉得孔子不错，就决心拜孔子为老师，跟随孔子习艺学德。子路有勇力，孔子教育他光有武力不行，中国人不崇尚武力，崇尚文治和道德。子路一开始还不完全服气，有一次孔子带他去一个地方，想杀杀他的威风，治治他的傲气。师徒行进到一个前不着村后不着店的荒僻之野，孔子说：“我渴了，绕过这座山有一条河，你给我打点水来。”子路去打水，正好遇到一只老虎在河边喝水，老虎想吃子路，子路英勇无敌，比武松还厉害，没喝酒就把老虎打死了。打死以后他心里就犯了合计，都说孔子通神，有非凡的预见力，预测很准，说什么是什么，莫非故意捉弄他，还险些使自己丧命。这老头儿明知道河边有老虎，还叫我去打水，这不成心坑我嘛！看我回去怎么跟他算账！子路恨恨地把老虎尾巴割下来，揣在怀里，转身回去跟孔子算账。回来后，一看孔子仿佛无事一般，子路更生气了，没好气地问孔子道："上士杀虎如之何?"上等人杀老虎怎么杀？孔子说："上士杀虎，持虎头。"上等人杀了老虎把他的头割下来拿回来。"中士杀虎如之何?"中等人呢？"中士杀虎，持虎耳。"中等人杀了老虎把耳朵割下来拿回来。"下士杀虎如之何?"那下等人呢？"下士杀虎捉虎尾。"下等人嘛，勉强杀了老虎，却只把它的尾巴拿回来了事。嘿！子路这气，我差点把命丢了，还只是个下等人和下等杀法。

子路忍不住，趁孔子不备，回头捡起一块扁平的石头欲往孔子后脑上比划，孔子回转身体，子路赶紧把石块揣进衣襟，恨恨地问孔子道："上士杀人如之何?"现在咱们不论杀虎，改说杀人了。孔子说："上士杀人使笔端。"写篇文字揭穿你，羞辱你。自杀吧，隐藏不住了，无法得逞了，能受得起这份羞辱吗？像骆宾王的《讨武曌檄文》和陈琳的《讨曹檄文》一般，比战斧式巡航导弹更有杀伤力！武则天和曹操一看，差点就地昏死，没脸见人了。各位看过《三国演义》吧，陈琳为袁绍起草了一篇讨曹操的檄文，文辞犀利，曹操一看，"啊"地一声，头风病犯了，差点丢了性命。这是上等人杀人的手段。子路又问："中士杀人如之何?"孔子说："中士杀人用舌端。"当面数落你个无地自容，就像《三国演义》中诸葛亮骂死王朗一样。王朗当年自诩多能，在曹真面前许下诺言，要说降诸葛亮。王朗以"顺天者昌，逆天者亡"为依据，大出妄言说曹魏带甲百万，良将千员。说以西蜀"腐草之萤光"，怎么能比得上曹魏"天心之皓月"？劝说诸葛亮"倒戈卸甲，以礼来降，不失封侯之位"。王朗如此年迈，担此不当担也担不了的大任，出此凡庸无识的话语，被诸葛亮当场抓住要害，回言一击，击中要害。诸葛亮指责王朗身为汉朝"大老元臣"，当此"庙堂之上，朽木为官，殿陛之间，禽兽食禄；狼心狗行之辈，滚滚当道，奴颜婢膝之徒，纷纷秉政"之际，理当匡君辅国，安汉兴刘，不应反助逆贼，同谋篡位！

诸葛亮痛骂王朗"罪恶深重，天地不容！天下之人，愿食汝肉"！咒责王朗谄谀，说像他这样的贪禄弃君、见利忘义之人，只配"潜身缩首，苟图衣食"，怎么敢跑到两军阵前，妄称天数，蛊惑军心。这样一个不忠不孝的人，虽皓首仍是匹夫，便苍髯犹是老贼，何面目生于世间，死后也无颜面见汉代二十四位帝王于九泉！王朗被诸葛亮骂得气满胸膛，大叫一声，撞死于马下。这是《三国演义》第九十三回的说法，这就叫做"舌端"杀人。子路又问孔子："下士杀人如之何?"那下等人怎么杀人? "下士杀人怀石盘。"没人家上士和中士的水平和能耐，就只能拿块扁石头砸人了！咳！把子路气得差点昏死过去！这是孔子使用的中士杀人之法。气归气，这一下子路是彻底服透了！就这么一个人，性格如此刚烈不屈，后来站立在孔子旁边怎么样了呢? 《论语》说是"行行如也"。还是那么倔强，但是已经不是单纯地任气了，内中增添了刚直不阿的内容，不过还是表现为宁折不弯的样子。他的性格太刚毅，俗话说江山易改，禀性难移。所以孔子预言他："若由也，不得其死然。"意思是他必将死于非命，不能寿终正寝，这完全是由他自己生就难改的性格决定的。像子路这样，孔子知道必定死于太刚强，跟别人较劲，最后结局真是这样。

子路虽然鲁莽，但身上有很多优点，尤其在受到孔子的教育和感染之后，更是不同寻常了。孔子表扬子路，说他有尊严："衣敝缊袍，与衣狐貉者立，而不耻者，其由也与?"敝，意思是破烂，衣，穿着，缊，是旧棉袄里面掺一些新棉花所做的棉袄。意思是穿着破烂的旧衣，与穿裘皮大衣的人站在一起，不觉得自己低人一等。为什么? 有出息的人不比生活条件，比德行、贡献、声望、影响。各位会不会唱一首歌叫《大头皮鞋》，歌词说：爷爷穿着大头皮鞋参加了长征，又传给他父亲参加抗美援朝，这双踩过敌人的肚皮的皮鞋传给了他，他走在大街上看到："漂亮的先生小姐，穿着漂亮的皮鞋，很多还是进口货，来自日本美国。"他说自己穿着这双记载着前辈光荣传统的皮鞋：“走在繁华的大街，虽然有点不起眼，也要走出尊严。”子路就是这等人，不得了啊！能够这样做不是一件简单的事情，需要崇高的价值目标和蔑视流俗的勇气。

子路尚勇，见义勇为。真正的勇，一方面敢于有所作为，另外还要勇于不为。当然孔子没这么讲，我体会出来的，因为他批评子路的一些话语，应当包含这层意思，或者至少可以推导出这样的意思。孔子告诫子路说，光靠勇敢没用。子路问：“君子尚勇乎？”这是他的优点啊，跟其他同学比，他勇敢啊，有点绿林风格。虽然这样，但子路可不像李逵一样剪径！孔子说君子肯定尚勇，但“君子义以为上。君子有勇而无义为乱，小人有勇而无义为盗”。要知道为什么而勇，何种场合要勇，勇到什么程度更适宜，当然基本原则就是义，为义而勇，见义勇为，勇于为义，见不义勇于不为。

孔子说：“若由也，不得其死然。”这是对子路性格的了解，后来子路真如孔子预测那样死了，但是这次表现出了君子之风，死于义，而不是死于气。卫国发生动乱的时候，孔子预知子路死了。怎么死的呢？孔子描述了一番，后来噩耗传来，如孔子预测情形般死掉了。子路帽子掉了，但君子刚毅果敢，死了也要有尊严，死不脱冠，捡起帽子扣正，然后被射死了。子路死后，孔子很伤心，哭道：“天祝予！”就是天要断掉我呀！孔子说自打子路跟随我以后，“恶声不闻于耳”。孔子这一路周游列国，有很多人羞辱孔子，说你不是道德先生吗？弄成这鬼样子，吃没吃喝又没穿戴，有啥了不起？自从子路跟随孔子，再也没人敢这样讲话，怕子路揍他！

子路实际上成了孔子的私人保镖了！草莽工夫终于派上了崇高的用场。

子路家里原本很困难，经常跑到百里外弄点米，背回家来给父母亲吃。大家请看上面这幅图画。

这是《二十四孝》系列图中的《子路百里负米图》。描绘的就是子路从百里之外给年迈的双亲背米的情形，子路自己却只是吃糠咽菜。

后来子路当官了，不愁好吃好喝的，但是子路却没有从前那样快乐了，他说："现在我的生活好了，不必再为穷日子发愁，可是我的父母都不在了。可以使他们享福的时候，他们又不在了！如果能换取父母再生，我宁愿放弃今天的富裕和幸福。只要他们高兴，哪怕再苦再远，我还像从前一样跑到百里外背米，心里也高兴。现在再想过从前的苦日子都已经不可能了，想起这些，我的心里好难过呀！"孔子听到了以后，很感慨，也很感动，他赞扬说：子路真是大孝子呀！子路的成长，应该说是孔门教育的成功典范之一。

闵子骞

孔门中以孝著称的是闵子骞，叫闵损。大家看这幅图。

这幅图也在《二十四孝》图集中，叫做《芦衣顺母》。

孔子说："孝哉，闵子骞！"闵子骞母亲死后，父亲找了一个后

娘，生了两个孩子，后母虐待闵子骞，那两个孩子冬天穿的是棉衣，闵子骞穿的衣服里面装的是芦花、稻草之类，冬天冻得直哆嗦，他父亲出门的时候，闵子骞给父亲牵车，

冻饿难耐，倒在了地上。父亲生气，上前鞭打他。过去家长惩罚孩子的过失是很正常的事情，现在的家长都不舍得打孩子，这自然是好现象，但有时也过分溺爱，孩子有时还是需要打一打的，连医学上都讲，打孩子的屁股会增强他的反应能力。闵子骞的父亲拿鞭子抽打他，衣服被打破了，里面的稻草、芦花飞溅出来，父亲这才知道原来闵子骞受了后母的虐待。闵子骞的父亲盛怒难抑，坚决要把后妻休掉，闵子骞跪下来苦求父亲一定不要这样做，说："不休后母，只有我一人挨冻；休了后母，三个孩子都得挨冻。"父亲很动情，听了他的话，没有休掉后妻。后母听说了这件事，改变了对闵子骞的做法，家庭没有因此而破裂，而且很快建成了"和谐社会"。孔子听说了以后赞叹地说了一句："孝哉，闵子骞！""孝弟为本"，这是孔门的基础教育，闵子骞的做法，正是孔门教育的优异成效。

《雍也》篇有这样一段话语：季氏使闵子骞为费宰。闵子骞曰："善为我辞焉！如有复我者，则吾必在汶上矣。"鲁国的权贵季氏想让闵子骞做费城（今山东省费县）的宰臣，闵子骞不为官位和俸禄所动，司马迁说闵子骞，"不仕大夫，不食污君之禄"。洁身自好，宁肯清贫而坚守清白，真是高洁之士呀！像我们现在的很多号称知识分子的人，只要有利益、给钱，就像蚊子见了血、苍蝇闻到臭、鱼见了诱饵、狗见了骨头一样扑上去了，捞名捞利，还要捞权位，完全不顾脸面和尊严，哪管什么干净污浊？哪管什么该得不该得？这些人在真正的意义上，不是知识分子，只是读过书或者混到了文凭的谋食人。但是整个社会却把他们当成知识分子对待，侮辱圣人之教，玷污士林，败坏世风，更加助长了整个社会无廉耻的恶势。他们的所谓文凭和职称以及各种荣衔，只是饭票或者餐券而已。当然，这其中确实还是有为了科学研究而争取课题的情况。

闵子骞的坟墓就在现在的山东省济南市，山东大学边上的一条马路现在就叫"闵子骞路"。

曾参

孔门中第三个孝的典范，就是著名的曾子，《二十四孝图》中也有专门的描述，叫做《啮指痛心》。

俗话说，“母子连心”，你在这边出什么事情，你母亲在那边心里“咯噔”一下，肯定有这种事情，这就叫做心灵感通，或者心理感应。母子连心是真话，而且不只母子，父子甚至兄弟，据说有些都有感应。曾参家里很穷困，非常不容易。有一天曾参上山砍柴，家里来了客人，怎么办呢？母亲没见过场面，不会待客，情急之下，咬破了手指。曾参正在山里砍柴，心里忽悠一下，很难受。心想不好，赶紧往家里跑，一看，问母亲出了什么事，母亲说如此这般。哦，赶紧接待客人，妥善地解决了问题。这就叫母子连心。孔子虽然说曾参迟钝，但是曾子却把孔子的思想传递下来了，据说儒家经典《大学》和《孝经》都是曾子所作。曾子还教成了孔子的孙子子思，子思作了《中庸》，这是儒家的又一重要经典。从子思一路传出孟子。

曾子在《论语》里讲：“吾日三省吾身：为人谋而不忠乎？与朋友交而不信乎？传不习乎？”曾子还说：“慎终追远，民德归厚矣。”谨慎地对待死亡，追思先人，认真做葬仪，这样老百姓就知道敬畏祖先，百姓就会变得重德，风俗就会变得淳厚。曾子还说：“君子以文会友，以友辅仁。”我们今天说以文会友，却很少有人知道这是曾子的话。什么叫“以文会友”？就是拿文章、拿诗文来与朋友相会，或者与朋友相聚时探讨文献、历史、文章之类的事情，以文会友比以酒会友高雅多了，但是单单以文会友还不够，还要以友辅仁啊！什么叫“以友辅仁”，就是好的朋友可以成为你成就仁德的辅助，光是天天在一起厮混，喝酒吃饭的，那不是真正意义上的朋友，那只是酒肉朋友。当然还有经常在一起赌博、打架、偷盗或者干其他坏事的，也可以叫做朋友，只不过是狐朋狗友而已。真正的朋友，是辅助你成就仁德的，朋友辅仁。辅仁大学就是这意思，希望大家在成德的道路上相互推助，相互勉励。

曾子还说过很多非常有意义的经典话语。真正的君子是怎样的呢？曾子说：“可以托六尺之孤，可以寄百里之命，临大节而不可夺也：君子人与？君子人也！”另外一段话大家或许很熟悉：“士不可以不弘毅，任重而道远。仁以为己任，不亦重乎？死而后已，不亦远乎？”肩上的负担特别重，路途又非常遥远，这就叫做任重而道远。今天我们的成语就是这样解释的。这种解释应该说没有错，但是要知道这只是简单的比喻式的解说，不是原意。曾子对这个任重道远非常了解，他小时候砍柴啊，背多了，走远了，知道什么感觉。君子应该怎么样？背的不是柴，是仁德，重不重啊？世界上还有比仁德还重的么？死了以后才能停下来，担待这种责任，直到生命结束，这路途该有多遥远啊！难怪曾子被誉为“宗圣”，这也是孔子教育的重要成果呀！

颜回

颜回也叫颜渊，在孔门弟子中德行最高，学问最好，孔子赞扬颜渊举一反三的反应能力，以为他可以“闻一以知十”，认为自己在这方面也不如他。孔子尤其赞赏颜回在艰难困苦的生活境遇下坚持不懈的学道精神：“贤哉，回也！一箪食，一瓢饮，在陋巷，人不堪其忧，回也不改其乐。贤哉，回也！”颜回为了求道而忍受贫苦，在求道中忘记贫苦，他乐在求道得道的过程之中。孔子评价颜回说：他的心经常和仁德合一，其他学生不行，一天两天仁德，过了几天忘了，不能保持长久与仁德相合。那怎么能行？比颜渊差多了。孔子说："君子无终食之间违仁。"吃一顿饭的工夫都不能违背仁德。颜渊则赞叹老师有出神入化的功夫和境界："仰之弥高，钻之弥坚。"说"夫子循循然善诱人"，使他在成德的路上，"欲罢不能"。孔子的诱惑力和感染力，确实是难以用语言形容的，谁一生遇到这样的老师，那真是太幸福了，你想不学他，诱惑力太大了，使你不得不跟过去，不跟损失大不说，乐趣都丢掉了。孔子就有这种能力，不，应该说是魅力，真正的、不忍舍弃又无法抗拒的魅力！颜回虽然曾对老师说"子在，回何敢死"的话语，但还是先于孔子死了，孔子哭得异常伤心，说："天丧予！天丧予！"老天要灭绝我呀！让我最优秀的学生这么早就先我而去了。后来鲁国贵族问孔子："您的学生里面哪个最好学啊？"孔子说："有颜回者好学，不迁怒，不贰过。不幸短命死矣，今也则亡，未闻好学者也。"现在没有了，真的没有了么？孔门弟子都非常出色，老师好，学生也卖力，但颜回是最出色的，就孔子而论，他最喜欢颜回。

子贡

子贡，复姓端木，单字名赐。他是孔子的另一个十分著名的弟子。子贡擅长辞令，是春秋时期最著名的外交家。他曾经问孔子："贫而无谄，富而无骄，何如？"贫贱，但是不谄媚有钱的富人，有了钱也不藐视社会地位低贱的人，这样的人怎么样？德行够可以了吧？孔子说：可以，不错啰。但是还不如"贫而乐，富而好礼者也"。像颜回，就是贫而乐者。富而好礼不容易呀，你看见有很多人原来身份低、条件差的时候毕恭毕敬谦虚谨慎的样子，一旦有权有势，就趾高气扬啊。甘为孺子牛，就更是不着边的事。权力大了，腰包鼓了以后就不可一世。《红楼梦》中说，"此系中山狼，得志便猖狂"，就是指这些人。孔子说上面的话是用来教育子贡的。有一次子贡对孔子说："我不欲人之加诸我也，吾亦无欲加诸人。"我不希望别人非要让我按照他的意志办，我同样也不想强加于人。孔子曰："赐也，非尔所及也。"子贡呵，甭说大话，这不是你能做到的。子贡在孔子死后做了卫国的宰相，他有一同门，叫原宪。《论语》中有一篇叫《宪问》，第一段就是原宪问孔子什么叫耻辱。原宪生活很贫困，孔子死了以后就隐居乡里，有一次子贡乘着宝马香车，文武臣僚跟着，看望同学。他们曾经共同追随孔子，都是向往仁德的道德君子，志同道合者。子贡看到原宪那种贫困穷苦的样子，顺嘴说道："哎哟，你这样师门无光啊。把自己弄成这样，耻辱哇！你是不是有啥病啊？为什么不出来谋个地位身份什么的？"原宪就回了一句话："吾闻之，无财者谓之贫，学道而不能行者谓之病。若宪，贫也，非病也。"我听说过，无钱叫做贫，学道而不能实施叫做病，社会这样黑暗，君主这样昏聩，我坚持所学，不为流俗所污，这叫贫，不叫病，更谈不上什么耻辱！子贡一听，觉得这话说得太对了，自己怎么能这样对待老同学？感到很惭愧！孔门人有自知啊！原宪不愧孔子的高足，孔子曾经教导他："邦有道，穀；邦无道，穀，耻也。""国家清明，天下祥和时，你做官拿俸禄；国家昏乱时，天下无道时，你还是做官领俸禄，这就是耻辱。"为什么？没是非，没操守，没廉耻啊！

子贡是孔门的大能人。据司马迁《仲尼弟子列传》记载，齐国田常欲作乱夺政，决定征伐鲁国，向国内邀功。孔子召集群弟子说：鲁国是父母之邦，祖宗坟墓所在，我们能眼见其受难而不救吗？很多弟子请求前往阻止田常，孔子不许，子贡请行，孔子许之。孔子只相信子贡能够解救鲁国的危难。

子贡先去劝阻田常，说您这样做不仅不能增强您在齐国的感召力，反而会使您在齐国的处境更加危险。您的忧虑在国内的其他势力，不在境外的压力。有境外之忧的去攻打小国，有境内之忧的去攻打大国。一旦攻伐成功，国内的事情就好办了。子贡建议田常去攻打吴国，这样就可以再度造就齐国对外的霸主地位，齐国内部的其他势力可能就会自然消退了。田常听从了子贡的劝告，但要子贡帮他制造一个理由，否则，大国之兵没有理由就轻易撤退，让人耻笑。子贡说我去劝说吴国来讨伐齐国，你就乘机改攻鲁为攻齐，田常说好。子贡到了吴国，见了吴王夫差，说您已然是天下的霸主了，但是齐国始终不服，今又无故兴兵讨伐鲁国，是无视您的存在。要不打败他，压住他的气焰，您的霸主地位就会受到天下的怀疑，万一齐国攻灭了鲁国，天下诸侯就可能朝觐他。夫差问子贡有什么好办法，子贡说，机会就在眼前，您出兵攻伐齐国，既有救助小国的仁义之美誉，又有惩治齐国保住霸主地位之实利，一举双获。夫差非常高兴，但他说自己有个顾忌，就是害怕被吴国战败的越王勾践乘机从身后起事。子贡说我去劝说他出兵跟随您，这样您就不用担心了。子贡又到了越国，把夫差欲出兵伐齐的事情告诉了越王勾践。子贡说：您不是始终卧薪尝胆，准备报仇雪恨吗？现在机会来了。您去见夫差，跟他说愿意带兵亲随他，前军效命。他一激动就会把兵带走，把您留下，您再发精兵攻吴，仇可报，国可复矣！子贡又回到吴国，告诉夫差，说越王勾践愿意出兵相随，相当诚恳。勾践去不去意义已经不大，您把他的兵士带走，他就没戏了。打败齐国之后，您再转道向西，直捣晋国，晋国最近也跃跃欲试，想要恢复曾经的霸主地位，您狠狠打它一下，它就再也不敢存此梦想了。夫差大喜，于是就出兵了。子贡又到晋国去，对晋国的国君说，现在吴国出兵攻打齐国了，打胜以后就会加兵晋国，您要早作准备，否则要吃大亏。晋国于是伏兵于要隘，等待吴军的到来。子贡回到鲁国，想要告诉孔子他是如何办理的，孔子说，不必讲了，你办事，我放心。结果一切都按照子贡的设计进行，吴王夫差打败了齐国，又加兵晋国，在黄池遭到埋伏，大败。越王勾践却乘机灭了吴国。夫差逃归，三战均败于勾践，被勾践所杀。司马迁说：“故子贡一出，存鲁，乱齐，破吴，强晋而霸越。”就是说子贡只是这么随便溜达一趟，就导致五个国家的重大变化，保住了鲁国，搞乱了齐国，灭亡了吴国，强大了晋国，而使越国成为春秋晚期的霸主。圣人门徒厉害呀！诸位看看今天世界各国的外交家，有几个像子贡那样厉害的人呢！

有关子贡这段事情，宋代的大儒们都有疑问，他们不是怀疑子贡的能力，而是怀疑圣人的门徒，不当为保护自己的国家而扰乱天下。所以他们都以为这段故事可能是司马迁编造出来的，或者添枝加叶的结果。其实春秋时代使用这种方法是经常的，子贡不可能另外拿出更加有效的办法来拯救鲁国，所以，可能是宋代的儒者们多虑了。子贡怎么有这么大的能耐？这一点儿都不奇怪。朱子曾经说过这样一段经典的话语："豪杰而不圣贤者有矣，未有圣贤而不豪杰者也。"这句话的意思是说，历史上的很多英雄，也只不过仅仅就是英雄豪杰而已，他们一生的目标在于创立功名业绩，拼尽浑身解数，也只是获得了那样一点小小的功绩。圣贤却不一样，圣贤的目标不在功名，但却随时随地可以获得功名业绩。圣贤要想成就豪杰的业绩，虽不易，但也不难。但是豪杰要想成为圣贤，那可不是一件轻而易举的事情，他们距离圣贤还有千万里的距离呢！子贡是圣人的贤徒，当时的贤达，办理这么大一点儿小事，只要像旅游一样，轻松溜达一趟就足够了，不用费更多的心思和精力。圣贤一旋踵，一翻手，一转身就可成为豪杰，就可成就豪杰的事功。豪杰就是蹿蹦跳跃，也难成圣贤。为什么？英雄豪杰的力量和功夫都只在血气上，圣贤的力量和功夫却在生命的深处，所以英雄豪杰的力源肤浅而力量有限，圣贤的力源深厚而能量无穷。

子贡与老师情深义重，孔子临终前七日，子贡来看望老师，孔子说："子来何迟也！"你怎么才来呀，再迟就看不到我了。子贡的到来，使孔子格外动情，他将对于生命的热爱和眷恋，用民歌的方式全数展现在子贡的面前："泰山坏乎！梁柱摧乎！哲人萎乎！"设想孔子和子贡师徒，当时一定都是泪流满面，满含对生活世界的深挚情感，胸装崇高美好的理想不能在人间实现的遗憾，伴随着悠扬美妙的音乐和悲怆动人的歌声，绝代圣人孔子，也如同一个普通人一样，应天之召，顺命之唤，悄然离开了这个他与之共处、为之奋斗的世界。

孔子走后，弟子们按规矩“心丧”三年，而后纷纷离去，各奔前程。子贡在晚年又回到老师的墓前，回想当年，无限感慨。数日大雨之后，子贡拖着年迈的躯体，拄着一根楷木手杖，伫立孔子墓前，老泪纵横。

孔子的其他弟子

孔子跟学生的关系很亲密，有一个叫冉伯牛的学生，德行很好，但生了怪病，长了一身疥疮，这病不好见人，既脏又有一定的传染性，而且得老躺着。孔子去探望他，冉伯牛不让他进去，孔子也不愿意进去，就顺着窗户伸进手去抓住他的手，连说了两声：“斯人也而有是疾也!”这么清白的人怎么得了这么肮脏的病啊!

宰予，姓宰，名予，字子我，是孔子的又一个不错的学生。宰予昼寝，子曰：“朽木不可雕也，粪土之墙不可杇也。于予与何诛?”有一次他白天睡觉，被孔子看到了：“腐烂的木头再不能雕刻啦，用粪土做的墙壁没有办法粉刷装修啦！我说他也没有用。（所以以后我也不准备浪费口舌了。)”这是什么意思，孔子怎么不让人午休？咱们过去是农业社会，日出而作日落而息，中午不睡觉，最多在田埂小憩一下，太阳七点多出来傍晚五点多就下去了，中午再睡上两个小时觉，你还有时间读书做事吗？孔子不希望学生们浪费时间。这件事表明孔子经常生活在学生中间，与他们近距离接触机会很多，师生关系达到了水乳交融的地步。

孔门弟子不取无义之利，不谋不净之职，不占不配之位，不揽无益之权。孔子的弟子冉求给鲁国的大夫季氏做家臣，季氏的财富本来就已经超过国君，而冉求仍然替他聚敛。孔子知道了以后，愤愤地说：“非吾徒也，小子鸣鼓而攻之，可也。”说这个家伙太混蛋了，我决定把他逐出师门，大家一起行动起来，去攻击他。

孔子说：“君子喻于义，小人喻于利。”

这句话经常被大家误解。当然在“文化大革命”那样一个别有用心的时代里，人们故意说儒家轻视生产劳动、轻视物质生活、轻视人民群众等都是不足为怪的。不过儒家确实没有无视民众的物质生活，孔子周游列国时到了卫国，看到人口不少，街上挺热闹，就说："庶矣哉！"人口不少哇！学生冉有就问："既庶矣，又何加焉？"人多了以后应该怎么办？孔子说："富之。"要让他们的生活有保障啊。"既富矣，又何加焉？""教之。"教化他们，使他们知道礼让，懂得廉耻。孟子也讲"治民之产，使有恒心"。孟子明确地讲要先保障老百姓的生存，然后再"谨庠序之教，申之以孝弟之义，颁白者不复戴于道路矣"。

根据历史实际情况来看，先富后教确实是儒家一贯的传统，儒家根本就不应该受到轻视生产劳动、不关心生民的利益，而只图道德理想的实现的诬陷。这样诬陷儒家，实际也没什么意思。不过我们毕竟走出了那样一个乾坤颠倒的时代，大家今天能够接触到真正儒家的东西，应该感到很幸运了。当然，这个问题绝不仅仅如此简单。

刚才说子贡的时候提到过的原宪，也是孔庙中配享孔子的十二哲之一，他曾经问过孔子什么是耻辱，孔子回答说："邦有道，谷；邦无道，谷，耻也。"国家好，社会风气好，君主英明，人心向善，这个时候，你有身份，有地位，能挣到粮食吃；国家不好啊，昏君执政，豺狼当道，人间没有公道，社会缺乏正义，这个时候你还有地位、有身份、有官位、有俸禄，你这个人，可耻！什么样的饭都吃，不知道羞耻。古语有云："智者不饮盗泉之水，廉者不受嗟来之食。"按照儒家的说法，读书人当官，要有心怀天下苍生的抱负，要有不与邪恶为伍的勇气，要有保住自己人格尊严的心理准备。不是什么时候都可以出来做官的，更不是什么人给钱就为什么人卖命的。孔子说："邦有道，则仕；邦无道，则可卷而怀之。"国家有道，你有饭吃，国家无道，你照样有饭吃，地位一样显赫，甚至还有很多追随者跟着你，一起混饭吃，这是你的耻辱，不是你的荣耀！中国宋代前是五代，五代有一个宰相，叫冯道。大家知道五代是后梁、后唐、后晋、后汉、后周，冯道这个人从后唐开始做宰相，一直做到后周，身历四个朝代，伺候了十多个君王，冯道过七十岁生日，天下的官员、学子纷纷给他贺寿，吹捧他，说他是历朝历代的元老，国家重臣啊！宰相如此，学子如此，五代风气之恶浊可见一斑。宋代学士欧阳修作《新五代史》，写冯道传，借用孟子的话骂冯道："无耻之耻，无耻也！"不以羞耻为羞耻，这才是真正的羞耻！不以耻辱而耻辱，这是人生最大的耻辱！圣人讲话还客气，要是用我们普通老百姓的话说，就是说这种人脸皮太厚或者直接说这种人太不要脸！孔孟和后世的儒家教人，知羞耻是其中重要一项，宋代大儒胡安国曾经上书皇帝，说是学校的教育，不仅要使学生懂得规矩，而且还要知道耻辱，懂得什么样的事情尽管可以做成，但却不能去做。

我刚才是用几个孔门弟子的例子来说明孔子教育的成效，实际上孔子门下优秀的弟子远不止这些，其他弟子也很优秀。比如子夏，子夏作出过很大贡献，他后来做了魏文侯的国师之类的官，他的两个学生也很有名，一个叫公羊高，一个叫穀梁赤，是孔门的再传，这两个人并其各自后人分别为《春秋》作传，一个叫《春秋公羊传》，也叫《公羊春秋》，一个叫《春秋穀梁传》，也叫《穀梁春秋》，与《春秋左氏传》，也叫《左传》，是中国历史上《春秋》最有名的三传。《春秋》有《公羊传》，有《穀梁传》，还有《左传》，我们很多同学不知道，只把《左传》当成《春秋》。中文系经常讲的是《左传》，因为它辞藻华丽，但是它把历史故事讲得太有色彩，有点失真。《公羊传》和《穀梁传》是讲意义的，和《左传》有点不同。最后到了宋代又出了一个《胡氏春秋传》，也叫做《春秋胡传》，作者是我说过的闽人胡安国，也称胡文定，他是著名理学家五峰先生胡宏的父亲。《公羊传》、《穀梁传》、《左传》和《胡传》，是中国历史上有名的"《春秋》四传"，都是有关"春秋学"的重要经典。其中两传就是出自孔门，《胡传》则是后世尊孔的儒家后继者的作品。

六、题外话：有关尊敬师长和教育孩子

我顺便在这里串讲一个问题，就是尊敬师长和教育孩子的问题。

（一）子女的孝道来源于父母的尊严

现在许多孩子为什么不成器呀，条件太好了，要多少钱家里给多少钱，要学琴、学画、学棋，家里有条件，就让他们学。从小在家庭里娇纵惯了，没有恭敬心，到学校也不懂得尊重老师，不懂礼貌。父母只会溺爱，本身就没有尊严，所以他们和父母随便惯了，以为跟谁都可以这样。家长甘愿为孩子做奴隶，孩子反倒成了家长的主子。从小家庭教育的倒挂状态，使孩子们以为他们自己就是天下的中心，他们可以对周围的人和事无所顾忌，不知道尊重贤者，不知道尊重长者，不懂得尊重老师。以为这样就委屈了自己。实际上，尊重贤者、长者和老师是人的美德，是尊重自己，否则会使人感到你这个人无知、无识、无修养、无品位，是一具空壳，人生没有内质。

人要从小养成尊重父母的习惯，父母决不应当把应该得到的来自孩子的尊重主动放弃掉。这不是爱孩子，这是害孩子。中国古代讲究孝道，《学而》篇说："君子务本，本立而道生，孝弟也者，其为仁之本与！"孝弟，就是敬爱父母，尊重兄长。这个事情，你不在意，它可能很小，你若在意，要多大有多大。我们处在一个以平等为社会主调的时代，要求平等、争取平等、强调平等无疑是非常重要的。这是人的权利，与生俱来的不可剥夺的权利。权利不平等，社会就缺少公正；人格不平等，人生就没有尊严。最大的权利就是自由，自由的权利要是被剥夺或者受到阻截而不能顺畅实现，人生

就会失去快乐，这个世界就没有光明和希望，就没有趣味，就不值得留恋。但是平等不是平均，不是一切都一样才叫平等，平等也因个性差异而不同，也因需要程度不同而有分别。自由也不是放纵，自由是人的本质力量的最大限度的实现，是人的幸福的最大限度的达成。但是这种实现和达成，要受条件限制。合理的、有程序的、不伤及社会和他人的自由，才是真自由。危害社会和他人，任从混沌的欲望，毁弃一切程序的自由，不是真自由，那是侵害，是侵权，甚至是侵略。平等既不是没有差别的，所以礼仪上的尊卑还是要讲求的，尊卑这个概念容易让人直接想到不平等，实际上“君君臣臣，父父子子”在礼节上是没有什么问题的，只是不要把它直接等同于地位和势力就行了。所以，从小教育孩子懂礼貌，正是为了他将来能够受人尊重，这对他将来树立正确的平等意识非常重要。当然这种要求不能过甚，过甚了以后，会形成心理的威压，不利于孩子独立自主的人格的养成。

中国传统有一种残酷的孝道，比如父母有病，需要补养，家里没钱买肉，儿子跑出去偷偷把小腿肉割下来，绑好，不让父母知道，然后说在外头买了肉，父母吃起来很香啊。后来清朝的雍正皇帝下令，这种所谓残酷的孝道，以后朝廷一概不予旌表。看来这种事情在此之前并不罕见。今天孩子对父母都不这样了，但是父母对孩子却改成这样了。实际上，这是不利于中国传统孝道的发扬的。

大家都知道，甘肃女孩杨丽娟追逐香港歌星刘德华那件事。杨的父亲先是放任孩子，然后是怂恿孩子，最后当着众人的面，卑躬屈膝，低三下四恳求刘德华与自己的女儿亲切见面。最后，在遭到刘德华拒绝之后，跳海自杀，为女儿殒命，女儿还在那儿喊：“父亲的遗愿，就是希望你刘德华与我亲切会面，你赶紧满足他的遗愿吧。”没有尊严呀，而且也是强人所难。人不能这样活呀！这件事反映出了一个异常严重的社会问题，就是对青少年怎样进行正当的人生教育的问题。至少它从反面教育天下的为人父母者，应该怎样对待孩子，究竟怎么样才算是爱孩子。一个没有尊严的父母，就算他或她完全出于真心地去爱孩子，他或她的爱也非常廉价，不值钱，没分量，不能打动孩子的心灵，不会被孩子所看重。爱是力量，是有尊严的力量，没有尊严就没有力量。爱作为力量，不是让孩子沉溺在这种爱中不能自拔，而是要使他或她感到背后有坚强的力量在推助他或她前进！人生都要向前进，不能向后退。不要让孩子感觉到你是他或她的避难所和安乐窝，这样孩子就不会努力，因为他或她知道，他或她不要努力，就什么都会拥有。这是为人父母的不德，这是拖飞翔的鸟儿回窝，这是害孩子。多好的孩子都经不住无知、无识、无尊严的父母的这般祸害。

（二）要给孩子以正确的爱

爱，可以成就一个人，也可以毁掉一个人！为什么说不能把孔子的仁，简单地解释成爱，这也是一个重要的理由。正当的爱、正确的爱和正面的爱，是提升人的爱，是提高人的爱，是促人奋进的爱。失当的爱、错误的爱和负面的爱，是陷溺人的爱，是降低人的爱，是使人沉沦的爱。我们这个社会极其缺乏，甚至没有对于父母进行爱的教育的氛围和项目，好像社会还没有产生这种意识。很多年轻人，在根本不懂得什么是真正的爱，还不知道怎样去爱孩子的时候，就做了父母，这真是社会的大悲哀！婚姻和爱情是两回事，不能等量齐观，同样看待，婚姻有许多向后的义务，这些义务不是简单地挣钱养家，白头到老，而是家庭是社会的细胞，这个细胞既是社会组成的最基本要素，就应当对社会负起必要的责任。不对孩子进行社会责任教育，就是父母的失职，没有对孩子独立自主人格的培养，孩子就不会成为一个健全的人。如此，则没有独立性的父母，没有责任感的父母，是不配做父母的，他们可以恋爱，但是，不能轻易生孩子。生孩子不是拿孩子填充自己的空虚，不是拿孩子当玩具耍，又不能把孩子当自己的主子娇纵。爱情和婚姻要分开，爱情可以自由，婚姻却要审核。准备结婚的人，要接受爱的教育，要接受儿童心理的教育，要接受如何为人父母的教育，要进行必要的历史文化的教育和自然知识的教育。否则，轻易地把未来社会的新成员，交到不学无知的人手里，不仅害了孩子，而且害了社会。这不是不人道，而是表明社会本身要对家庭负起必要的责任。因为未来的新出生者，是社会的成员，而不是随便的小猫小狗。

（三）苏母教子的启示

子女对父母的赡养要有敬意，父母对子女的教养同样要有敬意，敬意是敬天，敬天之给予生命，敬重生命，敬重人。而不是随意玩耍、亵渎、丢弃和纵放，如此等等，都是不重视生命。不重视生命的人，在内心里是没有真正的爱可言的，他们那种所谓“为孩子活”的话语，连自己都不知道这是假话，假到连自己都信以为真，这太可怕了。这样的父母怎么能够获得孩子的真正尊重！如果他们的孩子真正尊重他们，那就只能表明，他们的孩子完了，彻底完了！现今我们所能看到的，绝大多数父母都在这样对待孩子，害孩子还自以为为了孩子，把孩子当“禽兽”待，还俨然以有功于孩子自居，真是好歹不分，是非不辨。

我可以给大家举一个教育子女的例子。苏东坡小时候读书的书房外面有很多树木，上面有小鸟作窠。小孩子淘气，总想掏取鸟蛋、捉玩雏鸟，苏东坡的母亲严厉禁止，并且告诉童仆，任何人不许伤害小鸟、掏取鸟蛋。现在的父母都能做到吗？苏东坡的母亲是在教孩子仁爱，没有仁爱，只图自己快乐，这是人吗？苏东坡的母亲生而志节不群，好读书，懂得古今治乱兴衰之道。苏东坡十岁的时候，父亲在外做官，母亲亲自教他读书。一次与苏东坡一起读《后汉书》至《范滂传》，慨然叹息。苏东坡顺势插话道：“轼若为滂，夫人亦许之否乎？”我要是做范滂，您愿意吗？母亲就说：你要能成为范滂，我就是范滂式的母亲，我高兴还来不及！后来苏东坡慨然以天下为己任，立下宏图远志，母亲闻听，高兴地说：“吾有子矣！”这才是我的儿子，我有儿子了！范滂是东汉末年的名士，以天下为己任，为正天下风气，敢于正面与当时权倾朝野的宦官作斗争，被宦官以结党之名杀害。苏东坡说自己要学习范滂，宁可为天下而死，决不苟活以了无益的生命。母亲高兴，说你要能成为范滂，是我修来的福德，我当然愿意做一个高尚者的母亲。后来苏东坡确立了以天下为己任的志向，母亲高兴地说："这才是我的儿子，现在我才敢于骄傲地说我有儿子！"你们看看今天中国家庭，都承担起了对成才的教育了吗？生死寻常事，苟活是凡庸。生命的意义不在活着，而在于为什么活着。没有崇高伟大的理想，没有长远不变的价值追求，只是活着，不过行尸走肉，与猪狗有什么原则差别吗？甚至还不如猪狗，因为你要毫无意义地消耗多少天地物产，浪费多少宝贵的社会资源，辜负天地，辜负社会，辜负生命，真是罪莫大焉！

（四）教育者要对自身的尊严负责

当然，我们不主张中国传统的棒喝式教育，因为这种教育完全把子女当成被改造甚至被管制的对象，没有给他们应有的尊严。但是教育者的尊严绝对要树立起来，不能推倒教育者的尊严，更不能主动放弃教育者的尊严。教育者没有尊严，教育就没有力量，教育的原则——道就会受到轻视甚至蔑视。孔子树立了师道尊严，后世的儒者就在家里授学，也同样重视尊师，如隋朝的王通，南宋的胡宏，还有朱熹等等。

我给大家讲一段程颐和苏轼的事情。很多人很恨程颐，因为他是理学家，说他抑制了人性，不让人过正当的饮食男女的生活，其实这是误解。他说"饿死事极小，失节事极大"，是有些过分，但其实主要还是针对知识分子的人生操守，当然也确实有指责女子再嫁的意思。他那是在特定的历史环境下的话语，那样的时代，他要说出女子可以随意改嫁，那才是怪事！大家讨厌程颐，却都喜欢苏轼，因为他豪放，挥洒自如，一句话：他活得潇洒！程颐是宋哲宗皇帝的老师，宋哲宗七岁时，正当春暖花开，随手折了一个树枝，遭到了程颐严厉的批评："方春万物萌发，不能折树枝伤生。"为什么不能这样做呢？你现在是孩子，将来是要做君王的。小时候随便伤生，将来就会不顾天下苍生的生死祸福！苏东坡觉得程颐有病，皇储是皇储，但他只是个小孩子，折个树枝你大惊小怪什么，搞得声响那么大，你要干什么呀！实际他不理解程颐的苦心。原来老师给皇帝讲课都在一边站着，到程颐这里改了规矩，老师坐着皇帝站着，这叫确立师道尊严。确立师道尊严以后，中国知识分子才有独立人格，才具有独立性，这是亘古未有的创举，这是真正的教育改革，这是伟大的、翻天覆地的教育改革！知识分子因为地位崇高，不可侵犯，才敢于正君心，革君心之非，监督中国政治，矫正它的偏失，阻遏它向邪恶的方向发展。这是孔子确立师道尊严最为重大的意义，很多文人墨客根本就看不到这一点。胡乱评头品足，说程颐疯癫，苏轼豁达。这真是自我作践，自我蔑视，自我放弃尊严。“天作孽，犹可恕。自作孽，不可活。”知识分子如果自己不懂得向社会要尊严，不懂得自己坚守尊严，那么他们在历史上随便被凌辱，随意遭践踏，就是自己作践自己！不仅如此，知识分子失去尊严，承载中国文化的圣道，也会因此而受到损害，以道抗势的可能性就会自动丧失，统治者甚至官员就可以随便凌驾于知识分子之上，全社会又会觉得这是理所应当的和不必大惊小怪的。

第五讲：道之以德，齐之以礼——孔子政治思想对现代的启示

下面我们一起来看一下孔子的政治观念及其对后世的影响情况。目前很多学儒学的人，都把儒家分为政治儒家和学术儒家两类，并尽力淡化政治儒家而看重学术儒家，无视政治儒家而倾力发展学术儒家。为什么呢？这里面有个症结。“五四”以来，传统儒家与政治纠缠不清，以至被认为是个人追求自由、幸福、个性解放的障碍，并因此而成为反对封建传统的人们攻击儒家的所在，说儒家是封建专制的理论护法。我倒不这样认为。你站在现代的角度评判传统儒家与古代政治，总不免带有现代人的偏见，有的更是只任情绪，其对儒家的所谓“批判”，简直是毫无道理，只是发泄情绪而已。中国以前本来就是封建专制国家，社会稳定靠的是儒家，那个时候不可能发展出新兴的资本主义民主和科学技术来。在这样的场景下，苛求儒家是没有理由的。不仅如此，儒家关于政治的不少观念，在今天仍然有着重要的借鉴意义。这些学者们的用心虽然可以理解，但毕竟孔子有政治思想，而且对于政治十分看重，因此，我们还是要讲孔子的政治思想。儒家一向关怀现世、关怀政治，对政治和现世社会的关怀，一直是儒家的主流意向。

一、人道主义的政治目标：节用而爱人

由孔子所开出的儒家人道主义的传统，从来不把政治当成治人、整人、像管制囚犯一样管制人这样一个制度体系或者工具，而是把它当做教化人、培养人、成就人的一个过程和一个强有力的实现人道主义和人文主义的目的的手段。为了达到这个目标，儒家要求所有政治行为都要人道化，都要有温和的人伦情感意味。而今天人类的政治正好相反，不是说某个国家的政治，而是整个人类社会历史走到这个时期的政治，这个时期的政治的最显著特征之一，就是排除伦理对政治的干扰，伦理是伦理，政治是政治，流行的话语叫做“上帝的事情上帝管，恺撒的事情恺撒管”。各管各自的事，公公婆婆没关系。实际上它们的关系就是公公婆婆的关系。孔子在《为政》篇开篇就说：“为政以德，譬如北辰，居其所而众星共之。”古文这样写，实际这个“共”应该加个提手旁，是众星拱卫的意思。要是用道德作为标准、作为目标并作为手段来进行政治活动，你这政治统治者、领导者或者政治治理本身就像北斗星一样，自己稳坐在那儿不动，众星就会主动围绕着你转，拱卫在你的身边。它的意思是讲，德之作为目标和为政者的品格，在整个为政的过程中所具有的非常根本的作用。“德”，是任何政治具有感召力的根本原因。通过这句话，孔子为中国传统政治定下一个基调，即要求政治是道德化的政治，而不是残酷的或者只求功利的。但是各位，我们明显看到，历史上中国的政治，并不真正是道德化的政治，跟孔子为中国政治定下的基本格调所要求的走向不一致。实际走向是接近于把伦理转变为政治的方向。所有统治者都希望《论语》为他服务，希望孔子、

儒家的道德伦理原则来为他的政治作解说，或者成为他们的政治的优美的外在装饰。传统政治与传统儒家，颇像是两辆朝着不同方向平行开出的火车，从逻辑上讲，似乎本可以互相不交叉。但是，儒家为了他们的政治理想的实现，一定不会停留在理论说法上，他要下落人间、清洗人间、美化人间。而中国的传统政治也需要一个比较高的理论提升自己，指导自己，当然更多的时候只是用来装点自己，文饰自己，让人家赞颂，给自己立个牌坊，树个丰碑。于是二者就在这你上我下的过程中相遇，这一相遇影响了中国政治的历史进程，既使传统政治拥有了一个不十分丑陋的形象，同时也稳定了社会，给生民减少了很多人为的灾难，但是儒家却因此背上了沉重的历史黑锅！

这里面涉及一个重大的理论问题，就是政治的伦理化和伦理的政治化的关系问题。站在儒家的立场上，总希望人间政治是温情脉脉的，人道的和仁爱的。儒家希望政治为人道主义的伦理目的而设，成为实现人道主义伦理的有力帮衬。而站在统治者的立场上，却始终力图打掉儒家的尊严，舍弃“民贵君轻”的不利于自己的理想和要求，只是用来装点自己，虚美自己，以不使自己的统治落下千古的恶名。他们力图取消伦理的独立性，让伦理成为自己粗暴统治的装饰品，成为自己的统治工具。这个问题非常复杂，涉及面十分广大，在历史的不同时期表现也不一样，这不是我们一下所能解决的问题。

《为政》篇的第三句话说：“道之以政，齐之以刑，民免而无耻。道之以德，齐之以礼，有耻且格。”道，就是引导、诱导呀。你要是用政治来诱导人民，用刑法来整齐他们的行为，老百姓可以免于受惩罚，因为要遭罪、蹲监狱、残身、杀头，因为他们害怕，所以他们不敢违法。但是他们心中却不知道羞耻，不知道好坏，只知道这样做会受惩罚。这样的做法，不仅是治标不治本的问题，而且是根本就走错了途辙。王船山说：“畏刑罚而忠者，臣之道衰；畏谴责而孝者，子之道薄。”相反的情形却是，如果你用道德的原则来引导他，用礼仪来规范他们的行为，老百姓不仅远离刑罚，而且还懂得羞耻。一旦受到刑罚或卷入诉讼，他们就会感到羞耻，不好意思见人。不只是生身受罚，而且自尊受损。

这段话语实际上主要是讲统治方略的优劣，主要涉及道德与法律的关系问题。在历史上把孔子这句话演绎得最到位的是南宋理学家胡宏胡五峰，他在《知言》中讲了这样一段话语：“法制者，道德之显尔，道德者，法制之隐尔。天地之心，生生不穷者也。必有春秋冬夏之节，风雨霜露之变，然后生物之功遂。有道德结于民心，而无法制者，为无用，无用者亡；有法制系于民身，而无道德者，为无体，无体者灭。”

我这里需要简单介绍一下胡五峰，胡五峰名宏，字仁仲，南宋初最大的儒家学者，生于宋徽宗崇宁五年，就是1106年，宋高宗绍兴三十二年（1162）过世。胡五峰就是前面提到的胡文定的儿子。胡五峰一生不仕，隐居湖南衡山祝融峰、天柱峰、芙蓉峰、石廪峰、紫盖峰之下，讲学授徒，学者因此称他为“五峰先生”。黄宗羲和全祖望在《宋元学案·五峰学案》中说：“绍兴诸儒所造，莫出五峰之右。”胡五峰是宋室南渡之初，成就最高、影响最大的儒家学者。

所谓“法制者，道德之显尔”，就是说，法制是道德显现出来的形态，法制本来就是内在道德原则的外在表现形式。“道德者，法制之隐尔”，就是说，道德的原则隐含在法制的背后，是法制形式的理论指导原则。“有道德结于民心，而无法制者，为无用”，是说一个国家的统治者，单用道德来维系民心，但是没有法制来整齐他们的行为，是有本体，但没有功用，这是不行的，这样的国家或政权会灭亡掉。相反，只有法制控制民身，但没有道德拴系民心，国家一样会很快灭亡掉。这就是“有法制系于民身，而无道德者，为无体，无体者灭”的意思。秦朝虽然统一了全国，但却很快灭亡掉了，就是因为有法无德。不光要有道德的“春秋冬夏之节”，而且还要有法制的“风雨霜露之变”，然后各种植物、动物才能顺畅地完成自己的生长。人类社会的国家政治的长治久安与生物世界的生长，在道理上是完全一样的。实际上，胡五峰进一步发展了孔子的说法，孔子说“齐之以礼”，胡五峰说“无法制者，为无用”，“无用者亡”。无用就什么都没有了。孔子说“道之以德”，胡五峰说“有法制系于民身，而无道德者，为无体，无体者灭”。你要是单有法律而舍弃道德，路径虽然与只用道德而拒斥法制相反，但结局却是相同的，都是要最终灭亡掉。胡五峰提取孔子的“德”、“政”、“礼”、“刑”中的“德”与“刑”，并且将孔子的说法上升到体用的高度，是对儒家道德与法制关系的重大贡献。不管你是有用没体，还是有体无用，都不行。就是说道德的教化和法律的惩治，是要密切配合，互相成就的，只有这样，才能对社会的和谐发展和稳定上升，发挥有效的作用。

实际上，儒家对政治的伦理化诉求，还可以有一个简单的表达，就是要求统治者要爱护老百姓，节约资源，要忠于职守，要诚信待民，政令不能随便更改。孔子说：“道千乘之国，敬事而信，节用而爱人，使民以时。”道，就是引导，主导，就是统治和治理的意思。乘，读如盛大的盛，是数量词。春秋时期战事频仍，各国发展军备，跟现在搞原子弹一样，现代国家研制导弹和其他武器，就如同春秋时期增制战车一样，都是扩充军备。在孔子那个时代，千乘之国并不是大国家。早在公元前 632 年的时候，晋文公重耳称霸天下，成为春秋五霸之一，这时候他还只有兵车七百乘。到了一百年以后的公元前 532 年，晋国有兵车四千乘。到孔子的时代，拥有一千乘兵车的国家，已经为数很多了。“敬事”，就是忠于职守，做官有官守，就像做老师就要敬业一样，你要全身心投入到教书育人中来；当学生，你就得好好学习。敬事要从小培养，小时候虽然没有政治事务，但是所有的事情都要以认真的态度对待，这样就不会懈怠。什么叫“节用而爱人”呢？理解这句，似乎并不难。就是节约开支，节省资源，关怀百姓，爱惜民力。尽量不要在农耕或收割的季节里役使百姓，抓壮丁征劳役之类，这叫“使民以时”。这一点非常重要，不只关系民生苦乐祸福，也关涉国家治乱兴亡。要保存国家的余力，不要把力量全部用尽。要使国家有余，但这个有余，不能简单地理解为国库里的财富，还有自然资源的蓄养和社会的方方面面的储备，以及人心的虽然凝聚，但不紧张的状态等等。要裕用自如，并不是一件十分简单的事情。我用王船山先生的一段话语，来给大家进一步解释什么是“节用而爱人”。

王船山，字而农，号薑斋，本名王夫之，湖南衡阳人。因为晚年在湘江西畔的蒸水之东的石船山下艰苦著述，所以称为“船山”先生。他生在明万历四十七年，就是1619年，卒在清康熙三十一年，就是1692年。他是中国历史上最杰出的思想家之一，他的《读通鉴论》，是人类历史上最优秀的历史哲学著作之一。在《读通鉴论》卷八中，他就东汉大臣李固建议不要轻易用兵于少数民族微小叛乱，而遣使安抚，使南疆复归平静一事，发表议论说：“善用天下者，恒畜有余以待天下。”真正懂得治理天下的人，国家总有足够的储备，以备意外的变动和突发事件。如果能够经常保持足够的储备，那么就会使“国有余威，民有余情，府有余财，兵有余力，叛者有余畏，顺者有余安”。不善治理国家的呢？就“小警而大震之”，一点小事情就惊恐得不得了。“以天下之力，争一隅之胜负，虽其胜也，以天下而仅胜一隅，非武也。”拿整个天下和全社会的力量对付一个小地方的叛乱，就算胜了，也不算英雄。同时为了这点小事，“疲天下而摇之”，使天下疲惫不堪，万一叛乱一时间平定不了，老百姓整天枕着刀枪睡觉，既不安定，从而也跟着侥幸一逞，不顾生死，同时怨恨政府，这怎么是安天下之道呢？“民怨其上，非情也；民狎于兵而玩兵，非所以安之也。”到了这个时候，武力威胁就不会发生作用了。老子说：“民不畏死，奈何以死惧之！”老百姓若已将生死置之度外，死便不再构成对他们的威胁了。

这段话语是因为“九真”和“交阯”的叛乱，很多朝臣进言，要派重兵镇压，皇帝采纳了当时主政大臣李固的建议，派两个使节，宣皇帝谕旨，我们不想打仗，你们也别打仗，晓之以理，说以利害，以安抚的方式达成了互相谅解，“九真”和“交阯”当即偃旗息鼓，问题就这样简单地解决了。“九真”和“交阯”是东汉时期地处云南广西南端的两个少数民族政权。治理国家，要在仁心的根本基点上，运用大智慧，而不是要小聪明。要使国家始终拥有足够的储备，以应付随时可能出现的异常变动。这就是船山先生所说的“恒畜有余以待天下”。用今天的话来说，可以叫做不断加强综合国力，而不是天天消耗，旦旦而伐。不要因为一点些小的事情，就大动干戈，更不要轻易用尽全力。因为国家经常在拥有丰厚储备的情势下，蓄而不发，所以在布施仁德的同时，内中藏有巨大的威慑力。这样，老百姓就感到安全，又会有足够的闲情逸致，自如地生活。加上“府有余财，兵有余力”，那些想要叛乱的人，就会因为心存疑忌而不敢侥幸轻举。

那么怎样具体行政呢？我们再来看一些《论语》中的话语。鲁哀公问孔子：“何为则民服？”孔子回答说：“举直错诸枉，则民服；举枉错诸直，则民不服。”鲁哀公问孔子怎样才能使老百姓心服口服，孔子说你要把正直的人放在不正直的人上面去，用正直的人来领导，老百姓就顺服；你要是把不正直的人放在正直的人上面去，老百姓就不服。如果经常出现这样的情况，或者说这种情况如果很普遍，再好的政治措施也会很快被糟蹋掉。

再看下面一段话，季康子问：“使民敬、忠以劝，如之何？”子曰：“临之以庄，则敬；孝慈，则忠；举善而教不能，则劝。”敬是恭敬，忠是忠于职守，劝呢，就是勉励的意思。如何才能使老百姓这样？孔子说你要是用庄严的态度面临老百姓，老百姓就会恭敬。你要是面对老百姓很松懈，没有严肃的态度，玩耍民众，玩忽职守，玩弄权术，老百姓就没法形成敬的习惯。你要是对上孝敬，对下慈爱，老百姓就会忠于职守；你要是用良善之辈来教导那些能力较差的人，那么他们就会努力跟随，还会形成互相劝勉的良好社会风气。

子贡问孔子："如有博施于民而能济众，何如？可谓仁乎？"老百姓都受过他恩惠，老百姓感激他，而且他使大家都得到满足，都获得发展，这样算不算仁呢？子曰："何事于仁！必也圣乎！尧舜其犹病诸！"岂止是仁德的人啊！这简直就是圣人了。尧舜在这方面都没有完全做好哇！

各位，尽管仁是孔子最基本和最根本的观念，但在这里圣比仁的境界还要高。仁是什么呀？孔子说："己欲立而立人，己欲达而达人。能近取譬，可谓仁之方也已。"能够在你身边找到楷模、看到目标、找到希望，向他学习，朝着他的方向努力，这就是接近仁最简单又直捷的办法。

子路问政："我怎么样从政呀？"子曰："先之劳之。"请益，曰："无倦。"孔子说你若提倡什么，你就要自己先做到，你要在前面带领大家做，然后慰劳大家，大家就不觉得疲惫，更不会觉得你的行政是对他们生活的干扰。子路觉得这太简单了，"您能否多说点？"这还简单么？孔子说：如果你非要加一点，那就加个"坚持不懈"吧，你就坚持我刚才所说的"先之劳之"不懈怠，就足够足够的了。为政实际上有时也很简单。

有关政治家究竟应该是怎样的，或者说怎样做才是好的执政者，《论语》中也有描述。孔子评价郑国的执政子产，"有君子之道四焉"，他的做法表明在他身上有四点体现了君子风范。第一是"其行己也恭"，自己做事特别庄重，不苟且、不懈怠、不玩忽职守。"其事上也敬"，对国君非常敬重、忠心。"其养民也惠"，对待老百姓布施恩德，使民众都能得到相应的实惠。比如减轻税收，增加收入，保障安宁，提供发展的机会和可能性之类，这类政策和措施都叫惠民。"其使民也义"，就是使用百姓，比如征役等，既要不违农时，又要给以足够的公平待遇。不能将老百姓当犬马一样使用，不爱惜他们，又不尊重他们。不能像秦始皇修长城和隋炀帝挖运河一样。

在《八佾》篇中，孔子说：“居上不宽，为礼不敬，临丧不哀，吾何以观之哉？”身处上位，却不能宽待下属，不能宽厚对待民众，刻薄寡恩，以位高权大而傲睨群伦；举行盛大礼仪时，没有真正的恭敬；面临君、亲之丧，却没有发自内心的真正的哀痛之情，这样的人，你让我怎样来看待他呢！我还能怎样评说他呢！为政者自然应当严于律己，但同时又应当宽以待人。不要不容人，也不要轻易发人小恶，抓住人家些小的疏失不放，伺机发难。君子严于律己却宽以待人，小人则纵放自己而苛求别人。我这样的解说自然已超出了“居上不宽”的本意，但这样的话语，我们也未尝不可作出如上的引申。

在《公冶长》篇里，子张问孔子：“令尹子文三仕为令尹，无喜色；三已之，无愠色。旧令尹之政，必以告新令尹。何如？”孔子回答说：“忠矣。”子张又问：“仁矣乎？”孔子说：“未知，焉得仁？”子张再问：“崔子弑齐君，陈文子有马十乘，弃而违之。至于他邦，则曰：‘犹吾大夫崔子也。’违之。之一邦，则又曰：‘犹吾大夫崔子也。’违之。何如？”孔子说：“清矣。”子张续问：“仁矣乎？”孔子说：“未知，焉得仁？”

楚国的宰相叫令尹，文是他的名字。子文三次做令尹，三次被罢免。每次做宰相，都没有高兴的神色，每次被罢免也都没有不高兴的表情。为什么？他没有把宰相的位置看得过重，却将宰相的职守看得不轻。宰相之位，不是用来向人炫耀，以为自己了不起的身份或身价，更不是自己借以牟利和足欲的权力象征，而是为国家为民众效力的机会，是施展自己政治才华的有效平台。所以子文三次被任命为宰相而没有窃窃自喜，因为他知道自己要肩负沉重的责任。三次被罢免，又都没有愤愤不平，因为不再肩负重任，自己也可以获得一份轻松。很多钻营的人，之所以努力钻营，逢迎上司，巧言令色，如犬马一样伺候领导，只是为了有机会获得必要的官位，好借机满足自己的私欲。这样的人得位就会腐败，道理不用再讲，傻子都能明白。古代的官员都是可上可下的，今天做宰相，明天或许就去做省长或郡守。非待犯大错误才降职处分，就为庸碌的官员和无能的俗吏提供了借滥竽充数以谋衣食的长久便利，白拿国家的俸禄，安食生民的赋税。这是孔子评价令尹子文的启示。

下面我们再看孔子对陈文子的评价。陈文子与崔杼同是齐国的大夫，崔杼杀死齐国君庄公，陈文子不愿与乱臣贼子共事，连十乘车（四十匹马）都不要了，跑到别的国家中去了。陈文子弃不道以就有道，但是一再遇见与崔杼一样的忤逆之臣，落得个飘落无归。孔子称颂其“清”，就是清白，不为浊恶所污。孔子为什么只承认子文之忠和文子之清，但却不将仁许配两人？仅以陈文子而言，虽然清白了自身，但却上不能讨逆，下不能安身，落得个东奔西走，无地安身，显然不算有智慧。无智，焉得仁？仁不是仅有好心发于内，而必有大智使成于外。智是仁之羽，仁是智之身。有身无羽，只是雏鸟，徒具端倪而已。当然，有羽无身更不成其为物，只是标本而已。仁不能缺智，智更不可乏仁。胡五峰说：“仁智合一，然后君子之学成。”只有仁智合一，才是真正的君子，才可以称为仁。

《子路》篇记载叶公问政于孔子。孔子回答说：“近者说，远者来。”《论语》中“问政”字样不断出现，但所问内容却不完全一样，只是因为简省的原因所造成，我们在解读时，要根据回答来判断所问究竟是整体政治目标、政治理想或政治的具体办法或措施。这段话语，根据回答，显然叶公所问是“怎样才算是好的统治”的意思。孔子的回答简洁明快：“管辖之内的人民心情愉快，管辖之外的民众，都想迁入辖内生活。”为什么会有这样的效果？因为辖内的生活安全、幸福，所以才有如此的感召力。为什么辖内会安全、幸福？为政者仁爱苍生，体恤民瘼，真正关心和爱护老百姓。

有关为政，《颜渊》篇中也有一条，孔门弟子子贡问孔子，孔子回答说：“足食，足兵，民信之矣。”子贡续问：“必不得已而去，于斯三者何先？”孔子回答说：“去兵。”子贡又问：“必不得已而去，于斯二者何先？”孔子再答：“去食。”并且接着说：“自古皆有死，民无信不立。”这里的“问政”就与上面的内容不同，上面一段问的是“怎样的政治才是好的”，这段问的是“为政主要的内容都有哪些”。孔子回答主要有三点：储备足够的粮食，训养必要的兵士，取信于民。粮食与军队，显然是国家最基本的储备，没有这些储备，国家就不能成其为国家。但是，国家拥有这些储备，正是为了保障生民安宁幸福的，这些储备既是国家赖以成立之实，也是用以取信于民之资。有了这样的储备，就可以取信于民。但是，如果无信于民众，徒有这些储备，适足以害民而已。兵食本不当去，去则国空民亡。但与取信于民相比，还是后者最重要。因此，在迫不得已不能全部保留的情况之下，只能先去兵，然后去食，信是不能舍弃的。舍弃信，依然可以为国家，但这是害人的政权，这样的政权，有还不如没有好。为什么？政者，所以养民也，非所以害民也。政若不信，正所以害民也。所以孟子说：“行一不义，杀一不辜，而得天下，皆不为也。”宋代大儒胡五峰先生说：“国之有民，犹人之有腹心也；国之有兵，犹身之有手足也。手足虽病，心能保之。心腹苟病矣，四肢何有焉！是故欲富国者，务使百姓辟其地；欲强兵者，务使有司富其民。国无治乱，时无丰凶，政无经权，莫不以辟土地、养人民为本。”国家拥有百姓，就像人拥有心腹；国家拥有军队，就像人拥有手足。手足生病，心不病，人还可以治疗手足，保住性命。要是心腹重病，手足就无处发用，实际上也就没有了作用。建国必须养兵，如同人生必有手足，用以抵御外侮，保疆守土。但是保疆守土不是目的，只是实现养民目的的手段。不养民无以为国，养人民必以信政。政不信，则欺天罔人，假德以欺天，不信以罔民。孟子说，为君为国者，要取信于民，要保障生民的基本生活，不在这样的问题上下工夫，等到百姓因为无食不能生存时，祸乱王法，再严加惩办，这是欺罔民众，陷害民众。“及陷于罪，然后从而刑之，是罔民也。”真心对待民众，为民众谋生存、谋福祉，这叫做诚于中而信于外。政策、政令之有信，是内心里真实仁爱民众的善心的外在自然流露。没有真实的诚心，就不会有真正的信誉。不要把政治权力当成要弄民众的工具，而要真正将政治权力当成为人民谋平安、谋幸福的条件和手段。这就是孔子上面一段话语的真正含义和深挚的用心。

在《颜渊》篇中，孔子说：“听讼，吾犹人也。必也使无讼乎!”这句话翻译成现代汉语就是：“裁决民事诉讼，我和别人一样，听双方陈述，了解案件实情，从而审断是非曲直。我和别人不同的地方，就是我的目标不在于定是非，断曲直，而在于从根本上断绝诉讼之源，使民众不再诉讼。”言下之意就是通过伦理的教化，使百姓懂得廉耻，学会礼让，从而在根本上消除诉讼，建立和谐美满，平时相友善，疾病相扶持的重伦理、重感情的人间社会。站在今天的立场上看，孔子似乎有些发癫，人和人之间，怎么能够没有诉讼，诉讼如何能在根本的意义上消除掉？这不是痴人说梦吗？中国进入近代以后，工业化、城镇化和现代化的进程不断加快，人与人之间的疏离不断加剧，人和人之间的感情越来越淡漠，随着农业社会的进一步瓦解，人与人之间的关系，已经不再是相守田园，满目熟人的人情社会，上下楼之间大都不相识，甚至对门都不认识。保障自己的生命财产安全，保障自己的利益不受侵害，是现代的城市人第一个基本的心理实像。诉讼渐渐成了现代城市人的基本生活内容。这和古代的农业社会、熟人社会完全不一样。尽管在古代，真正的“无诉讼”的社会生活也很难在根本的意义上实现，但这种愿望毕竟还是有实现的可能性的，而且也确曾在一些地方短期地实现过。

老子也曾提出过“小国寡民”的社会理想蓝图，有很多人一听就会立即反应说：“那是保守的、复古的、倒退的甚至是反动的。”其实这是现代人的心理毛病，你先不要下结论，也不要动辄就拿心中既成的现代观念来扣帽子，你先看看他说的有没有道理，是否能够体现人的内在真实的心里愿望。如果让你到一个“甘其食，美其服，安其居，乐其俗”的境遇中去生活，你真的会不愿意吗？你愿意在一个永远不满足又永远都无法使自己满足的境遇中，每天像希腊的神话中的西西弗斯一样，不断地推举头上永不停息的压下来的大石头一样，在利欲的驱使下成为利欲的奴隶而丧尽自由和闲适，一点恬美的感觉都没有，只有不断增加的压力，甚至忙累得连气都透不过来的境遇中生存下去吗？如果你说愿意，那么不是你虚矫，就是你有病。当然虚矫本身就是有病，可是我这里想说的不是虚矫之病，而是现代化之病。现代人不承认自己有病，这是病入膏肓，不以病为病的表现。不是大家都喜欢购买环境幽美、空气新鲜、没有噪声和空气污染、邻里亲和的住宅吗？为什么大马路边上的房子都不是居住的选择目标？为什么有钱人都希望到城市的郊区去买别墅？一种没有战乱、没有喧嚣、没有尔虞我诈的生活，哪个人不喜欢？朝看红日，暮送夕阳，览明月、饮甘泉，呼吸新鲜空气，静听松风，闲观鱼鸟你不喜欢？如果你喜欢，那么你就能够理解老子。但是毕竟老子是复古的，这个复古不是儒家的复古，儒家的复古是要恢复尧舜和夏商周时代美好的伦理生活，老子的复古是要返朴归真，恢复到“邻国相望，鸡犬之声相闻，民至老死不相往来”的境地中去。这不是很坏的反动，而是美妙的梦幻。人类既然已经走出上古的淳朴，就没有办法再返回到原初的至真。同样，尽管孔子的“必也使无讼乎”并没有像老子走得那样深远，但社会的前行脚步，已然无法逆转，诉讼已成常态，人类越来越不能没有诉讼，人与人之间，已经越来越难于在真心的意义上交流了。没有诉讼，现代人依靠什么来保障自己的生存权利不受侵害，生存资源不受侵犯呢？所以说，孔子设想的“无讼”的人间社会，真的已经不再是美丽的黄昏，而是早已陨落掉了的或者就是根本不曾升起过的太阳了。

刚刚我们分析了孔子“听讼，吾犹人也。必也使无讼乎”的话语，孔子的核心意思，就是要用教化的方式，感召民众，使老百姓远离争讼，互相关爱，互相体谅，互相帮助，互相扶持。这是儒家一贯的行政伦理原则，这种原则在后世的历史中代有实行，而尤以宋代为典型。

二、两个典型案例所表达的德、刑关系

下面我给大家举两个宋代儒家法官断案的实例，看其所表达的教化目标，以加深大家对孔子上述思想的理解。

(一)

当职承乏于兹，初无善政可以及民，区区此心，惟以厚人伦，美教化为第一义。每遇听讼，于父子之间，则劝以孝慈；于兄弟之间，则劝以爱友；于亲戚、族党、邻里之间，则劝以睦姻任恤。委曲开譬，至再至三，不敢少有一毫忿疾于玩之意。剽闻道路之论，咸为士民颇知感悟，隐然有迁善远罪之风，虽素来恨傲无知，不孝不友者，亦复为之革心易虑。当职方窃自幸，忽阿周以不孝讼其子，为之惊愕羞愧，引咎思过，谓我为邑长于斯，近而闾里乃有此等悖逆之子，宁不负师帅之任哉！因思昔仇香为蒲亭长，民有陈元者，以不孝为母所讼，香惊曰：近过仇舍，庐落整顿，耕耘以时，此非恶人，当是教化未至耳！遂亲至其家，与其母子共饮，为陈说人伦，谕以祸福，元大感悟，卒为孝子。乡人为之谚曰："父母何在在我庭，化我鸣鸱哺我生。"至今载之青史，为万世美谈。今马圭之见讼于其母，与此事适相类，恐亦是教化未明之所致。亟呼其母至前，询问其状，乃备陈马圭不肖之迹：父母与之以田，则鬻之；勉其营

生，则悖之；戒其赌博，则违之。十年之前，已尝为父所讼，而挞以记之矣。今不惟罔有悛心，而且以为怨。其间更有当职所不忍闻者。观其所为如此，则是真恶人，非复如陈元之可化矣。当职心实愈焉，从其母之所请，刑之于市，与众弃之矣。早闻其母又执至其父遗嘱，哀矜恻怛之情，备见于词意间，读之几欲堕泪。益信天下无不慈之父母，只有不孝之子。罔极之恩，马圭虽粉骨碎身，其将何以报哉！但其父既有乞免官行遣之词，而其母亦复恻然动念，不胜舐犊之爱，当职方此“老吾老以及人之老”，亦何幸其母子如初欤！今更不欲作马圭之罪，押归本家，恳告邻里、亲戚，引领去拜谢乃母，友爱乃弟，如再有分毫干犯，乃母有词，定当科以不孝之罪。所有马早遗嘱，录白纸入案，更以一纸付马圭，归家时时诵读，使之知乃父爱如此之至，则天理或者油然而生尔。仍特支官会二十贯，酒肉四瓶付马圭，仰将归家，以为招诸亲戚、邻舍之用。

这是一份南宋晚期的法律判决书，宋代称为“书判”。这份判决书收在《名公书判清明集》中，断案法官为胡石壁。《名公书判清明集》是南宋晚期法官断案的“判决书”和官府相关行政法规之类公文的分类汇编，有宋、明两种版本。两本共收“书判”即判决书473份，注明作者名号的有367份。其中以胡石壁位居其首，收录他的书判词共75份，占总数的19%。其余判词出于蔡杭、翁浩堂、吴雨岩、刘克庄、吴恕斋、方巨山、真西山、马光祖、王实斋、赵汝腾、史弥坚等之手，这些人都是一时清流，断案名公。

胡石壁是前面提到的大儒胡五峰的五世孙，名颖，字叔献。早年在襄阳前线，追随抗金名臣赵方父子，“以拳勇著称”，与兄长胡显，还有名将扈再兴、孟宗政等佐助赵方、赵范、赵葵父子一道，构建了南宋中晚期抗金的钢铁长城。后来出军入政，先后官任浙江东路提点刑狱公事（就是浙东省最高法官）、荆湖南路（就是湖南省）提点刑狱公事、广南东路（就是广东省）提点刑狱公事、广南西路经略安抚使兼知桂林（就是当时的广西省长兼省府所在地桂林市市长）。宋度宗咸淳八年（1272），退休，同年病逝于湖南衡阳家中。著名的民族英雄文天祥是他的入室弟子之一。

这份判决书究竟写了些什么？让我们来解析一下。“当职承乏于兹，初无善政可以及民，区区此心，惟以厚人伦，美教化为第一义。每遇听讼，于父子之间，则劝以孝慈；于兄弟之间，则劝以爱友；于亲戚、族党、邻里之间，则劝以睦姻任恤。委曲开譬，至再至三，不敢少有一毫忿疾于玩之意。剽闻道路之论，咸为士民颇知感悟，隐然有迁善远罪之风，虽素来佷傲无知，不孝不友者，亦复为之革心易虑。”“承乏”是古代官员的自谦之词，意思是我白占了这个官位，没有给百姓带来什么实际的好处，也没有什么可以称道的政绩。宋代很多官员极富责任感，他们的从政目标在于用善政以惠民，而不在于如何讨好上司以求升迁。这一点胡致堂有一句名论，可以成为典型性的表述：“郡守以抚养百姓为职，贤否于是乎观。不闻以能奉承大吏为贤也。”意思是地方官员以养育百姓为职任，贤能或庸劣都可以从这一点中得出评价。没听说能够阿谀上级，奉承高官就算贤能的了。胡致堂本名胡寅，字明仲，是胡五峰的同胞长兄，也是南宋之初最著名的学者和文人。胡致堂上面的话语，是宋代知识分子的共识。胡石壁本是晚宋政声斐然、家喻户晓的人物，却依然因“初无善政以及民”而自惭形秽，这是多么崇高的儒者的情怀呵！所谓“区区此心，惟以厚人伦，美教化为第一义”，正是顺着孔子“道之以德，齐之以礼”的教诲而确立的为政总原则。胡石壁每每听讼，就教人家朝伦理方向努力，劝父子间要慈爱，劝兄弟间要友爱，劝亲戚、族党和乡邻之间要和睦相处，互相体谅，互相帮助。人们走在道路上都相互传颂胡石壁的功德，治下百姓已然形成了迁善远罪的习惯，就是原本“不孝不友者”，也都受到感化，“亦复为之革心易虑”。当地的风气一时大变。

可就在胡石壁心里暗自高兴的时候，忽然有一个叫阿周的女人，来到官府，告自己的儿子不孝，胡石壁为此而惊愕，也为此而感到羞愧。说：我作为此地官长，主一方政刑，竟会出现这种悖逆不孝之事，是我没有教化好民众，有负职任，我感到非常惭愧。这样的说法，尤其能够表明胡石壁作为地方长官，身担道德教化的责任和自觉。我们今天的官员大都不会这样想，他们会以为这样的事情跟我有什么关系？他爱是谁就是谁，他把爹杀了也与我无关。他犯了哪条刑律，我就按哪条刑律惩治他，这已经是相当不错的了。难道是我教他打爹骂娘的不成？古代的官员不这么想，出现了这种事情是自己治理不力，自己惭愧，然后就引咎思过。胡石壁因此想起来汉代的一个故事，说汉代的仇香只是做个蒲亭长，辖境之内有一个叫陈元的人，因不孝被母亲所控告，仇香听后很惊讶，因为他经过陈元家时，见到"庐落整顿，耕耘以时"，断定陈元不是真恶人，一定是教化工作没做到！于是就亲自来到他的家中，和他们母子俩一起吃饭，一同说话，为陈元讲人伦之道，陈元被深深感动，最终成为远近闻名的孝子。胡石壁以为他接手的这个案件与仇香接触的可能相类似，大约也可能是教化工作没有做到，马圭不明人伦之理，所以才犯了忤逆其母的错误。那怎么办呢？我先问问情况，然后去教育教育他吧，我作为地方官长负有这个责任。等到阿周把马圭的所作所为告诉胡石壁之后，胡石壁才知道，这个马圭游手好闲，嗜赌成性，卖掉了家里的田产，父母屡屡劝告，根本不听。十年前他的父亲就到官府告过他，官府给了他几大板，惩罚他。结果他不仅不思悔改，而且对父母怀恨在心，又欺侮并打伤弟弟。胡石壁感到这个马圭和当年仇香遭遇的陈元根本不一样，是一个真正的恶人。胡石壁非常气愤，本想"从其母之所请，刑之于市，与众弃之矣"，干脆当众斩了他，以警世人。但是马圭的母亲又不忍心了，准备撤回上诉，还拿来了马圭的父亲的遗嘱，马父的"哀矜恻怛之情，备见于词意间，读之几欲堕泪"。其实他父亲就是被他气死的。胡石壁由此想到："益信天下无不慈之父母，只有不孝之子。"父母对他有

“罔极之恩”，马圭这个混蛋，就算粉身碎骨，也无法报答父母的恩德。“但其父既有乞免官行遣之词，而其母亦复恻然动念，不胜舐犊之爱，当职方此‘老吾老以及人之老’，亦何幸其母子如初欤！”可怜天下父母心，既然你的父母不愿治罪于你，我这次就权且饶恕你，“如再有分毫干犯，乃母有词，定当科以不孝之罪”。母亲帮儿子说情本来不当生效，有关这一点，今天和古代的法律都一样。但是这个案件先是母亲告子不孝，后又不忍治罪儿子，所以中途撤诉，法官出于恻隐之心，不治犯者，于情于理均可说得过去。胡石壁又将马圭父亲的遗嘱留在官府备案，同时又抄录一份给马圭，希望他“归家时时诵读，使之知乃父爱如此之至，则天理或者油然而生尔”。冀望马圭深感父母之恩，良心发现，痛改前非，生出孝弟之情，感戴亲恩，成就亲情。

这是多么令人感动的一个处理决定啊！传统儒家自孔子开始，就强调人性之善，孟子更明确提出“四端”之说，以为人人生而具有仁爱、正直、礼让之心和判断道德是非的先天能力，只是在生存的过程中，因为张大了个体生存的需求，所以才导致了天赋良心的黯淡，甚至使良心完全被生存的欲求所淹没。但是这份良心既是天赋的，就不会彻底泯灭，在适当的条件下，因为特殊的刺激还可以忽然醒悟过来。胡石壁就是希望马圭有这样的一天。为此，他还支付马圭“官会二十贯，酒肉四瓶”。原告和被告都不交诉讼费，还要给他们钱、粮、酒、肉？这是在干什么？希望他回到家后，拿这些东西，招待亲戚和乡邻，把亲族、邻居都找来，当面给母亲赔罪，当场认错，当面表态，痛改前非，孝顺生母，善待弟弟，友善乡邻，重新做人。这个案件的准确时间地点现在不好确定，但大致时间应在晚宋时期，这时，元兵攻逼，正当国家民族危急存亡之秋，财政、军需都十分紧张，为政一方的大法官仍能如此稳健断案，并从政府开支中拿出钱物，维护人间伦理，维护社会稳定，没有真儒的情怀，断不能做出如此崇高伟岸的事情来。

各位看看，好好想想，这就是宋代的大法官！像这样的儒家法官，晚宋时期不止胡石壁一人。他们断案，主要的目的不在于惩治，而在于教化，通过断案来教育人，改造人。现在的法官显然不这样断案，也不可能这样断案。是谁的责任就是谁的责任，法官的职任只在案件审断本身，判完就没事了。古代的法官不是这样，尤其是宋代。在宋代的法官看来，断案不算能耐，通过断案来实施伦理教化才是真本事。他们在用自己的法律实践，践履孔子“必使无讼”的政治理想。案件容易处理，教育人却远没有那样简单。没有把人教化好，责任是法官的，法官就会感到自己对不起孔孟，对不起先贤，对不起生民，对不起祖先，对不起君王，对不起民族的历史和文化。如胡石壁之对于马圭，真正可以叫做“惩前毖后，治病救人”。尽管今天的案件和古代法官所接触的案件相比，情况已经复杂得多，但是法官的用心已不在教化。现代的法官，更多的以自己能断案而自豪，但却很少有以能够通过断案而拯救人、教育人和成就人为目标的了。这一点自然是由于现代法律的总体目标所决定，但是中国的法官将中国古代优秀的传统放在一边，无论怎么说，都不能不说是一件重大的憾事。

孔子所代表的中国传统儒家的政治目标是德政，只有实行仁政，才能真正达到“近者说，远者来”。“必使无讼”则是仁政的整体目标的必然要求。所以胡五峰先生说：“生刑轻，则易犯，是教民以无耻也。死刑重，则难悔，是绝民自新之路也。”那怎么办才好？“死刑、生刑，轻重不相悬，然后民知所避，而风化可兴矣。”法令和刑律原本不是用来治民的，而是用来救人的。犯者若轻，可救而救之，犯者若重，不可救，则处之极刑而绝之。绝之为了救生民，使犯者不至永久危害乡邻和社会，这叫做为民除害。其实也是救人，锄奸剪恶以救良善而已。

(二)

让我们再看一则案例，也是胡石壁所断，案件性质与上面所分析的那一则基本相当，也是母亲告儿子不孝：

> 嫠妇阿蒋茕然孑立，所恃以为命者，其子钟千乙而已。其子狼狈如许，既不能营求勺合，以赡其母，阿蒋贫不聊生，至鬻其榻，以苟朝夕，剥床及肤，困穷极矣！钟千乙又将其钱妄用，久而不归，至割其爱，声诉于官。此其情之得已哉？钟千乙合行断治，今观其母羸病之余，喘息不保，或有缓急，谁为之倚，未欲置之于法，且责劝励，放。自此以后，仰革心悔过，以养其母。本州仍支五斗，责付阿蒋，且充日下接济之须。

一位姓蒋的寡妇，生活非常艰辛，养育一子钟千乙，希望依靠他养命维生。可是这个钟千乙“狼狈如许”，一点都不能随顺母亲的心意，根本不尽一丝赡养母亲的责任。迫使母亲为了生存把家都卖了，穷困已极，差不多要乞讨为生了。钟千乙又把母亲卖家的钱拿出去乱花妄用，久久不归还其母。致使母亲万般无奈，只好忍痛割爱，“声诉于官”。像这样一个忤逆不德之子，本应严正法典，但是法官胡石壁眼见其母羸弱与疾病交加于身，朝夕恐有不保。“或有缓急，谁为之倚？”于是处以“责劝”，放归回家，冀望他洗心革面，赡养老母。又支付五斗粮食给阿蒋，“且充日下接济之须”。这就叫“为政以德”，这就是儒家的仁政。

在《颜渊》篇里，有季康子问政一段，孔子对曰：“政者，正也。子帅以正，孰敢不正！”什么是政治？怎样行使政治职能？行政的目标就是维护人间正义，就是保障社会的公正，就要引领大众走向正直。所以，从事行政的人，或者就用今天的话语，当领导者吧，自己先正，同僚和下属敢于不正吗？孔子还在《子路》篇中说：“其身正，不令而行；其身不正，虽令不从。”“苟正其身矣，于从政乎何有？不能正其身，如正人何？”从政者和普通民众不一样，必须首先正自己，正自己而后可以正人。自己如果不正，不论站在多高的行政职位上，掌握多大的权力，拥有多么有利的条件，都无法实现正人的目的。不管在哪个国家，也无论在什么时代，都要对为政者有一定的道德要求。不要以为不违法的就可以随便做，不违法未必不违背道德。政治如果不放弃维护社会公正和导人向善的目标，或者仍将导人向善作为为政的目标之一，那就不能在根本上放弃对于执政者的道德要求。这份道德的要求，就是为了使为政者不至丢掉善心，从而发自真心地去关怀百姓的生存，真心地对于美化社会风俗，生发身体力行的楷模作用。这样的政治才能得民心、顺民意，才能被民众所信服，才能在民众中产生真正的感召力。

有关政治实施过程和先后次序，《子路》篇中有如下一段话语："子适卫，冉有仆。"有一次孔子周游列国的时候带着学生冉有，冉有给孔子驾着马车，师徒一同到了卫国。孔子发现这里人口不少，街面还挺热闹，就说："庶矣哉！"冉有问孔子：人口多了，接下去应该做什么？孔子说："富之。"冉有又问：民众生活有了保障以后又应该怎么办？孔子说："教之。"

《子路》篇中还有关于"一言兴、丧邦"的对话。鲁定公问孔子说："一言而可以兴邦，有诸？"孔子回答说：话不能讲得这样绝对，但如果一定要指认一句话语可以引导国家兴盛，比如有人说："为君难，为臣不易。"如果真正知道做国君不易，做大臣不易，从而沐浴而握发，进食而吐哺，甘勤苦而不懈怠，差不多就会因一言而兴邦了。鲁定公又问："一言而丧邦，有诸？"孔子同样告以话不能说得那样绝对，但是如果一定要指认某句话语一定会导致国家衰亡，比如："予无乐乎为君，惟其言而莫予违也。如其善而莫之违也，不亦善乎？如不善而莫之违也，不几乎一言而丧邦乎？"如果占据统治地位的君王说的话没人敢违抗，但是他的话语又缺乏正确性，那可就差不多因为一言要丧掉家邦了。《左传·庄公十一年》记载："秋，宋大水。"宋滑公遣使往吊，说："天降大雨，使人民受此严重灾害，衣食难保。这是我最深的忧虑，也是我有辱君的职命所致啊！"鲁国大夫臧文仲听说以后，就此发议论说：宋国要兴盛了！商汤和周武因为百姓受灾苦而罪己，"其兴也悖"，夏桀和商纣不怪罪自己而怪罪别人，怨天尤人，“其亡也忽”。一旦获得政权就会慢慢荒怠下去，这叫做“忽”，“忽”而后，灭亡将随之降临。宋滑公心中真有百姓，以百姓受难为自己没有尽到职任，做君王的感到自己有罪，他的国家定然会强大起来，就像商汤和周武一样。相反，如夏桀和商纣，不检省自己，始终觉着罪在别人，罪在天地，天天盯着是否有人借机反对自己，他们的国家也就因此很快败亡掉了。如宋滑公，可谓一言而能兴邦，像夏桀和商纣，唯恐别人不听自己错谬的言论，就是所谓“一言而丧邦”了。

三、施政过程：以德化人而不陷功利不求速成

（一）恭、宽、信、敏、惠

在孔子看来，真正的德政或仁政，还要通过很多具体的细目体现出来。“子张问仁于孔子。孔子曰：‘能行五者于天下，为仁矣。’‘请问之。’曰：‘恭、宽、信、敏、惠。恭则不侮，宽则得众，信则人任焉，敏则有功，惠则足以使人。’”恭的对象是自己，恭则不侮，就是不轻慢自己，便不会招致无端的侮辱。我在这里给大家讲一个有趣的故事，从前明朝两个大儒陈白沙和庄定山一起乘坐一艘民船。船中很多恶少知道两个人的修养很高，于是就以污言秽语亵渎两人，庄定山怒不可遏，差点起来痛斥。回望陈白沙，表情平静，仿佛鸡犬乱于前。世人以此定陈白沙高于庄定山。晚明大儒王船山评价两人，不过五十步与一百步之间。船山先生说，两人乘坐“乌篷船”就是亵渎自己，招致侮辱，在所难免。我曾经把这样的故事讲给老朋友王志忠博士听，王博士说，船山所讲不符合实际，他说以今天的知识分子而言，想不坐民船，没有那个条件，经

济收入低，包不起专船。我听后大笑。看来不轻慢自己也不是一件简单的事情。宽则得众，似乎不需多解，宽是对属下，宽以待人，自然就会得众。谁愿意到刻薄寡恩的人那里去自讨没趣呢？信是对受言者，信则人任焉，讲的话语很简单，履行起来不易。言而无信，说的不算，算的不说，就算有愿意任事的人，都不知道如何去做。敏是善察事机，顺势以成事。不敏就会经常错过时机，等到缓过劲来，时机已经过去了，所以才说“敏则有功”。惠是恩惠，必有恩以惠民，百姓才愿意受驱使。白干活挣不着钱，谁也不去。“恭、宽、信、敏、惠”，看起来容易，真正做到却十分不易。为政者虽然有位有权，但权位只是成事的一个起码条件，真正要成就一番事业，却一定要“恭、宽、信、敏、惠”才行，权力不可仰仗，仰仗权力者，必自食其果。

（二）无欲速，无见小利

孔子还告诫为政者：“无欲速，无见小利。欲速则不达，见小利则大事不成。”“欲速”和“见小利”是为政者的大忌，也是为政者最容易犯的错误。过去有一句民间俗语，叫做“新官上任三把火”。这正是为政者“欲速”和“见小利”的写照。想急切地有所成就，获得政绩，实际上往往适得其反。其实不止为政，为学为人包括交友等，无不如此。在一个功利化的社会里，各种“速成”的广告着实眩人眼目，迅速获利，已经成了今天许多中国人的普遍心态。这个心态如果不加以改变，是很难指望有真正的大成就的。古往今来，为小利所误的君主、大臣、学者各代都有，至于普通民众，更是多不可举，孔子的告诫，真是意义重大，实在是治心之良药。

（三）为政不只做官一途

因为历史和现实的双重影响，官本位的思想在中国社会很流行，其实做官只是人生之一途，人生不应为做官而设，人活着不是为了做官，要讲对社会的贡献，也绝不仅只做官一条路。《为政》篇记载有人问孔子为什么不去做官，直接参与到政治的运行过程中去，孔子回答说："《书》云：'孝乎惟孝，友于兄弟，施于有政。'是亦为政，奚其为为政？"只要提高自己的人生品质，把所学的东西学好并且付诸实行，就自然会对周围的人产生正面的影响，这不也如同直接参政一样，会发生好的社会效果吗？况且做官也是应该首先学好才行。

（四）仕与学的关系

在《先进》篇中，孔子说过如下一段话语："先进于礼乐，野人也；后进于礼乐，君子也。如用之，则吾从先进。"学习和做官是两个互相推进的过程。野人是没有背景，自己学习考取功名的，这叫做"先进于礼乐"，先做官再学习礼乐，这是君子。这里的君子和野人，不是道德意义上的划分，而是身份意义上的分别。孔子说如果让我来选拔人才，我自然要优先选拔已经有足够知识储备的人，尽管他们都不是贵族的子弟。这就叫做"学而优则仕"。学优以后再仕，就会减少很多行政失误，也会增加行政的正确性，提高行政的效率。

（五）尊五美，屏四恶

《尧曰》篇中记载子张问孔子的话语："具备怎样的条件才可以从政？"孔子回答说要"尊五美，屏四恶"。子张问道："什么是五美？"孔子说："惠而不费"、"劳而不怨"、"欲而不贪"、"泰而不骄"、"威而不猛"。什么叫做"惠而不费"？孔子说："因民之所利而利之"，就是"惠而不费"。什么叫做"因民之所利而利之"？邻海者有鱼盐之利，面山者有木果之利，因其所居之方便而利之，百姓既得其利，国家又免去了舟车转运等费用，这就叫做"因其利而利之"，既施恩于民，又节省了不必要的开销。所谓"劳而不怨"，大凡劳役，人心所不愿，"择可劳而劳之"，不择不可劳者而劳之，便不会生出怨愤。可劳者必是身强力壮之人，而不能是羸病与老弱之人，而且还要选择时间，必在农闲时节，或者家有剩余劳动力，方能驱而劳之。否则便会生出怨愤。孟子说："得天下有道：得其民，斯得天下矣；得其民有道：得其心，斯得民矣；得其心有道：所欲与之、聚之，所恶勿施尔也。”“所欲与之”，就是利之，因其所利而利之，就更好；“所恶勿施尔也”，就是不要惹出民怨，国家必有相应的动工动众的行为，使民任其劳而无怨，不只需要高超的政治技术，更需要有真正的爱民之心。有仁民之心，虽偶或处理不当，亦不至招惹民怨；没有仁民之心，稍不妥当，便会民怨沸腾。什么是“欲而不贪”？为政者的目标在于施仁于民，不在于显示自己的治能，更不在于谋私利，足私欲。为政的过程虽在行政、理民，但行政就是施仁，而不是弄巧，更不是谋私。使民受其惠，这是行使政治权力的唯一目标。理民是为了息争，使民相扶持、相友善，和谐共处，平安生活。为政的目标即在施仁德于百姓，百姓既得其惠，天下既受其益，目的也就实现了，还有什么另外的欲求，如图私利、足私欲之类的贪欲呢？这就叫做“欲仁而得仁，又焉贪”。不以众暴寡，不以强凌弱，不以大欺小，身处高位，手握重权，但却从不轻慢人，这就叫做“君子无众寡，无小大，无敢慢”，这样就能实现“泰而不骄”。孔子又说：“君子正其衣冠，尊其瞻视，俨然。人望而畏之，斯不亦威而不猛乎？”衣冠整洁庄重，眼目正直严肃，人们见到就会敬重。这样就能达到“威而不猛”的效果了。衣冠若不整洁，则会被人取笑，衣冠华巧不实，也会使人产生不敬之感。目视最为重要，眼睛是心灵的窗口，最能体现一个人的内心活动。“威而不猛”和“猛而不威”究竟有什么不同？不同大了，有如天壤。“威而不猛”是有威严但不凶猛，“猛而不威”，则虽然凶猛，却没有威严。衣冠整洁、目视堂正、言语庄重，自然会增加从政者的威严，威严是行使权利的必要前提条件，没有威严，就无法正当地行使权利。但是君子行使权利，虽有威严，但不猛力，使人有尊重感，而不会使人产生压迫感，更不会产生惧怕感。受人尊重的自然可以做好官，令人害怕的自然还可细致划分为是地位和权力使人害怕，还是占据地位和行使权力的人使人害怕？是违法乱纪者见了严正而害怕，还是普通百姓见了大呼小叫、倚仗权势而作威作福的官员而害怕？中国的百姓，从古到今都被吓怕了，在“猛而不威”的狼官虎吏的面前，小腿都转筋，怎能知道如何摆放自己的手足？怎能不心惊胆战，背出寒气？孔子的话语就是教导人们，在为官行政的时候，要靠人品的堂正以获尊严，从而使政令畅通，使不正者不敢行邪，使不端者不敢起歪心，使图谋叛逆者，不敢侥幸一逞。而不是靠权力和地位吓唬人，令人不敢直抒胸臆，不敢直陈事实真相，连想要说什么都吓忘了。这样的官员虽然很可怕，但却一点都不值得敬重，这就是“猛而不威”。

子张又问孔子什么是“四恶”？孔子回答说：“不教而杀谓之虐；不戒视成谓之暴；慢令致期谓之贼；犹之与人也，出纳之吝谓之有司。”平时不进行教化，犯法即行杀戮，这就是施虐；平时不禁止，眼见民众在不知的情况下陷入罪恶，到时行刑，这是残暴；平日不申明法令时限，等到百姓误了期限，再予以处罚，这是戕贼人民。以上正是孟子所说，平时不养民，平时不教民，“及陷于罪，然后从而刑之，是罔民也”。设陷阱而坑人，欺罔民众，拿民众的生死、利害当儿戏，以上三恶正是残贼民众，暴虐生灵，毫无仁爱之心。为政之大不德，也只不过如此而已。四恶的最后一点，指一旦需要给予百姓一点恩惠的时候，却像仓库保管员，吝啬不忍付出，动一分钱，出一点血，都跟抽他自己的筋、割他自己的肉一样舍不得。

孔子告诫子张，为政者，要努力做到“尊五美，屏四恶”，五美是仁政，是王道，尧、舜、禹、汤、文、武的行政原则就是这些。四恶是暴政，是霸道，桀、纣、嬴政、杨广未必过此。

四、绵延不绝的仁爱政治关怀——孔子政治思想的后世续响

孔子创立了中国的人文主义传统，也确立了人道主义的政治理想，对中国政治由衷的关怀和深切的期待，也是孔子理想中最重要的一项内容。孔子开创了一个人本主义政治化的先路，他试图把中国的政治引向人道主义、人文情调很浓、“人味”很足的这样一个伦理化的境地中去。他所开创的这样一个人文主义政治的传统，他所创立的关怀政治、批判政治和改造政治的典范，对后世儒家参与政治和评判政治做了楷模，做了导引。中国后世儒家对于政治的基本看法，实际上都是在沿着孔子开创的道路继续前行。这叫做政治的伦理化的努力，或者叫对于政治的伦理化的一种诉求。

孟子

孔子生活在春秋时期，到了战国时代，孟子横空出世，接继孔子，倡导仁政和王道理想，继承并发扬了孔子“为政以德”的基本精神，使儒家的政治理想更加明确直截，更加坚定不移。

1.不忍人之心与不忍人之政

孔子的思想较孟子为温和，孟子的思想较孔子更凌厉。孔子说：“仁

者，爱人。”孟子接着讲：“人皆有不忍人之心，先王有不忍人之心，斯有不忍人之政矣。”不忍，就是有些事情没办法做得出来，不忍心做得出来。这跟我们当今的一些国家之间的政治情况不一样。现代人不讲“不忍”，只讲“能不能”“行不行”“合不合算”，不讲于心是不是不忍。“不忍”是中国传统儒家的最深邃的一个政治原则，儒家因此遭受很多批评，尤其是近代有人批评儒家不懂政治。连司马迁都说孟子“迂远而阔于事情”。虽然他肯定了孟子“王何必曰利，亦有仁义而已矣”的说法，以为谋利确实是祸乱之源，并且肯认“子罕言利”是防微杜渐的根源性策略。看来儒家确实有点太理想化了。也有些人提出了这样一种说法，认为儒家不懂政治，儒家只懂伦理。实际上呢，从现代政治的角度看，这样的批评应该是没有问题的。但是政治不是现代人的专利，现代的政治也不是人类政治的终极。每个人都希望建立一个比较合理的政治秩序，完成我们人性化和人道主义的一个基本的要求。也就是说人与人之间不能相互为难，互相为狼，不能永远这样敌对下去。人要友善相处，人要觉得他人不是自己的地狱，而是自己的友朋和生存所必需的环境、外缘。如果站在这样一个角度呢，那么儒家对于政治伦理化的祈愿，也可以说不是不懂政治，而是为人间政治提供了一个最高的理想。尽管这个理想在现实阶段上和在历史上任何一个时期，都不曾、也未被统治者所接受和实行。但是，不能因此就说它不是对政治的一种观照，它确实是一种崇高的理念。

2.关怀百姓的经济生活

前面我们已经讲过，孔子到卫国去的时候，见到很多人，孔子说：“庶矣哉。”弟子就问：“既庶矣，又何加焉？”孔子说：“富之。”“既富矣，又何加焉？”孔子说：“教之。”在孔子先富后教的说法的基础上，孟子接着说，统治者要首先让人们有饭吃、有衣穿，就是“仰，足以事父母；俯，足以畜妻子。乐岁终身饱，凶年免于死亡”。生存有了基本保障之后，得让大家接受教育，遵行礼义，同时对于同类还要有所不忍。用孟子自己的话说，就是“有恒产者有恒心”，要先使民众有恒产，然后再使他们有恒心。要是统治者没有帮助百姓积累一定的生活用物，那他们就会在生存受到威胁、朝不保夕的情况下，做出各种不正当的甚至是违法乱纪的事情，等到他们因此而陷于罪恶的时候，再来惩治他们，这就是故意设圈套让百姓钻，设陷阱让百姓跳。这是欺罔民众，陷害人民，玩弄人民，这是统治者最大的不德。这哪叫政治啊？孔子说：“政者，正也。”那就不是正治，而是邪治了。若以邪临民，以邪行政，那么百姓的“放辟邪侈”就是自然的，上行下效嘛！你教给大家这样做的，不这样做不符合你的统治方略和行政原则，也没有办法在你的统治范围内生存下去，所以他们只有“无所不为”了。孟子还对这种“制民之产”，使有恒心的行政方略进行了具体的描述：“不违农时，谷不可胜食也；数罟不入洿池，鱼鳖不可胜食也；斧斤以时入山林，材木不可胜用也。谷与鱼鳖不可胜食，材木不可胜用，是使民养生丧死无憾也。养生丧死无憾，王道之始也。”孟子说：“五亩之宅，树之以桑，五十者可以衣帛矣；鸡、豚、狗、彘之畜，无失其时，七十者可以食肉矣；百亩之田，勿夺其时，数口之家可以无饥矣。”这是一个基本的所谓“有恒产”的一个描述。在此基础上，“谨庠序之教，申之以孝悌之义，颁白者不负戴于道路矣。七十者衣帛食肉，黎民不饥不寒，然而不王者，未之有也”。什么叫做“不负戴于道路”？就是不背负沉重的东西在路上行走。头发斑白的人为什么都不背负东西在路上行走？被奔驰汽车拉走了吗？那时没有这东西，因为教化的效果，人们都知道尊老爱幼，接过了他们身上的东西，替他背负了。这就叫做“老吾老，以及人之老”。人们走在路上，“见孺子将入于井，皆有怵惕恻隐之心”，这就叫做“幼吾幼，以及人之幼”。王道是相对于霸道而论，“王道”就是以德服人。“霸道”呢，是以力假人。就是用力量来吓唬人、威胁人、震慑人，从而使人屈服，不是愿意跟从，而是不得不跟从，否则就要受到惩治，这叫霸道。儒家是讲王道的。中国传统的法家主要是讲霸道的，秦王朝就是典型的代表。尽管秦始皇统一了中国，但那也不算什么功绩，中国不必秦始皇也会统一，但不能用那样的方式统一，那样的统一种下了霸道、残忍的严重后果。

3.“苛政猛于虎”到“率兽而食人”

这里给大家讲一则《礼记·檀弓下》记载的故事：说孔子从泰山边上经过，见到一位妇人在坟墓上伏地痛哭，异常悲伤，孔子就让学生前去询问她为什么哭得如此伤心。妇人回答说，“能不悲伤吗？从前我的公公被虎咬死了，接着丈夫又被老虎咬死了，如今儿子也被老虎咬死了”。孔子就说，“那你怎么还不赶快离开这里？”妇人回答说这里“无苛政”。就是没有严酷的统治。孔子听了以后，立刻对身边的学生感慨道：“你们都牢牢地记住吧，残酷的政治统治，比老虎还要凶猛啊！”这就是著名的“苛政猛于虎”的话语来源。唐代古文家柳宗元在湖南永州又写了一篇《捕蛇者说》，进一步演绎孔子的话语，可以看做是“苛政猛于蛇”。秦始皇在整体上开了中国历史的苛政之端，罪不容赦。后代统治者暗地效法，惨毒甚于毒蛇猛兽，你们看看汉代和明代的统治者，多么残忍，不只是对百姓的欺诈与盘剥，对知识分子的迫害，甚至对于开国创业的功臣的杀戮，满门抄斩，祸灭九族，真是令人发指！这样的统一还不如不统一，那样大家还不至于随时随地死于非命，大家不至于惶惶不可终日，连基本的生存和尊严都不能得到起码的保障。孟子咒责这种惨毒无情、盘剥无度、视百姓生死于不顾的政治，称其为“率兽而食人”，就是领着野兽去吃人。

在当今的世界格局中，我们也看到，讲王道的国家越来越少见，讲霸道的却是遍地都是。大国凭借科学的力量，可以为所欲为，小国因为落后，只能时时受欺凌，处处遭打压。这是古代政治与现代政治的一个明显区别。孟子强调王道政治，仁政的表述，最终定型在孟子这里，对中国历史影响至为深远。不只对中国影响深远，对周边国家的影响也很深远。连日本人侵华的时候也声称他们要在中国建立“王道乐土”。他不敢说建立“霸道”，“霸道”不是“乐土”。尽管他行的是霸道之实，但却依然打出王道的旗号，为什么？因为“王道”在中国深入人心，打出王道的旗号，虽然改变不了侵略的事实，但却既好听，又能寄望哄骗愚氓。

孟子的王道政治理想和仁政设计方略，都是顺着孔子开创的人道主义的政治先路继续前行。孟子还强调“民为贵，社稷次之，君为轻”。不要把君王或者任何统治者自己的利益凌驾在人民的利益之上，这是儒家最根本的目标。如果统治者平日不为生民谋利，到了天灾人祸来了的时候，百姓纷纷饿死，饿殍遍野，统治者还经常自我开脱说：“不是我统治得不好，是天灾呀，我有什么办法呢？”孟子对于此种推脱不实之词，提出了严正的批判和给以无情的揭露，说这是以兵器杀人，杀完后却说“非我也，兵也”，不是我杀的，是兵器杀的。孟子据此提出：“行一不义，杀一不辜，而得天下，皆不为也。”只要有一个无辜的人被杀害，或者哪怕是做一件不仁不义的事情，但却可以因此得到天下，都坚决不能干。通过杀伐和以不义之行，就算是能够换来对天下的独占，都坚决不能去干。尽管孟子希望天下尽早结束纷争而实现统一，但如此的统一，不如不统一，以统一的名义行不仁不义之实，这是历史上的所有统治者的私欲膨胀的表现，这是最大的不德。梁惠王曾经问孟子说：“天下恶乎定？”孟子回答说：“定于一。”统一才能结束纷争，天下才能安定。但是历史上的统治者都是假统一之名，以行满足权力欲和个人私欲之实。统一之作为目标，虽然最能打动人心，但统一之作为借口，也是最能蛊惑人心的。秦始皇的惨毒刻薄，汉武帝的穷兵黩武，朱元璋的残酷无情，隋炀帝弑父夺位，唐太宗杀兄揽权，忽必烈的杀伐，清兵入关后的妄行屠戮，不一而足。君主为了统治而无恻隐，大臣为了争权而互相倾轧，权力和利益是使人丧尽同情和廉耻的最大的外在诱惑。老子说：“不见可欲，使民心不乱。”宋代大儒胡五峰批评老子说：可欲是事实，能够使人回避不见吗？“不见可欲”，是不可能的，只有在人心上下功夫，修其天爵，保住良善，才能减少人类的灾难，才能减轻人类的罪孽。但是控制欲强烈的政治统治者们和那些以弄权为快乐的政客们，会乖乖地就伦理之范吗？他们一旦放下屠刀，内在沸腾的欲望怎样得到满足？这是孟子的窘困，也是儒家的无奈，更是人类不可自解的悲哀！孟子为什么要讲“民为贵，社稷次之，君为轻”？尽管我们看到历史上的所有政治都是强化君权，重视国家利益，民众始终处在最后的被关怀的次序上，但这只是事实，而孟子讲的是理想，理想的政治虽然不即是事实，但却应当成为事实的典范，应当成为现实政治所应追寻的目标，没有这样的目标，人类的政治就没有希望，也没有办法被指望。

荀子

1.圣人王与哲学王

到了战国末年，儒家又出现了荀子。荀子与孟子不同，他不像孟子，不主张民贵君轻，而是主张尊君富民。为什么要尊君？荀子说：“主者，民之唱也；上者，下之仪也。”上唱下和，上行下效。

主动者都在上面，所以说：“上者，下之本也。”荀子出于上下之关系的如影随形的考虑，主张在上者一定是最强大的、最智慧的和最公正的。只有这样，天下才能响应，国家才能富强。荀子与孔孟不同，提出了富国强兵的主张。并且他还提出了一个“天子惟其人”的圣人王的理念，他说："天下者，至重也，非至强莫之能任；至大也，非至辨莫之能分；至众也，非至明莫之能和。此三至者，非圣人莫之能尽，故非圣人莫之能王。"为什么只有圣人才能做王者？因为圣人是天下"至强"的、"至辨"的和"至明"的。"至强"，所以才能行而无阻；"至辨"，所以才能进行分别；"至明"，才能察秋毫之末。总之，圣人是"备道全美"的人，所以才能像秤砣一样，悬在上面就能知道天下的轻重。所谓"备道全美"，就是身上完整地体现了道。这里的道，虽然与孔孟所讲的道有相同之意，但根据上下文意，似乎主要指治道，就是治国之道。所以与孔孟有明显不同，主要不是指天的美德和人的善心，而主要指人的能力。这是荀子在《正论》里面的一段话语。荀子的这段话语让我们联想起古希腊哲学家柏拉图的"哲学王"的神话。

柏拉图在他的《理想国》中提出了一个"哲学王"的政治理想，他说："除非是哲学家们当上了王，或者是那些现在号称君主的人像真正的哲学家一样研究哲学，集权力和智慧于一身，让现在那些只搞政治不研究哲学或者只研究哲学而不搞政治的庸才统统靠边站，否则国家是永无宁日的，人类是永无宁日的。"各位请认真对照一下，荀子的"圣人王"与柏拉图的"哲学王"究竟有什么相同和不同。两位的想法真是差不多，这是中西方未经交流情况下对世俗政治君王的共同期待。两者虽都没有排除伦理的内容，但主要重视的都是明察和处断的能力等。实际上中国的"圣人王"理想，尽管在荀子那里才有明确的表述，但早就存在于中国古代先哲的心目之中了，就算尧、舜、禹、汤、文、武是被后世儒家神话以后的结果，但至少周公是有圣王气象的人。**孔子和孟子都在主张"圣人王"，只是孔孟更重视王者的道德内涵，较之荀子和柏拉图，欲使政治伦理化的愿望远比欲使政治哲学化或功能化的特征更加显要。**正因为荀子对于功能和效果的强调过重，所以有明显的功利主义征象，因此，他的"圣人王"的说法，实际上已经有所背离孔孟儒家的传统。所以在宋明时代的儒者，都不把荀子当成正宗的道统传人，而把他抛在孔孟正传之外。为什么这样呢，原因很多，其中一个最重要原因，是他认定人性是恶的。因为正统儒家讲人性是善的，人皆有不忍人之心，从而人的政治也要走向善，叫“斯有不忍人之政”。如果人是恶的，那么政治也一定是邪恶的，并且要限制大家的邪欲，而满足君王一人的邪欲。这就是韩非子的路数，不是中国传统儒家的路数。建立在人性恶基础上，那就是要限制人的恶性膨胀，就不相信任何人，而只强调法律对人的制约。这与近代西方在人性恶基础上建立起来的民主政治还不一样，西方强调权力制衡，限制所有人的恶劣天性，也限制君主的恶劣天性。荀子在隆礼重法的前提下却主张尊君，如此则被限制的只有民众和臣下，君主不在被限制的范围之内。如此看来，荀子“贵民而申君”的直接效果，就是君权得以伸张，而百姓非但未得以贵，反而越来越贱，人命越来越不值钱。

荀子后来带出两个弟子，一个是韩非子，一个是秦相李斯。这两个人都是强调专制的悍将，以法治民，以术治人，以势压众。这里的以法治民既不是现代意义上的法律面前人人平等，与孔孟的德治思想也有天渊之别。孔孟的德治目标在唤醒人心的自觉，作用在防患于未然，荀、韩、李的目标在惩恶于既然。但是师徒有明显不同，荀子还在强调劝善：“不富无以养民情，不教无以理民性。”荀子还说：“天之生民，非为君也；天之立君，以为民也。”韩非、李斯则只在惩恶，严格地说不是惩恶，而是惩治不服统治者，以显治能。所以后世儒家骂他们“残民以逞”，就是说他们通过残害民众来显示自己的行政能力、权力才能。应该说，与荀子相比，孔孟的思想更有根源性，更具理想主义味道。荀子的说法已经有明显的现实主义倾向，其所治，也只是表现出来的，因此不具有根源性，只具有表面性。荀、韩、李，尤其是韩、李，与其说是懂得政治，毋宁说是懂得治人，懂得整人。近代以来，中国人因为借鉴西方的民主政治，已经知道在现实的层面上，政治的根本问题，在于如何处置权力。但是韩非和李斯们的想法与此现代精神实在大相径庭。什么叫处置权力？简单地说就是如何行使权力和怎样限制权力。权力是不能不受到限制的，这是现代政治的一个最基本的原则。限制权力的目的在于正当地行使权力，权力如果不受到限制，就无法保障其行使的正当性。而韩非和李斯的想法和做法，只是纵放权力，权力一旦没有了限制而被纵放，就会像洪水猛兽一样，伤人害物，一发不可收拾。

2.孟、荀以后的两条政治道路

建立在人性善的基础上的孔孟之道，倾力强调人与人的相互信任和政治行为的人道主义。这是孔孟的基本的出发点，这个出发点决定了后世儒家的政治目标、行政指向和行政效果评价等。荀子以后，中国传统时代的正统儒家在中国的历史上究竟扮演了什么样的角色，依据本人对于中国思想史的了解，汉代以后，中国传统儒家对于中国古代政治的看法和做法，主要还是沿着先秦孔孟的路数发展，当然，不是完全照搬，而是根据不同时代的不同要求，结合不同时代的不同特点，推崇孔孟的同时，直面历史和现实。大约主要可以划分为两个系路：一条是以汉儒董仲舒为代表的路数，一条是以宋代群儒为代表的路数。

当然，这两个系路都是人道主义同一棵大树上分出来的两条枝杈，不是韩非子、李斯法家治国的路数。韩、李的路数只强调使受治者屈服于统治者，政令畅达无阻，权力效果明显。但是因为他们并不强调使民信服，使民心服，而只是一任强力意志的横行，所以这种路数一向为真正的儒家所不齿，是传统儒家最深恶痛绝的。法家的这种思想不仅在历史上占据了社会政治生活中的主导地位，而且就是在今天，消极影响依然异常重大。长期以来，我们很少听到下属不执行上边命令的，这就是怪事。为民做官，为什么要看上面的脸色？为什么唯上命是从？就没有与下面的情况不符合的指令？宋代官员就有很多不执行王命的，不符合实际情况吗？赶紧据实以陈，据理以申，使下情上达，减少行政的弊端，减轻行政的损害。难道一定要把脑袋变成木头，才算是忠于上司吗？儒家的根本原则，首先是要知道什么事情可做，什么事情不可做。就算是为了做好上面布置的任务，还有选择用什么样的办法做更合适的问题。从人道主义的角度来看一下，这件事情做了行不行？从人民群众的根本利益出发，看看眼下得利，就算是对当下的民众有益，还要想着对未来的民众是否有好处。害怕官长是因为自己有升官的欲求，《论语》中记载，孔子说很少见到真正的刚直不阿、刚毅不屈的人。有人对孔子说：申枨不是吗？孔子说："枨也欲，焉得刚。"申枨内心中不能除去自己的欲求，怎么会真正刚强起来呢？只要你心存期待上司提拔的欲求，你就永远不会真正地刚强起来。我这样的话语不是让下级都去抵抗上级，而是希望所有的官员都要有对于民众和社会的责任感，不要单纯地只知道逢迎上级。为政或者做官的目的不在升迁，而在于为民谋福，替民做事。哪怕遭受误解甚至打击，明天就被撤职回家，也不枉为人一世，也可以骄傲地对子孙说："我明明白白地做过官，堂堂正正地做了人。"这是儒家的伟大教诲！

很多不懂历史的人，只是跟在别人的议论后面，鼓荡情绪，把这种唯权力是恋、唯权力是从、唯权力是求的官场之大恶，当成是儒家思想影响的结果，实际上大谬不然。儒家虽然忠君，但却是有明确针对性的，忠君是忠于君王，不是忠于随便哪一级只要比自己高的领导。古代的官员喜欢用"卑职"自称，职卑人不卑，职有高下，人无尊卑。况且孟子早就说过："君之视臣如手足，则臣视君如腹心。君之视臣如犬马，则臣视君如国人。君之视臣如土芥，则臣视君如寇仇。"君主把臣下当手足，臣下就把君主当心腹；君主把臣下当狗马，臣下就可以把君主当路人；君主要是把臣下当土芥，臣下就可以视君主如同仇敌。官可以不做，人格的尊严不能毁弃。君臣相与之际，大有文章，不是只有唯命是从一条。只要我的坚守出于公心，他作色我也可以作色，他能愤怒我也可以慷慨。在法家思想占统治地位的封建时代，中国的官员，因为随时有被杀戮的危险，所以被吓出了软骨症。但是今天不同，今天是人民民主的国家，上级领导要是一心为民、一心为公，下级自当尊重他。但是，如果上级领导只知道行使权力，只知道以位高而压人，你完全可以不遵从他的指令。《战国策》里面讲过齐宣王的大臣邹忌美貌的故事，邹忌本没有城北徐公美貌，但是偏偏妻妾和客人都说他比徐公美。为什么？邹忌有自知之明，没有被这些虚美之声冲昏头脑，他深自反省，得出结论说："妻之美我者，私我也；妾之美我者，畏我也；客之美我者，欲有求于我也。"这个故事大家可能都知道，中学课本里面有。那些委屈自己、阿附权贵的人，就如同上面故事中的客人一样，心中装着深厚而强烈的个人欲求，所以才对上司巧言令色，讨其欢心。这些人用心之不良，不待揭而自露。人的魅力来自内在的品质，不由权位而决定，两者没有对等的关系。

历史上真正的儒者，即便是面对残暴的封建专制君主，犹能有所树立，并且不使自己的尊严受辱。面对中国传统的封建统治者对于中国民众的专制统治，中国传统儒家，究竟提出或采取了哪些与中国传统政治和古代先民皆有好处的一些想法和做法呢？大约从人道主义的总体线路上，分成这样两个系路，一个是正向的系路，或者叫直向的系路；另一个是逆向的系路，或者叫反向的系路。这个正向的系路出现较早。孔孟对于君王，直陈自己的理想和主张，希望君王以仁德为出发点，实行王道政治。为什么正向的路数先出？因为在春秋战国时代，大一统的格局还没有形成，君王们为了争天下，而较秦以后的帝王完全不同，他们还没有钳制思想的要求和愿望，思想的自由反而会对他们实现大一统提供更多的可能性。而一旦形成大一统的格局，思想的自由就会对统一的政权构成威胁，对于思想的钳制也就成了维护稳定的重点策略之一，维护稳定遂成为钳制思想自由的堂而皇之的理由。秦始皇的焚书坑儒，不是简单的残暴，而是统一的帝国对于思想钳制的一策，只是钳制思想自由的一种表现形式而已。汉代的“罢黜百家，独尊儒术”也是钳制思想的一种表现形式，只是秦朝崇尚法家，汉朝打着儒家的旗号而已。不同只在对各家的取舍，不在于仁义不仁义。汉代的统治者不比秦始皇更仁义！你只看他屠戮功臣之残酷，就能有足够的了解。贾谊并不懂得这一点，只说：“仁义不施而攻守之势异也。”汉朝统治者同样不施仁义，他怎么没有即刻灭亡？只是“攻守之势异也”。贾谊在无意中说对了这句话。汉高祖、汉武帝这些人，实际上恐怕比秦始皇还要残暴，还有明太祖朱元璋之类，秦始皇哪有他残暴？

董仲舒

1.申君权、崇儒术

在大一统格局建立以后，任何一家思想学说，都在被随时彻底废止的范围之内。儒家怎样面对现实，获得长久的存在，这需要大智慧，如果不是董仲舒，儒家也彻底完了。但就这一点，我们甚至可以说，董仲舒对于儒家居功最伟，后世人很少懂得这个道理，倒是当代学者韦政通先生，最能通达此理，以为董仲舒在大一统专制主义的格局之下，用尽周折回旋之力，在申张君权的前提之下，使儒家侥幸生存下来，并慢慢获得进一步申说和发展的机会。这才真正是独具慧眼。这就是为什么儒家在汉代以后，一度采取了逆向的方式来参政议政。“罢黜百家，独尊儒术”的这样一场运动，与其说是统一帝国专制制度的成功，毋宁说是儒家在统一帝国的专制制度之下谋取生存的成功。董仲舒实在是一个非同寻常的杰出儒者。董仲舒强调“天人感应”，用这种逆向的方式巧妙表达儒家仁爱天下苍生的情怀，同时也巧妙地限制了皇权的泛滥。“天人感应”是儒家的参政议政的反向路数，先通过把君权抬高到与天同高同大的无以复加的位置上去，然后用天谴说转而限制君权，暗地里委婉地偷渡儒家的仁爱的理念。直接告诉君王要行仁政，要被杀头，甚而还会殃及儒家的生存。“国王啊，你应该做好事，不能做坏事。因为那样天会降灾异，统治就难于维持。”这个就是反向的路数。为什么反向的路数出来呢？因为中国真正进入一个统一的帝国的时代。从秦朝开始，秦短命而亡，接着就是进入汉朝，封建君主专制，一定要显示出封建君主的绝对的权威。那怎么办呢？要制约他，先吓唬他，用天谴的说法。这是董仲舒的选择，也是儒家唯一可能的选择。

2.藏爱民之心于尊君的外形之下

我给大家引一段《汉书》中董仲舒跟汉武帝的对话，来进一步说明这个问题。董仲舒说："天人相与之际，甚可畏也。"你啊，还真的能不害怕？我害怕，老百姓害怕，君主您也得害怕。"国家将有失道之败,而天乃先出灾害以谴告之。"先出点灾害，谴责谴责你，警告警告你。如果你不知道反省，那就又出怪异。什么叫怪异啊？比如说，猫头鹰是晚上活动的，白天它就绕门飞来飞去，这叫怪异。还会出现三条腿的青蛙，马头上生出角来之类的事情。先谴告你，你要是不听，那好，接着就发洪水了，下冰雹了，闹地震了，火山爆发了。你还能不在乎？好，那就再出更严重的怪异。"尚不知变，而伤败乃至。以此见天心之仁爱人君，而欲止其乱也。"董仲舒会讲话，如果说："以此见天爱民众，而欲制其君也。"这样的话不行。这不是孔子和孟子所处的诸侯争竞的自由时代，中国已经进入了大一统的专制时代，正面申说仁义和德政的道路已经被堵截，所以只能用天谴说，用灾异说。天出灾异，就表示人间统治失德。统治者不怕失德，只怕失位，失位以后，无限的贪欲就无法得到保障，无比的残忍凶杀之本性，就不能得到满足。儒家只能用这种借天灾说入世的方式，为生民提供一点可怜的保护。因为君王不认为自己的统治是为了百姓，他们赤裸裸地认定统治百姓只是为了自己。汉高祖初得天下，会宴群臣，当时他父亲也在场。刘邦就对他的父亲说："从前你经常骂我游手好闲，无赖，不干农活，不像哥哥那样能治产业，现在你再看看，是我的产业多，还是他的产业多？"群臣大笑。刘邦的嘴脸几乎跃然纸上，就是把天下看成他自己的，他怎么会允许儒者们说，君王得天下，是为了大家谋福利呢？如果是为了大家谋福利，我为什么要南征北战、东挡西杀、流血牺牲、前仆后继呢？我为什么要为他们受此辛劳，冒此生命危险？他们在根本上就不能认同“民贵君轻”。“天下是我的产业”，这样的想法，恰如其分地表达了他们完全是出于自己深切的欲望，这种欲望是根本不能逆转，更不允许有丝毫的反对的。所以，董仲舒只能采取逆向的方式来渗透儒家仁爱的主张。

儒家在一开始，并没有把君王当成自己的对立面，而是当成自己实现人道主义政治理想的可依靠的力量。所以齐景公问政于孔子的时候，孔子才讲了“君君臣臣”的那样一套话语，意思就是国君要像国君，臣子要像臣子，君要安于君位，臣要安于臣位。为什么这样说，孔子生活在春秋时期，他也许没有预料到“子弑父、臣弑君”的情况会成为普遍的情形，而且愈演愈烈。孔子欲通过维护社会秩序的稳定，使生民少受骚乱之苦，他的德政思想是根据当时的僭越行径而发。到了孟子时代，情况已经大不相同了。不是僭越和骚乱，而是杀伐和战乱，已经成了普遍的事实。各国君王为了各自的利欲而无端攻伐，人民已因战乱无时不处水深火热之中。孟子所以强调不杀无辜，不行不仁的理由就在这里。孟子主张“民为贵，社稷次之，君为轻”的理由也在这里。孟子厌倦了在“国家利益高于一切”的幌子下，大行征战之实，孟子更不希望在维护君权的旗号下大兴杀伐之事，因为孟子明确看清了“春秋无义战”的历史实情。孟子为什么说“王何必曰利，亦有仁义而已矣”？只要为了利，就会不断征伐，百姓都是君王们实现自己个人私欲的工具，都是君王利欲的牺牲和供奉！他说：“君之视臣如手足，则臣视君如腹心；君之视臣如犬马，则臣视君如国人；君之视臣如土芥，则臣视君如寇仇。”这是对视民命如草芥的个人利欲至上的君王的强烈抗议和无情批判。人一旦以利欲为第一追求的时候，他就变成了禽兽，这些禽兽君王们不仅亲自吃人，而且还率领大大小小的文武官员们一起吞噬百姓，这不是“率兽而食人”，又是什么？孟子为什么说“尽信书，则不如无书”？因为逸书中描述周武王讨伐商纣，杀了很多人，以至于“血流漂杵”。孟子以为，“仁人无敌于天下，以至仁伐至不仁，而何其血之流杵也?”孟子讲得很明白，就是因为行仁义者，不能妄杀无辜，只要流血漂杵了，即便初起目标是正义的，到得“血之流杵”，战争的性质也就变了，再不能称为仁义的了。孟子一生去过数次梁国，梁惠王死了之后，又见过梁襄王，梁襄王在床上坐着与孟子进行一番对话，之后孟子说：“望之不似人君。”瞧那德性，蝇营狗苟的，猥猥琐琐的，东瞭西看的，一点也不庄重，一点也没有善心，眼睛里流露着无法抑制的贪欲之光，这哪里像个人君呢？但是他真是人君呢，不管你孟子望之似不似，而事实上他是。孟子说“望之不似人君”，说这种话的用意是什么呢？就是表明孟子理想中有一个君王的模式，那是一个仁爱的、宽厚的和庄严但却温和的。他看见梁襄王根本不是那么回事，但事实上梁襄王就是君王，他不会为孟子的希望而改变自己，权力在他手里，他想怎么样就怎么样，你孟子能拿他怎么样？为了生民的生命和安宁，孟子采取了明显的抑制君王的论说方式。

董仲舒抬高君权的做法，其实与孟子并不相反对。中国已经走过了孟子那个时代。孟子那个时代，诸侯国还有很多，它们互相争斗，大一统的格局还没有形成，诸侯国的国君都希望人家给他出谋划策，说自己一点毛病也还能忍受。一旦大一统，权力全归我一个人了，再给君王讲这些，他还能容忍吗？如果董仲舒也像孟子一样，说汉武帝“望之不似人君”，话音未落，董仲舒的头就要先落地了。所以董仲舒只有拿天来吓唬汉武帝，搞灾异之说来恐吓他。他的做法，是没有办法的办法，除此之外，儒家已别无选择。

大家请看，这是我在网上下载的一个董仲舒的光辉形象，如果董仲舒真是这样一个长相，恐怕不用搞灾异学说，汉武帝就得害怕。

董仲舒强调用灾异的学说来谴告皇帝的同时，也强调“三纲”的尊严。儒家的“人伦五常”到“三纲”的变化，是一个从标准的

伦理规范，向权威主义转变的过程。“三纲”大家都知道，君为臣纲，父为子纲，夫为妻纲。但是董仲舒在强调王道之三纲，大家都得遵循，臣子都得效忠君王的同时，也强调“三纲”跟天道是相通的。所以董仲舒用“天人感应”的说法，是有弦外之音的，他渗透了一种另外的意图：保护苍生，限制君权。“人主以好恶喜怒变习俗，而天以暖清寒暑化草木，喜怒时而当（就是说君主高兴或者不高兴，都得既当其时，又不能过分），则岁美，不时而妄，则岁恶，天地人主一也（高兴得不是时候，乱来，不规矩，那么今年的年成就不好。天地和人主都是一样的）。然则人主之好恶喜怒，乃天之暖清寒暑也，不可不审其处而出也，当暑而寒，当寒而暑，必为恶岁矣；人主当喜而怒，当怒而喜，必为乱世矣。”除了用天来作说，使君主绝对的专制之权受一点约束之外，还有什么力量能够用来限制君权？所以这样的话语就是说你不能当喜的时候不喜，当怒的时候不怒。对好人你不能乱发怒，人家说得对你就得听。对待逆臣、谄谀之徒，本该当怒的时候你也不能喜。不然的话，天就会出现不时的变异，接着可能就是灾异，接下去天崩地裂可能都会来，你这个江山就不保了，你的欲望也就无法实现了。董仲舒用“天人感应”的学说，曲折传达了孔孟以来传统儒家人道主义的政治理想。从反面论说不行王道的弊端和利害，对现实君权施加有限的一点限制，这就是我前面所说的儒家对于人道政治理想的逆向表达。这种情况一直延续很久远的时间，一直到明清时代。当然，董仲舒为了使儒家的仁政学说婉转曲折地发生效用，明显借用了阴阳家的思想。阴阳家本无固定的学说目标，说法也多半杂乱无章。在董仲舒的天人感应思想被汉朝廷接受的政治事实鼓荡下，汉代的谶纬神学盛行朝野，制约君王之恶虽不足，而哄骗愚氓则有余。当然，这已经不再是董仲舒政治哲学的题中之意了。

逆向限制君权，效果是十分微弱的，实属不得已而为之。但是重新回到孔孟的正面路向上来，却需要条件，这个条件不仅是君王稍微宽厚，尤其需要时代风气的烘托。汉代以后，正向论说逐渐开始复苏，东晋情况稍好，如王导等，均以正论、正行拱卫王室，但他们都只是实践的政治家，而不是政治理论家。直至唐代，中国历史上实在缺乏像样的政治理论家。如魏徵甚至韩愈，都只是劝君王朝向正路，但他们本身并不深知究竟什么才是正路。所以胡五峰才说：“汉唐之盛，忠臣烈士攻其君之过，禁其君之欲，纠其政之谬，弹其人之佞而已矣。求其大君心，引之志于仁者，则吾未之见也。”五峰先生对唐朝还算是比较肯定，说唐朝确实还能攻君之过，限制他一点欲望，纠正他一点政治的偏颇，弹劾一些佞妄官员之类，但是目标明确，欲将君王引领到仁政的道路上去的，却几乎没有。这句话不是胡五峰狂妄，唐代的任何一个能臣，都确实没有做出这样的一个特别光大的事情来。胡五峰接着说了下面一段话语：“三代而后，汉唐之盛，谓爱民而富民之君则有之；谓爱民而教民之君则未之有也。”爱护老百姓，给老百姓一点好处，让他们稍微富庶一些，这样的君王是有的。爱护老百姓并教化老百姓，使他们走上仁义之途，走向崭新的道德人格的途程中去，这样的君王却不曾有过。

前面说大臣，后面说君主，两面分说，全面而准确。汉唐君臣都没有真见识，君臣更没有为政以仁的共识。这是胡五峰对汉唐以来整个中国历史的一个论定，这个论定，应该可以成为定论。因为汉唐没有“存其心，正其情，大其德，新其政，光其国”的国君，更没有引导君王“志于仁”的臣僚。汉唐君主只求长治久安，稍行仁义，也仅只为了不使自家政权像秦始皇和隋炀帝一样短命早夭，并不出于真正为民族文化和人民安康的考虑。大臣们更是以利害关系劝说君王，这样的做法，只能导引他们走向功利。崇尚功利，自然也就远离了仁义。由这样的君臣治理国家，国家肯定会走向歧途，社会肯定越变越急功近利，民心风俗也会因此而越来越不醇厚。失去了淳朴，忠信越来越薄，人和人之间的关系就会越来越冷漠无情。

宋代实行文官政治，使儒者回到直接论政的正面道路上来。

宋得天下，统治清明。太祖赵匡胤登基伊始，即下诏书：不得杀士大夫与上书人。并且诏传子孙，不可违逆。读书人和上书人论政、议政，直抵君王之非，直陈宰相之谬，都没有生命危险。在中国进入封建专制时代以后，只有赵宋一个王朝是充满人道主义味道的，赵宋王朝采取学人主政，推行文官政治，知识分子如鱼得水，似筝逢风，焕发出中国历史上从未有过的救世热情。他们相互砥砺名节，奖忠尚志，关怀天下苍生，心系国家安危，承载历史文化。整个社会风气焕然一新，在人类历史上谱写了绝无仅有的靓丽篇章。只有在这样的时候，人道主义的正面劝导，才能在整体的意义上重新复现，才能得到尽情发挥。崇尚仁德，已不仅仅是对于君王行政的要求，而且成了整个社会的崇尚。修德仁民，已然成为时代的整体风向。而且更为重要的是，宋代自真宗时既已形成君臣共治天下的理念，代代相传不变，所以有宋一代君臣关系实在是中国历史的楷模。各位在学文学、学历史的时候经常听到这样一些说法，就是说中国汉唐盛世、康乾盛世、贞观之治之类的，对比之下，却说宋代孱弱。这只是浅近的说法，并不真知中国历史的实际。中国历史上最人道的政治就在有宋一代，在这方面，其他任何朝代，都不仅无法跟宋代同日而语，而且实在是相距万里之遥。相对于元、明的凶残，唐代的情况确实稍好一些，但也不乏狠愎。尽管唐代经济较发达，诗文也很兴盛，但由于唐代君王崇尚功利，所以知识分子也多半为一身荣宠、一己浮沉而谋划，远没有宋代知识分子那样更具有社会责任感和文化使命感。在中国历史上，没有任何一个朝代的知识分子，像宋代的知识分子那样满含自觉的责任意识。因为上述两个原因的交互作用，中国传统儒家从正面来评说政治，限制君权，批评君王失误，劝导君王向善，使之“志于仁”的正向直说儒家政治传统的势头再度出现，而且蔚然已成时代的风尚。如果说宋代的统治真的太差，会出现这样一个历史上从未有过的大好势头吗？近现代以来的“学者”和文化人，说宋代的统治很差，大约主要有两个理由：一是宋代知识分子的文集中，或多或少都有对于时政的指责和抨击。这其中有苏东坡说的，黄庭坚说的，辛弃疾说的，杨万里说的，或者某某人说的，他们是宋代的知识分子，是宋代政治的直接见证人，所以，他们直陈宋代政治的弊病，应该属实，应该可信。第二个理由主要是说宋代在对外的战争方面，宋代孱弱，与契丹辽国、党项西夏作战，既未能得胜，又丧地受辱于女真金国，最后终被蒙古所灭。

有关对宋代的评价，虽然不是本讲的内容，但与本讲关系不小，因为这个问题涉及儒家政治理想和政治方略为什么又重新回到直向的正面路数上来的问题。所以我不惜在这里花费一点时间，给大家做些解说，目的并不仅仅在于澄清对这一段历史的认识，更在于申说儒家政治的正向路数的进一步张扬和发展的情况。

有关第一个问题，就是宋代知识分子对其所处时代的时政情况的指责与抨击，太好解释不过了。我说宋代盛行人道主义，不是说宋代没有毛病，这是两个问题。这些毛病我甚至比很多诋毁宋朝的人知道得更多，因为我专心于宋代思想的研究已经有十五六年的时间了，看到的材料不少。但是这些毛病之所以被士大夫揭示、指责或者抨击，这些指责和抨击之所以能够出现而且还可以保存下来，这不正是宋代政治宽松，相对“民主”的表现吗？否则它会让你指手画脚？会让这些文字流行于当时及后世吗？宋代知识分子指责抨击时政的文字都是公开印行的文集中所记载的，这本身就已经说明了问题。

至于说宋代对外的战争，辽与夏既已强悍，远甚于汉之匈奴，而大唐帝国只因一个小小的安禄山，就从此一蹶不振，更遑论金元。蒙古铁木真称帝以至病死，在位 22 年，灭国四十余。其后窝阔台、蒙哥直至忽必烈，灭西夏、灭西辽、灭大金，所过之地，无不为其所有，在人类历史上都是绝无仅有的，必欲使以文兴国的大宋王朝战胜蒙古才算是不孱弱，未免求之太苛！成吉思汗的铁骑到达过东欧和中东，建国无数。在现代装备齐全，给养和防范措施足备的情况之下，经过长期训练的现代登山队登上喜马拉雅山，几乎每次都有伤亡，但是成吉思汗的军队却曾翻越过喜马拉雅山，到达东印度的铁门关，大掠之后，又翻山而回！开句玩笑，希特勒没有遇见成吉思汗，算是他幸运！但是，就是这个所谓孱弱的大宋国或者小朝廷，却在仅有半壁残破河山的境遇中，顽强抵抗金、元达一百五十余年，致使蒙古皇帝战死。蒙古自征战以来，从未遭此损失！这就是宋朝的力量！这就是文化的力量！这就是孔孟精神的力量！这就是儒家人道主义的力量！还需要多说很多废话，才能了解宋朝的不凡吗？因为宋朝打不过元兵，就以宋朝为孱弱的妄议胡说，还需要加以辩驳吗？

在文教勃兴、政治环境宽松的宋代，知识分子转而放弃董仲舒的逆向路数，在整个宋朝时代，士大夫攻君政之失，革君心之弊，回归到孔子、孟子原来直接论政的路向上去，创造了专制主义时代绝无仅有的卓异典范。

由于宋朝太祖赵匡胤立下的不杀士大夫与上书人之令，传之子孙，在整个宋朝时代没有一个文人因为说错了一句话，或说多了一句话，说深了一句话，说中了一句话，遭到杀头。宋代知识分子直诉君政之非，直说正君王之心的情况很多，很普遍，我在这里举几个有代表性的例子，给大家作点分析。需要跟大家说明一点，就是这里说的“有代表性”，只是我个人的感觉，并不代表一般的共识。

周敦颐

周敦颐（1017—1073），字茂叔，学者称“濂溪先生”，湖南道州人。一生做官不大，但政声斐然，当时人评价他“除奸剪恶，下手无留”。他以一篇《爱莲说》名扬千古，但很多人并不知道他是一位杰出的哲学家和政治家，只知道他是一位文学家或者散文家。他是宋代理学的开山祖师，继承孔孟，对儒家的发展作出过非常重大的贡献。他还有一篇更短的文字，叫做《拙赋》，其文曰：“或谓予曰：‘或谓子拙。’予曰：巧，窃所耻也，且患世多巧也。喜而赋之曰：巧者言，拙者默；巧者劳，拙者逸；巧者贼，拙者德；巧者凶，拙者吉。呜呼！天下拙，刑政彻。上安下顺，风清弊绝。”他讲拙和巧的不同和优劣，以为善于取巧的人，言多体劳，既贼且凶，而看似钝拙的人却少言寡语，但是也不用费那么多没用的心思，这种人既安宁而又稳妥，是有德的象征。这是将孔子的“巧言令色，鲜矣仁”的思想应用到为政上，强调政治是为人生服务的，人生不是为政治服务的。颠倒了这种关系，人就会成为政治权力的奴隶，虽然可能官位很高，但是连自主的可能性都丧失掉了，更不要说道德的水平了。

胡安国

胡安国（1074—1138），字康侯，谥号文定，福建崇安人。崇安就是今天的武夷山市。胡文定于28岁时，任提举荆湖北路学事，相当于今天的湖北省教育厅长，面对宋徽宗说：“学校，所以养育人才，非治之也。”这段话是什么意思？就是说学校是养育人才的场所，对于学校的管理，不能采取行政统治的手段。宋徽宗表示同意。可不要小看这个建议，这是对从前朝廷做法的一个很强烈的批评。不要把法令拿到学校里去用，不要对学校进行政治化的统治。这是对时政的大指责，这是正面批判朝廷的行政原则，这是我们在很多朝代里所看不到的。宋钦宗执政以后，胡文定又直接对宋钦宗说：“明君以务学为急，圣学以正心为要。”宋钦宗也点头称是。

宋高宗即位以后，又召胡文定，说自己读《左传》，让胡文定帮助“点句正音”。胡文定说，“方今国家衰微，不宜耽玩文采”，而应当留意孔子所删改的《春秋》，从中学习正心之道，处事之权。宋高宗说讲得好。宋高宗想读点文采亮丽的散文都被他劝阻住了，后来胡文定官居“侍讲”，专给宋高宗讲《春秋》，讲如何爱惜民力、尊贤使能、亲贤臣、远佞人、励精图治、施仁行义之类。宋高宗赞扬说：“他人讲经，岂胡安国比？”后来胡文定过世，宋高宗还很动情，很伤怀。

胡宏

胡文定的儿子胡宏胡五峰（1106—1162）给宋高宗上书指责宋高宗：“陛下即位以来，中正邪佞更进更退，无坚定不易之诚。”说宋高宗：“既不能立正大之心，施刚果之用，沙汰罢黜，省费宽民，今复无故广增祠职，俸禄优厚，财用窘急，日益重敛，求千万人之誉，而失亿兆之心。”指责皇帝无诚心，不果决，设冗官，加重百姓负担，失去天下民心。胡五峰还说：“有其德，无其位，君子安之；有其位，无其功，君子耻之。君子之游世也以德，故不患乎无位；小人之游世也以利势，故患得患失，无所不为。”这是真正的儒者对于官位的看法，他们“惟患积德不足于身，不患取资不足于世”。人在世间行走几十年，不要总想着把世界上的财富全部囊括到自己的口袋里，最重要的是使自己的精神不断健全，不断完美。

张栻

张栻（1133—1180），字敬夫，号南轩，四川绵州广汉人。面对宋孝宗时，宋孝宗慨叹人才难得，张南轩答以“当于犯颜敢谏中求之”。后来官任广西经略安抚使兼知桂林，又转湖北路经略安抚使兼知江陵，就是当时的广西省长兼桂林市长和湖北省长兼江陵市长。所在政声斐然，后来死在江陵官任上，老百姓夹道哭送，声闻数十里之外。病迫且死之时，还写了最后一封奏章，劝谏宋孝宗：“亲君子，远小人，信任防一己之偏，好恶公天下之理。”不能因为自己喜欢就信任，自己喜欢不喜欢要以天下公理为准则，不能只凭自己的情绪。这不是一句简单的套话，在相当程度上，击中了处上位者安排、使用人的心理隐衷。

再给大家举证朱子的正面劝谏情况。

朱熹

朱子（1130—1200），名熹，字元晦。各位请看朱子的画像，右脸上有七颗黑痣，呈北斗星状排列。这不是“北斗七星高，单于夜遁逃”的北斗星，而是“为政以德，譬诸北辰，居其所而众星共之”的北斗星。2000 年我去安徽开会，就有一位教授，是朱子的后人，他的名字就叫朱七星。

朱熹遗像

朱子继续孟子提倡“格君心之非”，有书上说朱子提出“格君心之非”的主张，其实这是孟子的原话，是朱子继承他并继续发扬。格君心之非，孟子有原话在《离娄上》里面，是这样说的：“人不足与適也，政不足间也，惟大人为能格君心之非。君仁，莫不仁；君义，莫不义；君正，莫不正。一正君，而国定矣。”

朱熹写《四书集注》，解释这一段时说：“言人君用人之非，不足过谪，行政之失，不足非间。惟有大人之德，则能格其君心之不正以归于正，而国无不治矣。”朱子这个注说什么呢？国君使用人不当，用了一些不应该用的人，这是毛病，但是呢，不足过分指责，说他在运行政治中有不妥当的地方，也不足过分地非议，因为这些都是表现出来的。那么你应该论他什么呢？论他用心不良，根本意图就是只图自己不顾生民，所以才出现行政上那么多的失误和错谬。这是大儒和一般的民众的不同，民众只看到外在的行政失误，看不到这种外在失误的更深刻的根源在于立意不正，用心不良。他认为整个国家民族的很多衰朽的事实，都是由于君王的用心的不正所引发。有人说，西方的政治重视制度建设，中国的政治总是主张人治。这个说法很实际，实际上我们从朱子这样的话语已经感觉到，如果一种政治仅仅是为了格君心之非，那么是不是偏离了政治的正轨？这是一个问题。但是这个问题又会引出另一个问题：中国的传统政治，天下一统于君王，天下既是君王的天下，不针对君王的用心下手，以改善政治的统治，又从哪里下手呢？像西方一样从制度的确立上下手，那是不可能的。因为就便君王一时松缓，让你去建立一些制度，回头他一改变态度，一切都可以在一分钟之内全被毁弃。无上的权力既已先在于君王的手上，君权又是不受其他权力约束的，你从制度上下手有用吗？为什么孔子要讲“自古皆有死，民无信不立”？君王不讲信义，今天说了，明天又不算了，昨天答应好的，今天就变卦了，制度有用吗？要想真正建立制度，必须对君王的权力进行限制，可是这一点在传统的时代根本做不到，所以所谓制度是没用的，一纸虚文而已。制度不是仅仅用来限制被统治者的，也是用来限制统治者的。统治者建立的制度却只是用来约束和限制被统治者的，一旦他们感到这些制度限制了他自己，他就会立刻废弃这些制度。权力既不受限制，而他们的欲望又没有限度，欲望一来，一切皆毁。荀子本来是讲礼制的，但是最后竟然说了“有治人，无治法”的话语，为什么？没有为什么，只是无可奈何。

所以宋儒只能走回到孟子正君心的道路上去，除此之外，他们还有什么更好的选择吗？如果你能扭正君王之心，就能发生很好的效用，但其实这些君王之心是不可能真正被扭正的。如此，则中国传统儒家的人道主义思想在历史的实际进程中，并没有起到真正重大的作用，也就不必加以证明了。这是中国历史的悲哀，也是中国传统儒家的悲哀，更是广大中国民众的悲哀。宋朝皇帝能够让你从正面说正君心，已经是君王莫大的恩典了！宋代儒者能够有机会直接从正面去陈说正君心的主张，已经是再幸运不过的事情了！当然，把对专制主义的憎恶转嫁到对于传统儒家的仇视上，是中国反传统的知识分子的疏失，但这种疏失不是出于认识的误区，而是出于对政治权力的恐惧与回避。中国许多知识分子对于权力的热衷，对于权力的依附或者对于权力的企盼到今天为止，依然异常严重，他们没有真正独立的人格的最主要的原因也在这里。当然，这种对于权力的热衷，刚好表明他们对权力的恐惧，只是众多知识分子所不愿承认，也不敢正视。不愿承认是出于儒家的脸面，怕失了自己的身份；不敢面对是出于自己的怯懦，怕自己受到伤害。程颐在给宋仁宗的一封上书中说："道必充于己，而后施以及人。"后世的儒者们还没有等到"道充于己"的时候，就急切地跃跃欲试，临事茫然，不知所措。从个体的角度看，完全是由于未待学得孔孟真精神就已出仕，内中无主，自然也就失却了必要的勇气。所以经常是嘴里有正义，行为无操守，沦落为权力的奴仆和牺牲品，进而从谋道者沦落为谋食者。

朱子和其他很多宋儒一样，应该说大致已经达到了"道充于己"的境地，所以才能出处自如，游刃有余。朱子在淳熙间上书孝宗皇帝，称："天下之务莫大于恤民，而恤民之本，在人君正心术以立纪纲。盖天下之纪纲不能以自立，必人主之心术公平、正大、无偏党反侧之私，然后有所系而立。君心不能以自正，必亲贤臣，远小人，讲明义理之归，闭塞私邪之路，然后乃可得而正。"儒者立身朝廷，目标自在忠君爱民，而忠君之义，不在苟合君主的私欲，而在匡正君心的偏失。如朱子所说，君心不能自正，必待贤者的时常提醒与批评。淳熙十五年（1188），朱子与孝宗面对之前，有人问他准备讲什么，他说"正心诚意"，人家告诉他说，皇上不喜欢听这样的话语。朱子却说："吾平生所学，惟此四字，岂可隐默以欺吾君乎！"即面对，他当面指责宋孝宗即位二十六年，虚度光阴，"无尺寸之效"，究其主要原因就是由于心术不纯正。他希望宋孝宗"自今而往，一念之顷必谨而察之”，看是出于天理还是出于人欲。如果出于天理，就持守住，“敬而充之”；如果是人欲，就舍弃掉，“敬而克之”。争取做到心中不留一毫私欲，这样才能真正指望行政上的真正业绩。

这就是中国宋代的儒者们！当然，宋代的君王之宽仁，也在这里有充分的体现。历史上所谓的明君圣主也有一些，可是他们哪能跟宋代的君王比？就这种忍受强烈批评，甚至面对面地直指其非，容忍不同政见者的胸怀，实在是人类历史上专制时代所仅见。宋代的皇帝仅此一项就远远超过所有时代的所有君王，他们应该在历史上留下英名。像秦皇、汉武，怎么配得上与宋代的君王相提并论？当然宋儒的勇气着实可嘉，他们也是人类历史上专制时代最优秀的士大夫！他们之所以能够如此，一是因为孔孟圣道已然充斥自己身心，但另一方面也与君王的宽仁和社会风气的烘托有极其重要的关系。一个普通人被人指着鼻子数落，都会怒不可遏，身处君王之位，其情可想而知。宋儒不是为了迎合君王而出仕，他们从来不看君王的脸色，他们看的是自己的做法是否违背圣人的祖训。他们的目标在于致君于尧舜，而不是通过满足君王的私欲从而使自己伺机升迁，进而满足自己的私欲。宋儒用心之正大，用身之高洁，在人类历史上都是难有其匹的。这一点就连受到理学家们攻击的王安石都是一样的。宋神宗当年曾经把唐太宗和魏徵的关系比附为自己和王安石的关系，王安石当时就说，唐太宗算什么，必以尧舜为目标，才能成就宏伟的事业。宋神宗自然没有唐太宗有名，但唐太宗的德识远比宋神宗为不足。当然，我没有必要在这里给大家对比唐太宗和宋神宗的优劣，只是借此说明宋代儒者致君于尧舜的崇高伟大的理想。

朱子曾说：“秦、汉以下，天下所以无善治者，儒者无正学也。”朱子还说：“天下无正学，则道不可得而明也。”因为道不明于天下，所以秦汉以来，“千五百年”，中国的政治，只不过是“牵补架漏”，东面有洞补东面，西边失火救西边，苟且应付，混日子过而已。“天地生民何望焉！”在这样的境况之下，天地和人民还有什么指望！这可不是其他朝代学者奉迎自己的主子，说“本朝盛于前朝”，历史上任何朝代都有的虚美话语。宋儒对于宋朝的设计，他们真正想要把自己的君王教化成尧舜，尽管实际上并没有达到这样的目标，但是确实已经使得宋朝成为历史上最文明、最宽仁、最具有君臣同治的民主倾向了。大家知道，清朝也有皇帝年号叫同治，但统治集团内部权力拥有者的联手，“同”的范围只在两种权力拥有者之间，与士大夫根本没有关系。何况清朝的大臣怎么可以和宋朝的大臣相比？孟子有对于真正的“士”的说法，叫“穷不失义，达不离道”。“穷不失义”，儒者方能立身守正，“达不离道”，儒者才能不使民众失去希望。所以孟子说真正的儒者，都是：“得志，泽加于民；不得志，修身见于世。穷则独善其身，达则兼济天下。”宋代满足孟子这样的异常严格的标准的儒者，为数众多，绝不仅止一二高士而已。

在专制主义的时代里，正君心，应该说是儒者所能做到的最根源性的和最大限度的努力。这种努力实际上或许在根本的意义上连努力都算不上，只能算是挣扎，一种崇高伟大而又无可奈何的挣扎！这完全是由于儒家在专制主义制度下无法改变的命运和遭遇所导致。

上面已经给大家说过，传统儒家对政治的祈望和中国实际政治的运行，从总体上看，走的是两条路。两条平行而方向相反的路，在根本理念上互不相容，但在实际的运行中却纠缠在了一起。这也不难理解，因为儒家为了落实他的理想，儒者们要得君行道，于是儒家的理想主义精神与现实社会的关怀意识构成了儒者们全部现实政治行为的内在依据。理想不能停留在天上，她要向下落。而统治者也要提升自己的统治品位，给自己搞点浓妆淡抹，不要看上去太赤裸裸，于是他也要做点向上的努力，双方就这样产生了交集。就像鸡蛋的清和黄一样，既已交汇，加以历史的不断摇撼，最后纠缠在一起，混沌不清了。

在经典儒家与世俗统治越来越纠缠不清的情形之下，中国历史走过了几千年的历程。儒家想改造政治，政治想利用儒家。双方均有各自的目的，但在真实的历史行程中，我们清楚地看到，受益的是传统政治，受污的是传统儒家。传统政治得以具有堂皇的理由，得以巩固和稳定，儒家却成了专制主义的理论护法，这是儒家所不愿意的结局，但不幸的是，这种不愿，真的成了结局，儒家遭到了巨大的伤害，也蒙受了历史的冤屈。因为她确实为专制政治的合法性作了论证，也为专制统治秩序的稳定而呼号效力。专制政治因为戴上了儒家的光环而更加具有欺骗性和说服力。新文化运动以来，有很多批评儒家的言论，虽然不免过激，但也绝不简单的就是学者们任凭自己的“情感的气机之鼓荡”的结果。他们有足够的根据，当然，这种根据是出自于历史的事实，而不是出于儒家的理想。他们的目标在于评价儒家在历史上实际发生的作用，而不是评判儒家理想的优劣。就便是出于情感的气机之鼓荡，那么这份情感也是正面的，表现他们对于社会和历史的责任的。这一点与当代新儒家学者对于历史文化的同情和敬意没有什么原则的不同，都是出于对民族与民众的关爱。

不管政治统治者在中国的历史的进程中有多么残忍，老百姓的遭遇多么苦难，但是我们终于还有了一点安慰。因为毕竟有董仲舒、胡五峰、朱熹这些人从正反两个路向来限制君王，也多少发生了一些效用。尤其是在宋代，实际上在这个时期，中国的政治已经走向了一种比较接近民主的边缘。我们不敢对历史作假设，但是假如元代不是在那个时间灭掉宋朝的话，中国的政治或许已经有了根本性的改观。当然，历史是不能假设的。

中国传统儒家一直坚守着与中国政治紧密的联系，他们要论述政治，参与政治，通过这些来施展自己的政治抱负，实现自己的人生理想。通过论述政治来表达对于生民的同情。通过议论政治来表达对中国现实社会政治发展的关怀，包括对君王的爱戴。君王毕竟是他们的主子，三纲无论如何都是传统时代儒者们坚守的原则。

但是到了明朝末年，情况就发生了变化，我举三个代表性鲜明的思想家为证，一个是王夫之，一个是黄宗羲，一个是顾炎武。他们的思想都是从正统儒家的思想中演绎出来的，他们依然是儒家的思想家。

王夫之

请看这幅画像，像主是晚明思想家王夫之。这是我从岳麓书社出版的《船山全书》里面，用数码相机照下来的，据说这张画像是王船山先生70多岁的时候，湖南乡里有一个叫刘思肯的画家给他画的。各位看他，清癯瘦劲，如苍松翠柏一样，迎霜傲雪一般，凛然不凋。王夫之（1619—1692），字而农，号薑斋，学者称船山先生。船山先生一生经历明朝灭亡，诸王室借恢复之名争抢利益，李自成进京称帝焚掠，清兵入关据地夺鼎，张献忠流窜杀伐，吴三桂僭越妄为等事，深切体会到各种政治势力无非为自己的利益而互相攻伐，国家民族和苦难生灵从来没有真正进入到他们的心底里去，只不过是各自的堂皇的借口而已。船山先生从而返身回归历史传统，深藏于传统儒家的命脉之中，吸足养料，充身以道。他为拯救中国人文主义和人道主义的传统献身，将自己生生地活埋在历史传统之中，成就了生命，同时也创造了中国传统儒家最伟大最有光辉的崭新篇章。他用自己的生命，实践了“六经责我开生面，七尺从天乞活埋”的自我期许。

船山先生评判中国政治、评判

中国历史最有名，他的《读通鉴论》是一部历史哲学的著作，也是中国政治哲学最经典的著作。这本书在中国近世的革命中，曾经起到了重要的鼓角作用，激励了中国近世的优秀知识分子，为民族争自由，为社会争民主，为生民争生存，成为近世中国社会变迁与发展的最重要的理论向导之一。他提出了震撼中国历史的“三义”说，光耀人类思想史。我现在就给大家解说船山先生的“三义”说。什么叫“三义”？船山先生说：“有一人之正义，有一时之大义，有古今之通义。”这就是所谓三义。什么叫“一人之正义”呢？就是效忠君王一人。比如宋高宗，你是他的臣子，你就应该效忠宋高宗，附载在宋高宗身上的忠君之义，就叫做“一人之正义”。一人之正义，要求臣子忠君。那么什么又是“一时之大义”呢？一个时代的最重要的价值所在，就是一时之大义。儒者出仕，并不是为了谋衣食，也不是仅仅为了效忠君王而效忠君王，他要为生民着想，为当时的社会着想。当时社会的最重要的价值，未必就在君王身上，君王未必能够代表当时代的最高价值，这个当时代的最高价值就是一时之大义。什么叫做“古今之通义”？就是不受时代局限，不受君王一家一姓所局限的古往今来千古不变的中华民族的根本利益。一人之正义，受一家一姓的局限，汉朝的一人之正义在刘氏，唐朝的一人之正义在李氏。贞观年间的一人正义在唐太宗，宣和间的一人正义在宋徽宗。一时之大义，唐德宗时代一时之大义在于肃清安史之乱的影响，摆脱藩镇尾大不掉的掣肘之患；宋高宗时代的一时之大义在于整顿江南，抚恤流散，安定社会，凝聚民心。而无论哪个君王，也无分哪个时代，中华民族的根本利益和代表中华民族根本精神的文化传统，才是最高利益，这就是船山先生所说的“古今之通义”。

“轻重之辨，三者不可不察。”船山讲此三义，又分别其轻重之不同。如何不同？“以一人之义，视一时之大义，而一人之义私矣。”比如说在某一个朝代，正常的情况下忠君是大义，但是遇见严重的水旱灾害或者地震灾害的时候，解救生命，解救生民就是一时大义，仅仅效忠君王，就私了，这时救一时之急，就是当急要务。为君主和王朝的利益而耽误救急，就是避重就轻，就是以小义乱大义，就是以统治者之私而废天下后世之公，就是不义。以小义乱大义的情况之出现，主要由两种原因造成：一种是出于无知，分不清大小轻重，摆不平轻重缓急；无知的君臣自然难于指望治理好天下。另一种原因是出于故意。始终把王朝的利益放在首位，以天下为王朝所设、而不以王朝为天下所设的私欲，决定了在很多时候，专制政权总是采取这样的策略，每到天下有祸患，总是首先想到不要殃及自己的统治，因此，其所采取的一些救急措施，往往出于维护统治秩序的稳定的私心私念。不仅如此，还经常借生民的灾难，挽救自己的统治，将救灾当成自己宣扬统治仁爱的机会。更有甚者，将天下生民的大灾大难当成进一步搜刮的好机会，大行贪赃于国难之际。这是为政者最大的不德，其罪真可谓罄竹难书！当然，历史上也不乏良心未泯的君王，当天下遭逢特大灾难的时候，心急如焚，急下“罪己诏书”，说“朕失德殃及天下”，同时拨粮款赈灾，减轻天下赋税。战国时期的梁惠王所谓“河东灾，则运米于河东，迁民于河西；河西灾，则迁民于河东，运米于河西”之类，就属于这种情况。因为用心不同，所以效果差别也特大。

同样，“以一时之义，视古今之通义，而一时之义私矣”。“公者重，私者轻矣，权衡之所自定也。”轻重原本就摆在那里，文化民族的利益，永远高于天下一时的利益，更高于王朝一己之利益。任何统治者都没有资格也没有权力，为了自己统治的长治久安而殃及一时的天下民众的生存与安定，更没有权力和资格为了自己的统治而损害民族的根本利益，阻断民族文化的发展之路。这就叫做“以一时之义，视古今之通义，而一时之义私矣”。

比如五代后晋的石敬瑭，为了自己在中原地区与其他力量角逐，不惜称“儿臣”于契丹，招引外寇以残杀同胞，虽然出于政权巩固和解天下一时危急的考虑，而且也获得了预想的成效，但却严重伤及中华民族的根本利益，所以犯下了永远不能饶恕的历史罪孽，永远被钉在了中华民族历史的耻辱柱上。就算你不能代表民族的根本利益，你毕竟还是华夏的政权，你不能为华夏民族代言，你不是还有灭亡这一条可以选择的道路吗？你虽然在历史上陨灭了，但你至少没有犯下滔天的罪过，大家还可以说你乘势而起，势尽而灭，气数尽了，自然终了，不违背历史发展规律。在这一点上，《三国演义》里的刘璋最为杰出。当刘备围困成都之际，刘璋对属下说："吾父子在蜀二十余年，无恩德以加百姓。攻战三年，血肉捐于草野。皆我罪也，我心何安？不如投降以安百姓。"人言刘璋暗弱，谁知刘璋仁慈！为了保一家一姓的江山，不惜天下生灵无辜死难，不惜将来中国还是不是中国，这是王朝的愚昧和自私，这是自取万世不磨之辱的贪婪和无耻！给石敬瑭出主意并直接操办完成"儿臣"于契丹的宰相叫做桑维翰，王船山先生骂他一定是"集千秋戾气于一身"，否则不至"狂猘"到这种地步。船山说他把千古以来所有的邪气、恶气、臭气、妖鬼之气都集中到自己身上了，要不然就不会做出这种连疯狗都做不出来的事情！

船山先生指出："谋国而贻天下之大患，斯为天下之罪人，而有差等焉。祸在一时之天下，则一时之罪人，卢杞是也；祸及一代，则一代之罪人，李林甫是也；祸及万世，则万世之罪人，自生民以来，唯桑维翰当之。"

拥有政权的统治者，经常为了自己政权的稳固，而无视天下生民的利益和文化民族的根本利益，总是首先以自己的既得利益为出发点；为专制君主出谋划策的所谓大臣，也经常由于为王朝的利益考虑，而陷入历史的罪孽。卢杞是唐德宗时的宰相，为确保自己的权力，于内则排挤杨炎，陷害颜真卿等，于外则勾结叛将李希烈和朱泚等，致使叛将纷纷称帝，大乱一时。连郭子仪这样功高一时的名将都惧怕他，说他"貌陋心险"，不敢嘲笑，怕惹出杀身灭族之祸来。李林甫是唐玄宗时宰相，专权跋扈，排斥异己，"口蜜腹剑"，惑乱人主之心，败坏时代风气，是导致安史之乱的元凶之一。但是他们的罪过，仅在一时一代，一时为唐德宗之时，一代指整个唐代。他们都是历史上的大罪人，但是他们的祸害还仅在一时一代，如桑维翰，则是祸及万世之罪人，“自有生民以来，覆载不容之罪，维翰当之”。他的罪恶，虽天地之大，都无法容纳！

以上分别讲解了船山先生的三义所指，船山先生还说，这“三义”如果合一，那就最好不过了。但这只是理想的目标，历史上根本就不曾有过这样的时代。三义在历史上经常呈现的是分离的状态，当此之际，如何评价历史和历史人物呢？那就要看看哪个轻哪个重了。“不可以一时废千古，不可以一人废天下。”这个标准最光明，最正大，最优异，最厉害。“执其一义以求伸，其义虽伸，而非万世不易之公理，是非愈严，而义愈病。”一定要效忠君王吗？比如对宋高宗，当国家民族正在饱受外侮，生灵涂炭之时，收复失地，重整河山，解民倒悬既是当时之大义，同时又暗合了维护华夏民族主权和领土完整，保护华夏民族文化不被颠覆，使华夏子民不致沦为外族统治的奴隶，免成残酷的外族统治者刀斧下的鱼肉的“古今之通义”。如果宋高宗诚心恢复，那么一心效忠高宗就可以了。但是实际情况却不是这样，宋高宗害怕打不过金兵，又害怕武将因此做大，威胁统治，于是默许秦桧杀掉了抗金名将岳飞。这叫“执其一义以求伸，其义虽伸，而非万世不易之公理。是非愈严，而义愈病”。秦桧实际上也是在坚守忠君的原则，但是忠君的价值位处爱政治国家之下，爱政治国家的价值又在爱文化民族之下。他只坚持爱君之小义，并为爱君之小义不顾一时之大义，杀掉岳飞，并且伤及了文化民族千古不移的最高价值。因为他远离了大义，背离了中华民族的根本利益，所以他越是坚守君臣之义，他所犯的毛病越大，离人间正道越远。这里必须指出，说秦桧出于自己想要篡夺的野心而铲除异己从而杀掉岳飞，只是后人为了表示对岳飞的敬重而抒发对于秦桧的痛恨之情而已。其实岳飞在屡获小胜之后，确实已表现出骄傲之气，秦桧怀疑岳飞将来有可能篡夺南宋的江山，为了保护君王的江山社稷的安危杀掉岳飞，是完全符合君臣之义的，在一定的程度上保证了江山社稷不再出现“黄袍加身”的改易。但是，岳飞抗金是符合当时之大义的，也是符合古今之通义的。而秦桧和宋高宗出于自己江山社稷的考虑，向外则屈膝对金人讲和，对内却限制自己的武将势力的发展，自损羽翼，自折栋梁，伤害了一时之大义和古今之通义，所以秦桧非但无功，反而有过，成了当时的罪人和历史的罪人，完全是自取其咎，自讨其辱。这就是船山先生光耀人类历史的三义说教导我们分析和评价历史的原则和标准。

杭州西湖边上的岳庙，一进门就是四个黑色的小铁人分跪在两侧，而正对面却是高大的岳飞墓地。跪在两边的四个小铁人，原本是白铁所造，历经风雨，氧化以后全成了黑色。跪者一面是秦桧和他的老婆王氏，一面是帮助秦桧构陷岳飞的张俊和万俟卨。后两人本来是岳飞的友军名将，因为为秦桧提供构陷岳飞的“莫须有”罪名而长跪不起。铁人边上的门首两侧大书一副对联，上书：“青山有幸埋忠骨，白铁无辜铸佞臣。”青山幸运，揽民族英雄岳飞于怀抱；白铁倒霉，无罪而被用来铸造这些奸恶。更好玩的是另一副对联，也是咏吟此事的。这副对联曾放在秦桧和王氏的跪像前，上联是秦桧的话语：“咳！仆本丧心，有贤妻何至若此。”他说自己虽然丧心病狂，但是要是有个好老婆也不至沦落到千古罪人的境地。王氏却不依不饶，说：“啐！妾虽长舌，非老贼不到如今。”这是下联，王氏说我虽然是个长舌妇，但是要不是因为你这个大奸大恶的老坏蛋，我也不至天天在风雨中跪着！任凭你的皇权多么强大，任凭你手段多么奸猾，只要你为了自己的统治利益危害了民众、社会和民族，你就无法逃脱历史的罪责，如果你为了摆脱历史的罪责而又大兴杀伐镇压，那么你的手段越残酷，罪孽越深重，只能使自己在罪恶的深渊里越陷越深。李林甫、卢杞和桑维翰何曾想到数百年之后，出来一个王船山，一经他的史笔，这些权奸就被如山的铁案钉死，永远不能翻身了。人世多情而寡义，历史有义而无情！

黄宗羲

与王船山同时代的另一个著名的大思想家黄宗羲，在与船山没有任何沟通的情况下，提出了一个更加惊世骇俗的“君王是天下最大祸患”的观念。黄宗羲（1610—1695），字太冲，号南雷，学者称为梨洲先生。他是著名理学家刘宗周的弟子，生逢甲申国变，眼见其师绝食殉明，受师训保命存学。年轻时，参加抗清运动，失败后隐居讲学，成就很大，弟子也很多。他在《明夷待访录·原君》中说：

> 古者以天下为主，君为客，凡君之所毕世而经营者，为天下也。今也以君为主，天下为客，凡天下之无地而得安宁者，为君也。是以其未得之也，荼毒天下之肝脑，离散天下之子女，以博我一人之产业，曾不惨然！曰：“我固为子孙创业也。”其既得之也，敲剥天下之骨髓，离散天下之子女，以奉我一人之淫乐，视为当然！曰：“此我产业之花息也。”然则为天下之大害者，君而已矣。

梨洲的政治思想最有名，与船山思想一道，在中国近、现代历史进程中，感召了一批又一批的仁人志士，去推翻专制统治，结束王朝政治。两人的思想最有功于中国近现代，前面王船山提出三义说，民族大义第一重，时代利益第二重，统治者的利益只能排在第三位，三者合一，则以统治者代天下，代万世，代社会可以；不能合一，则舍统治者谋时代利益，舍时代利益而谋民族长远利益。黄宗羲不是这样讲，他讲古代的君王是天下

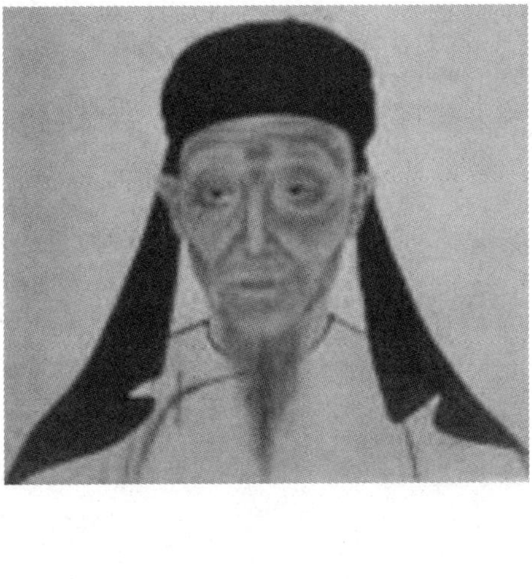

的客人，天下是主，君王是天下请来帮忙治理天下的，但君王拿到了权力之后，喧宾夺主，把主人都赶出去了，动辄殴打、辱骂，把主人的利益全给自己享受，所以荼毒天下之肝脑，离散天下之子女。这后来的君王在没得天下的时候，声称天下现在无道，我以有道伐无道，我在为子孙创基业。更有甚者，假托为大家谋幸福。“吾疾天下不均，今为汝均之。”这虽然是农民暴动的旗号，实际上争夺江山的很多统治者，开始时多半都是这样，大家于是跟着他玩命，抛家舍业，很多人血流成渠，惨不忍睹。一旦他们得到了天下，就跟前代统治者一样，照常离散天下之子女，敲剥天下之骨髓，以奉我一人之淫乐。更多的人不只没有摆脱剥削压榨，甚至境况反不如从前了。刚刚开基的时候还好一点，过了一些年，换了几代君王以后，愈演愈烈，甚至还不如前代了。当这个时候，君王又有话说了，他说这是我创业应该得到的，当年这江山是我打下来的，我抛头洒血夺得的江山，我有权力享用，别人管不着！谁敢说风凉话我就杀谁的头！你说这个君王坏不坏啊，天下之所以如此遭受残害，都是谁的原因？黄宗羲说就是君王的原因，所以他才说：“为天下之大害者，君而已矣。”这可是中国传统儒家的正宗传人，说出这种话来，不是说任性，喊两嗓子过过瘾什么的，不是那样的，是来真格的。痛陈中国历史，发现君主是坏蛋，为什么君主是坏蛋呢？就仅从夺江山、打江山之类的话语就能看得出来。江山在他们心目中是世间的一块宝，谁有能力谁来夺；江山又像是一个猎物，谁想来打谁就可以来打。真是岂有此理！中国政治的历史，使得曾经对他们寄予无限厚望的儒者，终于在噩梦中惊醒！他们发现，专制的政治不可能成为他们实现人道主义政治理想的外在助缘，而只能是淹没这种崇高理想的邪恶力量，他们决定与专制政治彻底分道扬镳了。如果说，在王船山和黄梨洲之前，儒家学者与专制主义的“合作”还是为自己的人道主义的政治理想寻找实现的机会，那么在船山和梨洲之后的儒者对于专制制度的依附，就只能是背叛儒家的理想，他们是孔孟的罪人，也是中国历史的罪人。他们虽然也可以打出得君行道的幌子，但是儒家既然已经宣布与专制主义决裂，而儒者依然不改从前的做法，那就只能被理解为儒家的叛逆，只为一己衣食而谋，无视儒家祖师之训，无视自己的人生理想，无视天理良心！作践自己，从而也作践了儒家。

也有人怀疑，像王船山和黄梨洲他们，说出这等话语，不怕大祸临头，不怕遭到杀身吗？不怕，他们真的不怕，而不只是口头上说不怕！为什么？他们都是死过来的人了，国破家亡了，这是其一。其二，他们都是孔孟的真正传人，他们已然成了人道主义政治理想的化身。孔孟的真正传人都是勇者，为仁而勇，为义而勇，为理想而不惜身。孔子说："志士仁人，无求生以害仁，有杀身以成仁。"孟子也说："生亦我所欲也，义亦我所欲也。二者不可得兼，舍生而取义者也。"若身遭杀而仁可成，生虽舍而义可获，真儒是在所不惜的。

顾炎武

实际上顾炎武也是一样，他有一句著名的话语，叫做："天下兴亡，匹夫有责。"但是大家却很少深究他这句话的更深切的含义，而只是简单地把"天下"等同于国家了事。实际上他正是针对把天下和国家混同的习惯性看法而发的议论。他说："有亡国，有亡天下。""易姓改号，谓之亡国，仁义充塞，而至于率兽食人，人将相食，谓之亡天下。"因此，必须先懂得"保天下"，然后才能知道"保国家"。"保国者，其君其臣，肉食者谋之；保天下者，匹夫之贱，与有责焉耳矣。"国家是君臣的，不管是刘汉、李唐、赵宋还是朱明，国家只是他们一姓一家的政权，天下才

是生民的，所以“天下兴亡，匹夫有责”的意思，不是国家兴亡，每个人都有责任的意思，国家兴亡，是君臣们的事情，天下的兴亡，才是大家的事情。国家不等于天下。天下包含国家，天下比国家大得多，重要得多。

顾炎武（1613—1682），初名绛，明亡后改名炎武，学者称“亭林先生”。亭林是江苏昆山人。

实际上明末清初的思想三杰王、黄、顾有关三义的公私轻重、君主是天下最大祸患以及国家与天下的划分，在一定的意义上，都可以看做是对孔子的德政思想和孟子“民为贵，社稷次之，君为轻”的思想的进一步申述和发挥。

综述以上，孔子倡导德政之后，由孟子开出仁政的理想，反对霸道，反对强权，强调民众的利益高于一切，孟子讲得很清楚：“桀、纣之失天下也，失其民也；失其民者，失其心也。得天下有道：得其民，斯得天下矣；得其民有道：得其心，斯得民矣；得其心有道：所欲与之、聚之，所恶勿施尔也。”他喜欢什么，你给他什么，他不喜欢什么，别强加给他。孔子也说：“己所不欲，勿施于人。”这样的话，老百姓就会拥戴你，你就会成为天下的真正的明君、圣主。而别人不施行仁义，那是为丛驱雀，为渊驱鱼，你实行仁义，他把老百姓都撵得满天下没地方跑，就会跑到你这里来。孟子以后，中国社会很快结束了诸侯纷争的局面，进入一个大一统的时代。后来从董仲舒到胡五峰、朱熹等儒者，他们这些人从正反两个路向限制君权，均无法收到预想的效果。紧接着元代灭掉南宋，限制君王的正反两个路向，从此已经彻底断绝，中国的专制政治再没有一丝可以拯救的希望。所以中国的儒者们改弦易辙，提出了全新的主张，船山先生的震撼古今的“三义说”和黄宗羲“君王是天下祸患的根源”的说法，实际上都是中国传统儒家对中国传统政治的希望破灭的一个标志，也是中国传统儒家与中国传统政治彻底决裂的宣言！中国传统儒家至此已经进入一个崭新的天地。当然，中国传统儒家从此也就成了无所依归的孤魂野鬼，只能在封建王朝莽莽的天地之间，整天整夜地哀号，“鹤鸣九皋，声闻于天”。

这里再补充说明一句，就是说王船山和黄梨洲的崭新政治主张，是传统儒家与专制政治彻底决裂的宣言，是我个人的主张，不，应该说是我个人的体会和理解，不代表学界的共识，但我相信我的感觉，这是长期浸润在儒家思想里获得的自信。船山和梨洲之后的“规规小儒”，还在坚持所谓君臣之义，除了无知无识而只能循规蹈矩之外，只能以此为借口，以谋衣食而已，他们再也不能，同时也再没有资格被用为儒家与传统政治关系的证据。政治就是政治，理想就是理想，政治虽然不能不利用儒家的理想来粉饰自己，但是儒家却绝不可能，也不应当成为统治阶级的意志和意识形态，她只能作为政治运行的监督和批判的力量，这是儒家与传统政治关系的历史告诉我们的基本道理。儒家被当成一种专门的学问进入学术界，成为一种显学，自然是当代新儒家的伟大贡献，儒家也始终不能丢弃其对人间正义和人间秩序的诉求。美化人伦，本来可以被理解为儒家的社会责任和文化理想，而大可不必也绝不应当把它理解为为了维护统治的秩序。社会的公正与和谐只是为了生活在社会中的人们的幸福，不是为了完成某种特定的政治任务，这是孔子和孟子以来，历朝历代的纯儒们的真正用心。儒家既没有必要成为主导统治的意识形态，也不应当再度成为这样的形态，她应当承担起传承历史文化、监督并批判任何形式的政治，并承担起社会人伦新秩序的重建的工作，这才是今日儒家应当起到的作用。只要承担起这样的历史任务，儒家便一样会在新的历史时期和新的历史形势之下，重新放射光芒，这既是我们的期待，也是我们应当的方向。

第六讲：生生之德——领悟孔子的生活智慧

生活是很烦人的事，也是很快乐的事。烦人是因为琐细，因为不时会出现各种各样的不顺心的插曲，甚至会遇见坏人、歹人，经常会处于被动状态，还会遭受挫折甚至遭遇不幸。快乐是因为常有各种各样的满足，常有各种各样的体会，常有各种各样的收获。无论什么人，从被抛到这个世界上来的那一天开始，就注定了要在烦恼和快乐的交替中住上五七十年或者百八十年。一双只看到烦恼的眼睛是近视眼，一双只看到快乐的眼睛是远视眼。孔子说："无欲速，无见小利。欲速则不达，见小利则大事不成。"这是孔子告诫弟子子夏的话，子夏当时做山东费县的县令，他问孔子怎样才能做好这项工作，孔子就给了他上面的回答。实际上孔子这句话，不仅对于从政、为学和做事具有指导意义，对人生的方方方面面都有指导意义，对总体人生更具有指导意义。"欲速则不达"，是批评远视眼，只看到未来，好高骛远，不能脚踏实地，不能忍受一步一步慢慢获得进步、获得成功的过程。看不到人生中的困难，把问题想得太简单，心里太天真，太幼稚。当然，很多人可能并不天真、幼稚，只是不想经历实际的漫长的过程，过程是很折磨人的。就是不想吃苦，不想受罪，只想享受成功的喜悦和快乐，须知这是根本办不到的。"见小利则大事不成"，是批评近视眼，只看到眼前一点小的成就，没有远大的目标，没有崇高的理想。没有崇高理想的人，经常被日常生活中的小事困锁住。正所谓：“人无远虑，必有近忧。”利益是人生的牢笼，小利是人生的小牢笼。困在牢笼里的人看不到蓝天白云红日绿草，困在小牢笼里的人，更是目光短近，如同井蛙，只能见到四角的天空。得到了小利就兴高采烈，自甘井底，不再有其他的欲求。庄子说：“井蛙不可以语于海者，拘于虚也；夏虫不可以语于冰者，笃于时也；曲士不可以语于道者，束于教也。”井蛙只在井里生活，它只知道井里的事情，它只有井里的视野；夏虫生活在夏天，秋天就死了，它不知道什么是冰雪，不懂得什么叫洁白；已经被教化歪了的读书人，只知道遵循曾经所受的教化，只知道按照自己所受的教化行事，再跟他们讲什么新思想、新观念、新生活，他接受不了。井蛙、夏虫和曲士，虽然所受限制有空间、时间和思想观念的不同，但在本质上都是近视眼，近视眼如果只看到势利，那就变成了势利眼。

正常人的眼睛是既能看到远处，又能看到近处。大家注意，我讲的不是生理上的眼睛，生理上的眼睛只是心灵的窗户，是帮助心灵获取信息的助理，耳朵、眼睛、鼻子、舌头和身体等，都是心灵的助理，心灵才是感觉公司的总裁。感觉公司不是“有限”公司，而是“无限”公司，天地有多大，心灵有多大，天地有多深远，心灵有多深远。孟子说：“从其大体为大人，从其小体为小人。”大家都是人，为什么有的人就显得宽阔，就能有大感受，获得大成就？而有的人只知道身体舒服、眼睛愉悦、舌头快活？因为他只知道身体，不知道有心灵。久而久之，就真会把心灵丢弃，只剩下感官。这就是小人，小人物、小天地、小人生，活在小牢笼里，活在小人国里，不知天下，不知魏晋，不知欧美，甚至不知四季的变化。天地之大美他见不到，人间的正道对他没有吸引力。宋代的儒者们都强调不要“小了心”，张横渠说：“大其心，则能体天下之物。”如果仅仅看到眼前的一点利益，人的目光就会越来越短近，视野就会越来越狭窄，心胸就会越来越闭锁，人就会越来越小，越来越没有生气，人生就会越来越暗淡，越来越乏味，越来越没有希望。

所以，各位同学要想从《论语》中获得生活的智慧，那就可以从孔子上面的一句话开始。朱熹在评论赵普的“半部《论语》治天下”的话语时说：不用半部，只要“道千乘之国，敬事而信，节用而爱人，使民以时”一句，就足够了。这个说法并不夸张，我可以借用朱子的说法，指导人生，有孔子“无欲速，无见小利。欲速则不达，见小利则大事不成”一句，也就足够了。如果你的一生真能不断地反省这句话，不断加深对这句话的理解，那么你的一生肯定不会平庸，肯定不会乏味，肯定不会没有超凡脱俗的感受。

当然，我们要讲孔子的人生智慧，所以还要继续加以分说。人生要面对很多关系，也要面对很多事物，我们在《论语》中究竟能够得到哪些与实际生活相关的启迪呢？

一、感戴天地的生生之德：畏天即敬己

什么是天？天是什么？孔子心目中的天到底是怎样的东西？这是我们必须首先解决的问题。孔子说：“大哉，尧之为君也！巍巍乎！唯天为大，唯尧则之。”无所不包容，这是天之广大；无不在其下，这是天之巍峨。这不仅是天的自然属性，而且也是孔子赋予天的文化属性。“天何言哉？四时兴焉，百物生焉。天何言哉！”正是桃李不言，下自成蹊。《周易·系辞》说，“天地之大德曰生”，天地是生生之母，天地以生养万物为大德，天地并不居功自傲，“功成而弗居”。尧之所以伟大，是因为他效法天，依循天。天地是道德之源，天地也是力量之源，天地还是宰制万物、规定万物的主体。人生无不由天规定，甚至包括寿命、祸福。所以才说“死生有命，

富贵在天”。天在孔子的心中，是既有主宰义，又有生成义，同时也还具有一定自然义和神秘义，它外在于人，规定人、限制人、指引人、成就人。人生的成就，一定要依循天，把天的美德内化在自身之内。所以，天又可以通过人的内化行为，进入人生之中，成为人的主脑，成为人的动力，成为人自己的品质。这就是孔子心目中的天。地也是一样，只不过就是天为主，地为辅，天为正，地为副，天为父，地为母。《周易》说：“天行健，君子以自强不息。”又说：“地势坤，君子以厚德载物。”孔子虽然很晚才接触《周易》，但他一生的做法，都与《乾》、《坤》和《系辞》等所表达的观念完全一致。所以说，孔子对于天地的态度，是景仰而生向往，始终心存敬畏，并效法其德。这是孔子“畏天命”的真谛。“畏天命”，不是害怕某种宿命。就是“死生有命，富贵在天”，也不是宿命，而是努力为之，成否不计，也就是孟子所说的“修身以俟天命”的意思。由此看来，对天地的态度，实际上就是对自己的态度，敬畏天就是恭敬自己，就是对自己内在成德愿望的真诚肯定。总而言之，孔子对天地的态度，就是敬畏，由衷地敬畏，不是出于恐惧的害怕。统治者要敬天保民，普通人要敬天而恭己。不要怨天尤人，天地本无可怨之处，人生也没有怨天之理。天地有灾异，本是天地的自我调理，人生的祸福也多半都是由于自己的言行所招致。怨天尤人的做法，并不是理智的生活态度。

二、孝的要义：“色难”不是谄媚，“无违”亦非苟顺

天地以下是父母，如何对待父母，是人生首先应该学习的功夫。

理学家们都认定孟子的话语的绝对正确性："孩提之童，无不知爱其亲也，及其长，无不知敬其兄也。"实际上这个说法不能完全为性善说提供可靠的证据。小孩懂得爱父母，知道敬兄长，完全是教育的结果。这里我所说的教育，不限于正规的学校的教育，不一定非要来自老师。更重要的是来源于生活本身的教育，包括家庭的教育。如果父母对待自己的父母不好，小孩子也不会真对自己的父母好，这不是简单的上行下效的问题，而是影响和感染。人是环境的动物，什么环境造就什么样的人。我常讲，爱孩子是天性，爱父母是德行。天性和德行不一样，天性是本能，父母不爱孩子，人类就会绝传，父母爱孩子是天给父母的本能，不待教而如此。所以赞颂母亲的伟大，实际上就是教育孩子报恩，母亲爱孩子并不伟大，只是本能。如果说伟大，也不是母亲伟大，而是天伟大。或者说天借母亲以显其伟大。德行是修养，不通过修养，就不会有这份德行。尤其是当孩子和父母亲造成我们的选择的时候，第一个感觉就是偏向孩子，而不是偏向父母。这是大家都知道的，不必隐瞒，也不用隐瞒。我们能够正确处理这个矛盾，不是天生就有这个能力的，要靠修养，要靠道德的训练。道德的修养不够，就不会真正对父母有出自真心的爱和关怀。人在小的时候可能真的对父母好，因为父母养育他，所以自然就会对父母好，长大以后情况就不一样了。尤其在父母年纪大了以后，行动不便，甚至卧病不起、长期瘫痪之类的情况都可能发生，这个时候，很多人都会产生厌倦的情绪。民间有句俗话，叫做"久病床前无孝子"，讲的就是这种客观现实。

所以爱父母，越向后越需要修养。如果一个社会发达而又健全，这种情况就更加必须。怎么讲？比如瑞典，是世界上最发达的国家之一，社会保障体系也差不多最健全。瑞典人从出生到死都由社会负责，从襁褓中一直到棺材里，父母操心有限，养育职责也小，孩子跟父母的关系也相对疏淡。这是正常的现象。但是在以孝道立国的中国，如果是这样，那么孝的问题，就更严重。因为不需要更多的报恩，父母和子女的感情完全靠相互间的尊重和体贴，不是单方面的主要取决于父母，所以报恩的说法成立的可能性就更小。

由此，在中国，孝就更是美德，而不仅只是天性。天性原本很美，但那是自然美，不是道德美、修养美，要把这种自然美转化为自觉美，需要修养，是一个漫长的修养过程。所以，包括孟子所说的“仁义礼智”的天赋良知，也仅仅是个“端倪”、入口，要真正成就“四端”，还要靠艰苦不懈的长期努力。当然，也许等不到你修养好，父母就已经过世了，这也是命。就像子路，等到他有能力供养父母的时候，父母却不在了。这种遗憾是没有办法的，这是天命。所以要抓紧时间尽孝道，不要错失机会。尽孝，一旦成为美德，则尽孝本身就会成为一种快乐，而不再是负担。孔子非常懂得这一点，孔门弟子也都懂这一点，所以有若说：“孝弟也者，其为人之本与!”孝悌是人生的根本德行，一个人如果不孝悌，那就不能指望他会对其他人有真心的关怀和爱护。

如何对待父母才算是真正的孝？《论语·为政》篇中连续记载了孔子回答孝的话语：

> 孟懿子问孝。子曰：“无违。”樊迟御，子告之曰：“孟孙问孝于我，我对曰：无违。”樊迟曰：“何谓也？”子曰：“生事之以礼，死葬之以礼，祭之以礼。”
>
> 孟武伯问孝。子曰：“父母唯其疾之忧。”
>
> 子游问孝。子曰：“今之孝者，是谓能养。至于犬马，皆能有养；不敬，何以别乎？”
>
> 子夏问孝。子曰：“色难。有事，弟子服其劳；有酒食，先生馔，曾是以为孝乎？”

我们先看第一段，什么叫“无违”？这里的“无违”实际上只是讲不能违背礼的原则，不是不违逆父母意愿的意思。孔子对樊迟讲得很明白：“生事之以礼，死葬之以礼，祭之以礼。”所以直接把“无违”说成是不违逆父母的意志就是错误的解释。事、葬、祭是

"无违"的三项主要内容。事就是侍奉，葬就是埋葬，祭就是祭祀。父母在世时，要按照礼的原则尽心尽力侍奉他们；死的时候，要依照礼的原则安葬他们；死了以后，还要遵循礼的规定祭祀他们。

这样的话语，听起来很简单，做起来并不容易。尽心尽力只是一种原则，具体情况远比想象的复杂。至少应该注意以下几点：第一不能把自己的意志强加给父母：我给你吃的，其他事情你就不要管了，只要按我说的做。"我给你买好吃的，你怎么还说三道四？"这叫不敬。孔子不是说了吗？"今之孝者，是谓能养。至于犬马，皆能有养；不敬，何以别乎？"只知道给父母物质奉养，不关心他们的心理感受，不知道照顾老年人的特有的心理，不尊敬他们，不理解他们，这样的做法，虽然比将父母逐出门外或者踢来踢去的儿女们强，但是还是与禽兽一样，犬马也会。尊重他们的意愿，了解他们的心情，理解他们，经常和他们说说话，散散步，这都是非常重要和不可缺少的。我听说温家宝总理在繁忙的国务之余，坚持每周都和九十岁的老娘吃一顿晚餐。这就是孝，是带着敬的孝，是孝敬。第二，不能僭越礼的规定，不能把自己的父母上升到与天地同等的高度，普通人也不能以对父母的孝敬为理由，随便大讲排场，大摆阔气，这就僭越了。比如我们现在有些地方领导，父母死了的时候，车水马龙，招摇过市，一方面僭越了礼仪，另一方面也助长了社会的不正之风。是借孝敬父母以显示自己，这是不德，并不出于纯粹的孝心。第三，不能以苟顺为孝。父母如果提出很多不合理的要求，也应当委婉地予以劝阻，父母如果做得很过分或者就是错误的甚至提出违法的要求，也不应当予以满足。但是应该注意态度，不要强硬地予以拒绝。孔子说："色难。有事，弟子服其劳；有酒食，先生馔，曾是以为孝乎？"要注意表情，要和颜悦色。至少不能训斥甚至辱骂。第四，不能以谄媚的方式对待父母，看到父母还有钱或者还有势力，就一味阿谀奉迎。那么父母要是没钱了、失势了怎么办？把他们赶到街上去吗？第五，不要出去闯祸，让父母担心。

以上就是孔子论孝给我们的启示，当然，最关键的一点是要出于真心，而不是出于功利的考虑，借孝敬父母以谋取他人利益，以孝敬父母为名，显示自己的权力和地位，或者假装做出孝顺父母的样子，以沽名钓誉，还有就是超规格、超能力的相关做法，僭越礼仪，破坏社会规范。这些都是孝的反面，都是不孝。这种所谓的孝，都是有害于社会，有害于人生，有害于自己的成德的。“色难”不是谄媚，“无违”不是苟顺。这一点是一定要认真注意的。

当然，今天的孝应该与古代的有所不同，古代因孝而自毁的情况不少，不符合今天社会的人道精神。现在女子不止要孝顺公婆，她们都想对自己的父母好，古代以男性为主体，这个任务是由她的兄弟们去完成的，古代多子多孙，现在计划生育，城市里的多数家庭都只有一个孩子，无论男女，都有赡养父母的义务。加上我们的社会还没有像瑞典等国家那样发达，赡养老人的义务，社会没有办法全部承担起来，主要还要靠家庭。家庭仍然是老有所终的最主要和最普遍的信托对象，所以，现在的孝的问题就更复杂。甚至已经不再是简单的问题，而是成了难题。所以，怎样理解真正意义上的“孝”，是我们今天为人子女所应予以重视的。

三、忠君的创造性转化

有关对于君上的问题，虽然孔子讲过“君君臣臣，父父子子”的话语，但那强调的是伦理的等级，是强调良好的上下等级秩序的确立，主要靠的是居上位者的表率和示范作用。为君者若是不守君道，为臣者便也很难遵循臣道；为父者要是不慈，也就不易指望为子者之孝了。

尽管有很多人都将“忠君”误认为是孔子的主张，但是《论语》中却没有直接出现过“忠君”字样的话语。

就算后世忠君的主张源自孔子，但我们还是能够从《论语》中找到有关于此的对当今时代仍有借鉴意义的启示。

《论语》中孔子评价郑国的执政子产，说他身上有四点最能体现为政者的君子风范：其行己也恭，其事上也敬，其养民也惠，其使民也义。而在评价楚国的执政令尹子之时，则明确说他“忠”，可是所指不是对君子，而是忠于职守的意思。说他三次做宰相，又三次被罢免，当宰相时没有高兴的神色，被罢免时也没有不满意的表情。三次轮替时，却能把所做的政事进行到什么程度的情况，如实转告给接替他的宰相。孔子说他“忠”，显然是指忠于所事，是个真正的忠于职守的人。

在后世的历史进程中，儒家的后继者们确实极尽提倡“忠君”，但那是专制主义时代的事情，今天已是无君的时代了，我们应当顺应时代的变化，把“忠君”的历史主张，转回到孔子“忠于职守”的倡导中，提倡忠于职守，勉励大家各自做好自己的本职工作。不能随便应付了事，不能玩忽职守，更不能借助工作职守，以权谋私。

一个对工作不负责任的人，对待家人和朋友也不会尽心尽力，更难以说得上忠于自己。其实把这套话语倒过来说也有同样的意义。那就是：只有忠于自己的人，才能真正忠于他人和事业。但是忠于自己，是指终于自己的理想和人格，不是任随己意，纵放自己的情绪和自私自利的欲望，不是在人群里让自己“如入无人之境”，不顾及他人的利益和感受。而是真诚、坦荡地面对自己。不欺人，源于不自欺，只有不自欺，才能不欺人。自己对自己都不诚信，怎么能指望这样的人对他人和社会讲诚信？

有关忠孝的问题，我们既要努力从传统中吸有效的思想资源，以为现代人生和社会服务，同时也要留心另外一面，就是千万要防止愚忠愚孝的陈规在现代社会的复活。这是我们在今日社会和学校、家庭的教育中，都要万分警惕的，稍不小心，就会犯下重大错误。

四、尊师，在重道

前面我已经说过，老师和朋友是人生中不可缺少的重要环节，师友关系，也是人生逃避不了的处境。现代跟古代不一样，现代人大都读过书，都有老师。怎么样对待老师？不用问，大家都会毫不犹豫地回答："尊重老师。"为什么要尊重老师？怎样才算尊重老师？

前一个问题似乎不难回答，因为每个人都要成长，包括增长知识，开阔视野，而这些都可以在老师那里获得。不仅如此，老师帮助我们树立人生的理想，给我们指引人生的方向，帮助我们改正错误，指出我们的不足，指点我们如何取长补短，使自己获得必要的成长。所以，我们都对老师有或多或少的感激，所以我们应该尊重老师。怎样才叫尊重老师？尊重老师最重要的一点，应该是不放弃自己对于理想的追求，按照自己的人生道路前行。其他的，如读书时认真听讲，好好复习，尊重老师的劳动；毕业后经常关心关心老师，打打电话，问候问候，向他汇报一下自己的情况，谈谈自己的人生体会等等。至于诋毁老师，辱骂老师，则是人生最大的忌讳，类似的做法，只能表明你的不德和不可造就。

遇见好老师，是人生最大的幸事。我就很庆幸，因为我遇见很多好老师。好老师是人生的风景，令人流连，令人即便发为咏歌也不能尽情表达这份情谊。宋祖英唱过一首歌曲，叫做"长大后，我就成了你"，就是歌颂教师的。

什么叫先生？我过去跟学生开玩笑，我说你们叫我先生，是什么意思？你们知道先生有几种意思吗？我告诉你们：先生一词含义至少有八种之多，过去私塾老师叫先生，这是第一种；我们管孙中山叫先生，意思是同路人中的先行者，这是第二种；现在女人管自己的男人叫先生，这是第三种；香港的警察叫自己的上司为先生，说“Yes,Sir”，这是第四种；先生的本意是先我而生者，就是年长于我的人，这是第五种；管学问大的人，叫做先生，以示尊重，这是第六种；现代礼仪管所有的男子都叫先生，以别于女士，这是第七种；还有第八种，就是指引自己走上人生康庄大道的人，也可以叫先生。

我知道，许多学生叫我先生的用意，是包含了老师、长者、有学问和指引人生道路等内容混合在一起的，我是否能担待得起是一回事，他们这样叫我以示尊重则是另外一回事。

但是我有先生，我有人生的导师，指引我走上人生的康庄大道的好老师，台湾著名的中国思想史专家韦政通教授，就是我的先生。这个不用讳言，也不必讳言。得到这样的先生，简直就是天赐，这是我今生最大的幸运！我跟他意外相识，意外交往，意外成为知音。我们之间心里相互感通，对思想史和社会问题的很多看法都如同心有灵犀一般。这是我最高层次的最大的老师，也是我最相知最相洽的朋友。要不是意外地结识他，我可能就会任才使气，成为一个三流的小诗人或者小作家，甚至连这都达不到，而根本没有成为真正学者的可能。他没有教过我什么，但他的执著、他的奋斗历程和奋斗精神和他身上特有的勇敢、正直，杰出的怀疑和批判精神、对历史文化和对社会人生的责任意识，以及永不衰竭的工作热情和耐力，都是我永远取之不尽、用之不竭的力量源泉。

当然老师不是扶持你一生的人，老师既无可能，也不应该扶持任何学生的一生，真正爱学生的好老师，必须想办法激发学生内在的生命潜能，唤醒他的自我意识，激励他的勇气，让他自己锤炼自己的意志，自己训练自己的耐性和坚韧，让他努力走出属于他自己的人生道路，而不是一定要让他按照自己的道路去走。曾经有位朋友当着我和韦先生的面问我有几个老师，我毫不迟疑地回答：“只有一个，就在这里。”这样的话语可能让其他教过我、帮过我的老师听起来不高兴。实际上这位朋友问的是我的业师，业务上的老师，这样的老师我有很多，但是我回答他的是生命之路的感染者和引领者的意思。在这个意义上，一个就足够、足够的了！

当然，人生光有这样一个老师是不够的，从学东西的角度看来，人生无常师，孔子说：“三人行，必有我师焉：择其善者而从之，其不善者而改之。”子贡也说孔子，向贤者学重大的东西，向不贤者学习细小的东西。人生本无常师，随时得学，则随时有师，随处获益，则随处皆师。甚至天地万物无不能使我得到启迪，所以天地万物无不是我的老师！要善于学习，不能只从一家、一人之言，这样会限制自己的知识面，限制自己的视野，限制自己的思维。

当然对待老师的尊重，也绝不是简单的恭维，更不是盲目的推崇。现在有很多学者，不分青红皂白，不管三七二十一，就维护自己的老师，老师错的，也说是对的，甚至结成同门帮派，这是大可不必，也不应该的。这样会妨害对于真理的追求。孔子说：“当仁，不让于师。”跟老师发生不一致的情况完全是正常的，一切都跟老师一样，要你做什么？有老师自己就足够了。

以上是我就个人的体会，跟大家讲如何对待老师的问题，也不一定就是全对的，大家可以根据自己的实际情况来做。但是基本的原则是一定不要把自己淹没在老师里，同时一定要学会什么叫真正的尊师，跟老师学做老师！我过去常跟学生讲，老师最得意的学生大概主要有两种，一种是有足够的生命力和开创能力，可以单独立户，自己点燃自己的生命之烛，不必总跟老师在一起，而是沿着自己的生命路数走下去，成为另外的一盏灯，成就自己，照亮别人，启迪别人。另一种是没有足够生命能力，自己的光量不够，不足以独立支撑门户，那就把自己的油倒在老师的灯里助燃，使老师的灯更明亮、更持久。当然，这两种学生实际上都是可遇不可求的。

要学会尊重老师，而不要蒙骗老师。要学会尊师重道，尊师是表现，重道是目标；尊师是基础，重道是归宿。大家不要以为我是老师，我就强调师道尊严。其实我并不严，学生在我面前几乎达到放纵的程度，我跟学生也很随便。但是我们从教的都知道，我们教育的成功跟师道尊严有密切关系。师若不严，道就难尊。道本来就尊贵，但是它自己不能使自己尊贵，要靠老师教授之严格来体现。老师要是不严格，教育的成功就很难期待。严的对面是宽，宽大了就是纵，严过了就会苛。苛则寡恩，学生会产生对老师和教育的疏离感；纵则失控，教育的秩序就难维持。怎么样对待学生，本身就是大学问。

五、什么样的人，交什么样的朋友

友与师相连，师是人生的导引，友是人生的助缘。友的作用在于互相砥砺，互相激发，互相帮助。师处上位，当尊之为主。友则比肩，主要在于帮助。大凡正当的人生，都以尊师重友为道，无师友，不成人生，朋友既是五伦中的重要一项，也是人生不可缺少的关键内容之一。“与朋友交，言而有信”，是孔子教人的一项重要内容。

应该交什么样的朋友，这是个很重大的问题。以善人为友，自己也会越来越善；以智者为友，自己也会增长智慧；与邪佞者为友，自己就会慢慢变坏；与庸碌者为友，自己就会越来越庸俗，越没出息。“近朱者赤，近墨者黑”，这是大家都懂得的道理。孔子说：“益者三友，损者三友。友直，友谅，友多闻，益矣。友便辟，友善柔，友便佞，损矣。”好朋友有三种，坏朋友也有三种。正直的、信实的和有学问有见识的朋友，是三种好的朋友；顺情说好话的、阿谀奉迎的和虽然能说会道，但却言不及义的，都是不好的朋友。

因为正直的朋友，不回避你的过失，直言奉告，所以能够使你知道自己的缺点和错误，以便于改正；便辟的朋友会躲避你的过失，使你不能及时认识自己的缺点和错误，不利于改正偏失。朋友的信实可以导发你内在的诚心，朋友的善柔，只是阿谀逢迎，使你也习惯了虚伪，而远离诚信。这两项都是对德而言的。友多闻，可以增长你的才识，扩充你的闻见；便佞的朋友虽然口若悬河，但都没有真实的体会，所以，言虽多而不中于义，无益于扩充闻见，增长才识。

损友三种正是益友三种的反面。益友三种的前两种，利于修德，后一种利于增智。正是先尊德性而后问学的次第和程序。

人都有“乐多贤友”的内在要求，但却受到现实生活中的各种各样的条件的限制，交到真正的好朋友，并不是一件容易的事情。交朋友也要靠机缘，古人云：“人生得一知己足矣。”讲的就是这个道理。当然这个机缘绝不是一种说不清的和不可捉摸的神秘的东西，也不是宿命的东西。你是什么样的人，就有什么样的需求，有什么样的需求，就有什么样的机会。正是所谓“仆人眼中无英雄”。长在路边上的一棵树，木匠见了，想象它的用途；在焦渴的夏日里走累了的人们想到它可以乘凉；搞城市规划的人和诗人见到它，想法都不一样。鸟见了树，想到自由地起落、想到做窠，猪见了树想到可以靠在下面睡觉。机会遍地都是，随时都有，但它只提供给与此有缘的人。“有缘千里来相会，无缘对面不相识。”所以缘分不是宿命，有缘者未必有分，无缘者绝对没分。这就是缘分。你喜欢闲扯，人家有正事，见了你自然想要躲开，你也没机会跟人家交往。这个道理大家都懂。所以得到什么样的朋友，不是遇见了什么样的人，而主要看你是什么样的人。

当然，在你还没有完全成形的时候，遇到什么样的老师，指引你什么样的人生目标很重要。所以师友、师友，师在先友在后，人生对于朋友的要求，老师的引导很重要。当然，这里的老师不局限于读书的老师，而是在人生道路上遇见的所有可能对你产生影响的人们，其中家庭成员至关重要，父母或其他家庭成员的喜好，会对你产生重大影响。他们的做法和他们的朋友圈子，会对你幼小的心灵产生重大的导引作用。要不然宋明的大儒们为什么要利用《周易》的《蒙》卦大做文章，拼命强调“养正于童蒙”。童年时期尚未开蒙，如何开蒙却影响孩子们的一生。我见到很多家长，有的还经常打骂孩子，说孩子不好好学习。他们自己却游戏人生，无所事事。或者自己整天只知道赚钱，忙得连孩子都顾不上，从来不跟孩子在一起谈点有意义的东西。孩子们都看在眼里，印在心头，他们怎么能够在这样的家庭环境中养成积极进取、努力学习的习惯！又怎么能够改换途辙，走出崇高，哪怕就是走向向上的积极的人生道路！

得到了好朋友，既是如此不易，所以就要珍惜。怎么去珍惜朋友的友谊？世界如此之大，人数如此之多，哪会有固定的方式？但在总体上，就普遍的意义而言，还是有些大致的东西可以做到。《论语》中也有相关的借鉴，《公冶长》篇有下面一段对话，孔子让颜渊和子路各自谈谈自己的人生愿望，子路抢先说道：“愿车马衣轻裘，与朋友共，敝之而无憾。”颜渊接着说自己的愿望：“愿无伐善，无施劳。”都说完了，子路就转问孔子，孔子回答说：“老者安之，朋友信之，少者怀之。”

这段话对人生处己安人，以及如何对待朋友，给朋友以怎么样的交代等，都有重大的警发和指导意义。

人生的常态是重利轻义，子路是勇者，肯将车马衣裘与朋友共同分享，坏了都不在乎，是重义轻利的表现，是超出凡俗的高致。这是对朋友义字当先而不计较利害得失！相对于子路义者的胸襟，颜渊“无伐善”、“无施劳”，则更高一些，是仁者的情怀。无伐善，就是自己有仁德或者功劳，但却不向朋友夸耀；无施劳，就是不给别人找麻烦，不给朋友添劳苦。所以说这是颜回仁者的情怀。不导引朋友走邪路，对朋友不吝啬，不给朋友添劳苦，不显示比朋友强，这是很重要的。但是更重要的，就是善，也不能强加于人。“己所不欲，勿施于人。”《公冶长》篇中记载孔子和子贡的一段对话，子贡对孔子说：“我不欲人之加诸我也，吾亦欲无加诸人。”孔子却说：“赐也，非尔所及也。”恶名、罪名不可强加给人，美名、英名、善名同样不可强加于人。劳苦不能强加给人，无力之功和无劳之益也不当强加给人。还有无聊的清闲等，同样不能强加给人。对待他人，都应当把选择的权利留给人家自己，不应当把自己的意志强加给别人，不管以什么样的方式。这是对于他人最起码的尊重。孔子认为子贡做不到这一点，可是颜回能够做到这一点。所以子贡还只是一个贤者，而颜回则基本成了一个仁者。至于孔子，欲使老者安其所安，少者怀其所愿，朋友信其所信，使人各遂其愿，各得其安，物各当其份，这是真正的圣者。子路的目标在成己之义，颜回的目标在成己之仁。两人虽有高低之别，但都差了一截向外的推展。孔子的目标是使一切的一切都各自成为他自己想要成就的，已经完全超越了自己的目标，己、人、物各得其所，不待向外推展了。

这段话未免高深了一点，咱们再回来说点简单的。孔子说：“主忠信，毋友不如己者，过，则勿惮改。”要尽量去交比自己强的朋友，这样自己才有获得进步的机会。有关这段话，有人会说：“如果大家都去交比自己强的朋友，那么比自己差的人不就没有朋友了吗？不仅比自己差的人没有朋友，比自己强的人也没有朋友，自己也不会有朋友。因为每个人都要去和比自己强的人交朋友，你要不比人家强，那人家也就不跟你交朋友。这样的结果就是谁也没有朋友。”看来这句简单的话也不简单。实际上孔子只是希望大家交朋友时，尽量交高品位、高格调、高水平的朋友，这样自己会有更多的收益，更利于自己的进步和成长。而不是讲去交在各个方面都比自己强的朋友，世界上也没有这样的朋友。尺有所短，寸有所长，坏人身上也不是没有一点可取之处，当然这样的话语不是让大家去和坏人交朋友。愿意跟坏人交朋友的人，自己可能也不是好人。欲观其人，先看其友。他为什么能和这样或者那样的人成为朋友，那就是因为他们有声气相投的地方。小人与小人为友，是因为他们都是唯利是图的人；君子和君子成为朋友，是因为他们有共同的理想和正直的精神。

就是在朋友之外，也还是要向普通人学习东西，“三人行，必有我师”，没有正面的教益，还有反面的警策，所以才说：“择其善者而从之，其不善者而改之。”

但是无论跟谁交朋友，都要以诚相待，以善相奖，以直相规，以力相帮。不能表面上不满意，还装作没有感觉一样，继续和人家嘻嘻哈哈。孔子说：“巧言、令色、足恭，左丘明耻之，丘亦耻之。匿怨而友其人，左丘明耻之，丘亦耻之。”跟别人交往，只挑别人愿意听的说，尽给别人愿意看的脸色看，装出恭敬的样子，这是自不知耻。对别人有怨气，不满别人的做法，也不表达，还装作没事一样，跟人家还像从前一样的交往，这叫做“匿怨而友其人”，这不仅是耻辱，而且是阴险，保不准哪一天得到机会就会回头报复朋友。

当然，对朋友以直相规，也是大有学问的，什么时候、什么场合去规谏自己的朋友，是需要智慧的。古人说：“不当言而言，谓之失言；当言而不言，谓之失人。”不当你讲，你讲了，人家不高兴，你也达不到目的，反倒把事情弄坏了，这叫做“失言”。一生不断地失言，就是浅薄，就是无知，就是自以为是，甚至是不知道天高地厚。朋友需要你提醒的时候不去提醒，以为不当自己说或者不愿意得罪人而不说，就对不起这份友情，就会失去这份友谊，失去这位朋友。这里学问最大，《红楼梦》里面说：“世事洞明皆学问，人情练达即文章。”读书的目的不在于认字，也不在于学会几个公式可以套用，关键在于参悟人生。人生不是随便就可以成就的，需要学习，需要不断地学习，需要铭心刻骨地去学习。一生不断学习，还会经常出现失误，何况不学习？学会写“文字的”文章和演绎科技的能力，自然可以谋生活命，但要活出质量，活出分量，主要还要在人生本身上下功夫。写诗的功夫在诗外，人生的功夫却只能在人生的过程之中。要向人生学人生，要在人生的过程中学人生。人生不是活命，活命简单，人生麻烦。比如“当言而不言”，不只是时间地点是否适宜的问题，还有你的身份和处境是否适宜的问题。后一个问题可能更重要。不自知自己的身份，以为只要是对的，就可以说，那是不行的。就算你讲的话语是对的，但是由你讲出来可能就是不对的。朋友，你要考虑在私下你跟人家的关系究竟多么密切，你的身份跟人家究竟有多大的距离，需要用怎样的方式，这里面的学问太大了。正直不是莽撞，正直更不代表无礼甚至无知。如果你不适合说，但是你说了，那么效果可能适得其反。你还四处扬言说人家不听劝谏，那效果就更差。如果只想表明你自己的判断和说法是对的，你就一定要表达出来让大家知道，这是自私，这不是友情。友情是帮对方走出困境，不是让人家知道你厉害！这个问题一定要明白，不明白这个问题，就是不懂友谊！跟朋友交往，不是让人家知道你正直或者能干，而是要使人家受益。说了一句真话，反倒使人家受到伤害，倒不如说一句假话，而使对方免受损失。目的永远高于手段，这是原则。当然，这也许仅仅是中国的学问，因为我不了解外国人究竟如何对待自己的朋友。中国的朋友有的时候要相伴终生的，甚至比夫妻还紧要。不要以为是朋友，就可以随便放肆，珍重友谊的人，是要学会这一点的。不要见到危险而舍弃朋友，也不要因为关系好，就毫无顾忌。因躲避危险而舍弃朋友是不仁，因无所顾忌而失去朋友是不智。不仁不智，是不会有真正的朋友的，也不配谈真正的友谊。

曾子说：“君子以文会友，以友辅仁。”交友的目的在于使自己成德，为自己的成德寻找可靠的助缘，所以要认真对待，要认真负责，还要认真呵护才行。但是，这里还有另外一层含义，就是不能一切都依赖朋友，朋友只是助缘，成德主要还要靠自己。交朋友为了成德，成德的是你自己，所以，不要轻易把责任推到朋友身上，放弃自己的责任，这不是对待朋友的态度，这样也难以交到真心的朋友。不要以为别人都是为你而存在的，更不要以此要挟朋友，以朋友关系而对他人提出无尽的要求，这是自私，这是不智，也是不德。

有关生活的智慧，《论语》中随处有可取之处，有心的人可以在自己的一生中不断地阅读，肯定会不断有新的或者更深的收获。

总之，圣人不是我们对于孔子的虚美，也不是我们简单找个历史性的精神依托，圣人是我们学习的楷模，是我们效法的榜样，是我们取之不尽、用之不竭的力量源泉。

《论语》虽然不到两万字，但意义无限，解读和理解《论语》，不仅要靠头脑，更要靠生命的体会，要发挥心灵的作用，不要单凭头脑的逻辑思维。心灵和头脑不一样，头脑虽然是所有感官的主脑，但也只是总经理，心灵才是董事长。这个道理要慢慢体会，多一层体会，就多一层收获；多一层收获，人生就深入一步，开阔一步。

孔子曾语："朝闻道，夕死可矣。"人的一生，无论活多大年纪，只要了解了人生是有价值和意义的，并知道了人生的价值所在，哪怕就此死去，也是值得的，也就算没白活一回。这也许就是《论语》给我们的人生启迪。

后记

经过反复不断修改，这部书稿终于可以面世了。因为用时过久，似乎已经没有了当初的喜悦和冲动，所以我只想在这里说明一点相关的情况。

本书是在讲稿的基础上整理而成，所以口语化的倾向较重，文雅的编排相对稍弱，这是本书的第一个不足。既然是讲稿，所以深度可能也相对有限，而且个别地方可能有伸展太长或拉伸过远的嫌疑，这是本书的第二个不足。因为讲授时间的催迫，选择材料也不完全精当，难免挂漏或者选用不当等情况，这是本书的第三个不足。当然，最关键的，可能还是作者的生活阅历有限，所以对孔子思想中有些看似简单，而实在是深刻警绝的地方，似乎理解不透，这可能是本书最大的不足。还有，就是理解错误的地方可能也在所不免，热诚期望读者批评指正，本人将因此受益。

孔子是位圣人，但是作者所理解的圣人，本来就是个凡人，是凡人中的圣人。孔子虽然是圣人，但却拥有一颗凡心。正像孟子说的一样："出乎其类，拔乎其萃。自生民以来，未有盛于孔子也。"出乎其类，是说孔子是从自己的同类——普通人中成长起来的。拔乎其萃，是说孔子远远地超越了他的同类——普通人，而成为他们生活和生命的导师。盛，是因为充满光辉而显赫的意思。孔子的生命是充满光辉的，他在后来者心目中的地位和影响，是显赫无比的。孔子的盛大，确实是前所未见的。人们出于无限爱戴和无比崇敬的心情，尊奉他为圣人。圣的意思就是道德崇高，人格完美而又睿智多能、无所不通的意思。

“出乎尔者，反乎尔也。”圣人从普通民众中成长起来，又返回到世俗生活中去，为普通民众服务，教导并且引领他们走向更善、更美、更真，一句话，就是更好的生活。

孔子是人文主义的圣人，不是宗教的教主。因此，他不是高高在上，人们对于他，既不会像，也不必像对待耶稣、真主或者佛陀那样，只需仰视，只需膜拜，而不需要理解甚至批评。（禅宗例外，因为禅宗是充分儒家化和道家化了的中国佛教。）人文的圣人，原本并不具有唯我独尊和非我莫行的性格，他不具有专断性和强烈排他性的品质。人文的圣人，是入于俗而不流于俗；高于俗而不离于俗。他为俗世的净化和健康发展而努力，也为俗世的和平与幸福而祈祷。但他绝不会谄媚流俗，更不会与流俗同流合污。他要改造流俗，以便让这个世界更崇高、更完美。

孔子之所以令人感觉亲切，正是因为他有世俗性的一面，他也有世俗中人的喜怒哀怨和悲欢离合；而他之所以受到后世的敬仰，则完全出于改造世俗社会的宏伟目标和不懈努力。圣人热爱世俗社会，圣人也眷恋世俗社会，圣人对世俗社会的希望，全部凝聚在他对于世俗社会改造的目标和努力之上。而这种改造，绝不是让世俗社会失去生活的属性——完全成为一种观念，或者一种形上的真理。他的目标，不是取消世俗社会的世俗性，他不是让人成为神，而是让大家成为有充分爱心和正义感的好人。他的人性化的倾向是十分浓烈的。他要使人活得更善良、更友爱，而不是更怨恨、更仇视；他要使人活得更快乐、更幸福，而不是更干瘪、更抽象。他能够遭到后世的批评，实际上也出于这一点。圣人不是老虎屁股，谁都摸不得，圣人是可以被批评的。后世很多对于孔子的批评甚至批判，其实并不是一件坏事，如果圣人不能接受批评，而只能崇拜，那他就会失去平民化的品格，而真正成为宗教的教主。这一点，正是儒家民主化的人文主义品格，而不是宗教的品格。孔孟和后世儒家都强调“人皆可以为尧舜”，圣人谁都学得，不论什么人，只要努力修养自己，都有成为圣人的可能。这也是儒家民主化的人文主义品格的最重要表现之一。

因此，想要理解圣人，就不仅要努力提高自己的人生境界，增强自己的道德修养，还要有一颗凡心。也就是说，不仅要有不断向上的努力，而且还要不断地俯身向下。无论走到多么高的位置上，都不要忘了自己原本就是一个凡人。也就不会忘记，自己曾经受惠于凡人的事实。这样才能常怀感激之心，而不是敌视世俗社会。如果能够做到这样，你就会让人感觉亲切，而不是令人望而生畏，敬而远之。如此，你离圣人就会越来越近……

纷乱地写下上面一段文字，权当后记。

王立新于深圳大学文山湖畔

2010 年 1 月

扫码收听三十六堂《论语》讲座

特别感谢中国建筑第五工程局有限公司、中建信和地产有限公司、湖南人民广播电台FM938《潇湘之声》对此音频制作的大力支持

图书在版编目(CIP)数据

王立新讲《论语》/王立新著. —长沙:岳麓书社,2017.6
ISBN 978-7-5538-0720-1

Ⅰ.①王...　Ⅱ.①王...　Ⅲ.①儒家②《论语》—研究
Ⅳ.B222.25

中国版本图书馆 CIP 数据核字(2017)第 069060 号

WANGLIXIN JIANG《LUNYU》
王立新讲《论语》
作　　者:王立新
责任编辑:蒋　浩　赵志明
责任校对:舒　舍
封面设计:刘　峰　山和水工作室

岳麓书社出版发行
地址:湖南省长沙市爱民路 47 号
直销电话:0731-88804152　88885616
邮编:410006
岳麓书社网址:www.yueluhistory.com

2017 年 6 月第 1 版第 1 次印刷
开本:640×960　1/16
印张:15.25
字数:220 千字
印数:1—4 000
ISBN 978-7-5538-0720-1
定价:32.00 元

承印:长沙鸿和印务有限公司

如有印装质量问题,请与本社印务部联系
电话:0731-88884129